琉球語史研究

石崎博志

好文出版

琉球語史研究

石崎博志

好文出版

【目次】

序章
対音資料による琉球語の研究

はじめに

2009年、琉球弧の言葉はユネスコから「消滅の危機にある方言・言語」に指定された。ここでいう危機は、話者がいなくなってしまうことを指す。では話者がいなくなることでどのような影響が生じるのか。例えば組踊、沖縄芝居、琉球古典音楽といった琉球語を使う伝統芸能はその基盤を失うことになる。舞台の上での言葉と、観客の言葉の乖離が広がることで、鑑賞のあり方は違ったものになるだろう。現に組踊の鑑賞は、よほど芸能に通じていない限り、字幕なしには内容を理解することができない。また、沖縄芝居においては感情をのせた言い回しによって観客が笑い、泣くこともなくなってしまうかも知れない。母語だからこそ、台詞に感情が乗り、観客の感情がゆさぶられることもあるからである。

また話者がいなくなることは、貴重な言語資料が失われることを意味する。世界には実に多様な言語が存在する。中国語のように動詞の現在・過去・未来が文法化していない言語や、グーグ・イミディル語のように「前」「後」、「左」「右」に相当する言葉を全く持たない言語もある。またヒンディー語のように「昨日」と「明日」を同じ語で表現して区別していない言語や、ピラハ語のように３以上の数字を表現できない言語など、世界には驚くべき言語が存在する。こうした言語の話者がいなくなることは、こうした興味深い現象を観察する機会も同時に失う。

琉球弧で使われる言語に目を転ずれば、中国語のように無気音 (不帯気音) と有気音 (帯気音) の区別が存在する徳之島方言や、英語の [v] (ヴ) の音が存在する宮古方言、渡名喜や伊平屋島の無声両唇鼻音 [m̥] や、久高方言の無声歯茎側面摩擦音 [ɬ] に似た、世界的にも珍しい子音も早晩、耳にすることができなくなってしまうだろう。

本書は、失われつつある琉球語、とりわけ音声がどのような変遷を経て現在に至るのかを考察したものである。言い換えれば数百年前の失われた音声を復元し、時系列に並べて比較することを使命としている。そして言語が変化し、ついに話者がいなくなる状況を、歴史的観点から考察することを目的とする。その目的は、琉球語を記した文献資料から垣間見られる往事の言語の断片を一つ一つ丹念に拾い集め、それらを集積することではじめて達成可能となる。まず古い琉球語の推定をどのように行うのかを紹介したい。

1. 古琉球語の推定方法

古い琉球語音を推定する時、主に以下の二つの方法が採られる。

(1) 現代の諸方言を比較し、そこに残される言語事実から祖語を推定する

(2) その言語を記述した過去の文献から当時の言語状況を推定する

(1) は、例えば、現代の沖縄本島や宮古島、八重山の諸方言を比較して、より古い段階の姿を推定する比較言語学の方法である。

(2) で利用される文献は、琉球語の場合、さらに二種に大別される。一つは『おもろさうし』、『混効験集』、碑文や辞令書などの仮名資料、もう一つはハングル資料の「語音翻訳」、漢語資料の『使琉球録』「夷語」、ローマ字資料のベッテルハイム『英琉辞書』などの対音・対訳資料、つまり外国資料である。

では、上記の方法で古琉球語のハ行音を推定してみよう。(1) の方法によると、奄美、沖縄本島北部、宮古、八重山などの地域でハ行音が [p] で発音する地域があるため、古琉球語でも [p] が使われていたということが推定される。しかし、現代首里方言をはじめとする多くの地点は現在 [p] を使わず、[ɸ] という音に変化しているが (例えば「葉」:「ファ」[ɸa])、いつ [p] から変化したのかは、(1) の方法では分からない。

では(2)の方法はどうか。『おもろさうし』、碑文、候文などの仮名資料では、その文献が書かれた当時、[p]だったのか[ɸ]だったのか分からない。なぜなら当時の表記法では、現代のように「は」と半濁音の「ぱ」を書き分ける習慣がなかったからである。そのため当時の人々が「ぱ」[pa]と発音していたとしても、彼らは「は」と書くしか術がなかった。また、そもそも琉球における仮名資料の多くは候文(和文)で書かれるため、『おもろさうし』など一部の資料を除き、口語(琉球語)が記されることは極めて少ない(本書第10章参照)。

一方、外国資料ではどうか。1501年の『海東諸国紀』「語音翻訳」は漢語に対する琉球語をハングルで記している。この資料では“冬”を푸유(プユ[pʰuju])と[p]の有気音で記述している。これによって1501年当時の琉球語のハ行音は[p]であったことの根拠が得られる。しかし、実はこれだけでは不十分である。なぜならハングルでは[p]と[f]([ɸ])音を区別することができないからである。よって仮にかつての琉球語のハ行音が[ɸ]であったとしても、そもそもハングルでは記述できなかった可能性が高く、当時の琉球語をハングルで記した者は、より発音の近いㅍ[pʰ]音を選んだに過ぎない、という可能性も生じる。それは現在でも朝鮮語ではcoffeeを커피(コピ[kʰɔpʰi])と発音していることからも分かるであろう。しかし、(2)の外国資料は「語音翻訳」だけではない。漢語資料である陳侃『使録』「夷語」が存在する。現代の漢語はほぼ全ての地域で[p]と[f]を区別することが可能で、当時もそうだったと考えられる。この資料は漢字を万葉仮名のように使って琉球語の発音をつづっているが、ハ行音は概ね[p]を示す漢字を使って記録していることが分かる。以下の例をみてみよう。

提示語(和語)	音訳漢字	音訳漢字の発音
ほ	布	プ(or ポ)
ふ	不	プ
晝(ひる)	皮禄	ピル

仮名の「ほ」や「ふ」に対する琉球語の発音を示すために使われる“布”

や“不”は、中国語のあらゆる方言で両唇破裂音の [p] 系の発音をもつ。これは「書 (ひる)」の「ひ」の音訳に使われる“皮”も同様である。

このように、古い琉球語に [p] が存在し、1501 年当時には [p] が使われていたことは、ハングル資料と漢語資料の二つの結果を合わせてようやく立証されるのである。本書が外国資料を重視する所以である。

2. 琉球語を記した外国資料

では琉球語を記した外国資料で、成立年が特定できるものを挙げよう。

- 1501 年 : 申叔舟『海東諸国紀』「語音翻訳」
- 1535 年 : 陳侃、高澄編『使琉球録』「夷語」(以下「陳侃」)
- 1561 年 : 郭汝霖『重編使琉球録』「夷語附」(以下「郭汝霖」)
- 1579 年 : 蕭崇業『使琉球録』「夷語附」(以下「蕭崇業」)
- 1606 年 : 夏子陽『使琉球録』「夷語附」(以下「夏子陽」)
- 1721 年 : 徐葆光編『中山伝信録』「琉語」(以下『伝信録』)
- 1764 年 : 潘相編『琉球入学見聞録』「土音」「字母」「誦聲」(以下『見聞録』)
- 1800 年 : 李鼎元編『琉球訳』
- 1818 年 :『漂海始末』
- 1818 年 :Herbert John Clifford “A Vocabulary of the Language spoken at the Great Loo-Choo lsland” Basil Hall *“Account of a Voyage of Discovery to the West Coast of Corea and the Great Loo-choolsland”* 所収 (以下「クリフォード語彙」)
- 1851 年 : ベッテルハイム *“English-Loochooan Dictionary”*(以下『英琉辞書』あるいは「ベッテルハイム語彙」)
- 1895 年 : チェンバレン *“Essay in Aid of a Grammar and Dictionary of the Luchuan Language”*(以下「チェンバレン語彙」)
- 1930 年 : シャルル・アグノエル *“Okinawa 1930”*(以下「アグノエル語彙」)

その他、特定できないものには以下の資料がある。

・「琉球館訳語」:『華夷訳語』丙種本所収（以下「琉訳」)。
・『音韻字海』「夷語音訳」：明・劉孔當（1596年『海篇心鏡』の編者）の識語あり。
・『海篇正宗』「夷語音釈」：編者不明。
・『海篇朝宗』「夷語音釈」：編者不明。
・『篇海類篇』「外夷語之殊」明・宋嫌撰、屠陸（赤水）訂正。

このように外国資料は、時代的に幅広く分布している。これらは、記述者が琉球語に対する理解を欠く場合があることや、先のハングル資料のように記述者が弁別しえない音声を琉球語が有している場合があること、また記述に用いる文字の表音能力に限界があることなど、外国語話者の記述であるが故の難点もある。しかし、かえってその言語にまつわる規範意識や伝統による正しさに拘束されないという側面がある。例えば、琉球語の母語話者が文章を執筆する時は、書記文体の規範意識が働き、殆ど口語が反映されなくなってしまう。これが公的な言語になればなるほどその意識は強まる。例えば『混効験集』の表記がそれにあたる(本書第10章参照)。だが外国語話者による言語記述は、母語話者の規範意識から離れ、言葉がありのまま筆写されることで、当時の言語が反映されやすくなる。よって前述の仮名資料の短所を補う可能性があるのである。だが外国資料、とりわけ漢語資料は琉球語史の空白を埋める存在でありながら、これまでの研究で有効に使われてきたとは言いがたい。それは漢語資料の特質、つまり資料の継承性と記述者の言語が十分に把握されていなかったことによる。

漢語資料の最大の難関は漢字の使用である。漢語資料はハングルやローマ字を使用した資料とは異なり、琉球語の発音を記述する手段として表語文字の漢字を使用しているため、資料に表れた当時の琉球語がどのような発音であったのかを知るためには、まず記述に使われた漢字が如何なる発音で読まれたのかをある程度特定する必要がある。しかし、現在と同様、琉球語の発音表記に使われる漢字の発音は「官話」であるとは限らない。それればかりか、16世紀の中国語にも多様な方言が存在したと考えられるため、各種『使琉球録』や「琉球館訳語」が如何なる言語を使う中国人によって記述されたのかまで特定できなければ、正確に琉球語の発音を再構成できないという問題がある。これは書名に掲げられる編者と実際の記述者が異なることもあるため、編者の母語がどの方言であったのかを知るだけでは解決しない。また、漢語と琉球語の音節構造の違いにより、ある二つの音節が琉球語で別の音であっても、漢語でその両音を書き分けることができなければ、表記にその違いが反映されないこともある。これは、対音資料一般に言える問題である。

このように言語資料の分析には個々の事情を勘案しつつ、慎重に分析を進めなくてはならない。

2.1. 漢語資料の特質

では漢語資料の体裁を『琉球入学見聞録』「土音」を例にとって説明しよう。漢語資料は本文で漢語語彙 (提示語) を提示し、その琉球語の発音を漢字 (音訳漢字) で示すという体裁をとる。本文に“天”とかかれ、その下の割注に“ 廳 ”と書かれれば、漢語語彙である“ 天 ”という提示語に対し、琉球語の発音が“ 廳 ”という音訳漢字で示しているということになる。ちなみにこの音訳漢字は、発音のみを示す万葉仮名と同じで、“ 廳 ”という漢字の意味は全く考慮されない。つまり「ティン」という発音のみが重要な要素となる。

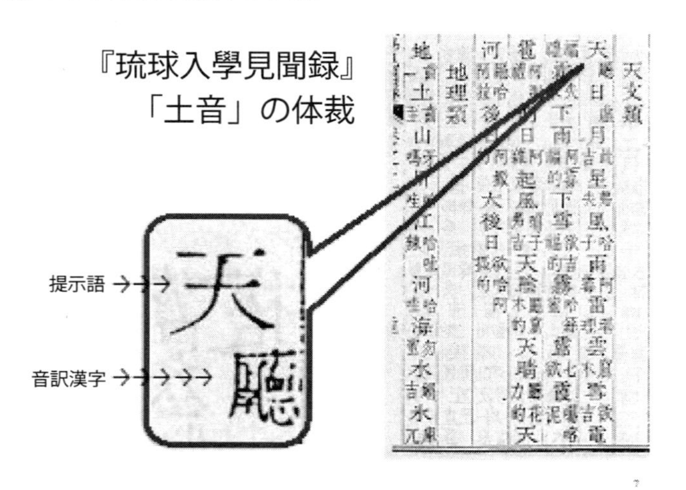

この体裁は、「陳侃」から『見聞録』にいたるまでの漢語資料において一貫している。

こうした資料を言語資料として活用するにあたり、それがいつ、どこで、誰が書いたか(つまり記述者の言語的性格)に注意を払う必要がある。一つの資料のなかに先行資料からの引き写しがある場合、それらと新たに加筆された部分は分けて考えなければならない。このような文献学的作業を通じて初めて、文字記録の言語資料としての価値が定まる。以下の表は漢語資料を左から右へ時系列に並べ、提示語“字”に対する音訳漢字の変遷を示したものである。

提示語	陳侃 (1535)	郭汝霖 (1561)	蕭崇業 (1579)	夏子陽 (1606)	伝信録 (1721)	見聞録 (1768)
字	開的	開第	開第	開第	阿三那	日
	書いて	書いて	書いて	書いて	あざな	じ

提示語“字”に対し「陳侃」から「夏子陽」までは「書いて」という琉球語を“開的”、“開第”という音訳漢字で示している。“字”には動詞の用例はないためこの記述は誤りである。恐らく提示語が“写字”のような動詞＋名詞の語句であったものが、“写”の脱字で“字”だけが残り、それが後世に継承されたと推測する。のち『伝信録』では「あざな」を示す訳語“阿三那”に変更され、さらに『見聞録』では「文字」の「じ」を表すために音訳漢字を“日”に変更している。この例に代表されるように、「陳侃」から「夏子陽」までは、概ね以前の資料の誤記を無批判に継承し、大同小異の変更にとどまるが、徐葆光『伝信録』に至って正しく修正される。それは徐葆光が琉球に長く滞在し、より精密な調査を行ったことと大いに関係している。そのため「陳侃」から「夏子陽」までの琉球語記述とは異なり、徐葆光『伝信録』は正確性が向上している(本書第7章参照)。

このように漢語資料は継承性が極めて強いが、内容の継承は、資料内部に修正や追加された項目と、単に継承された項目の混在をもたらす。修正・追加項目は編纂当時の言語を反映する可能性が高いが、継承項目は修正する必要がなかったが故に継承されたのか、単に無批判に書き写しただけなのか判然としない。さりとて継承項目を修正・追加項目と同列に扱えば、前時代の記述と混同することになりかねない。よって各資料の分析は、修正・追加項目に限定する必要がある。伊波普猷、服部四郎、中本正智、丁鋒、多和田眞一郎ら従来の研究ではこうした分析対象の切り分けが行われていなかったため、分析結果に多くの矛盾を抱えていた。この問題を克服するのは徹底的な校勘作業であるが、この作業を基礎におき、漢語資料の記述を琉球語史の解明に役立てたことが、本書の特徴である。

2.2. 記述者の言語

現代中国語の方言は大きな差異を有している。それは琉球語を記した漢語資料が編纂された時代も同様である。一方、現代に広く使われる共通語とは異なり、当時の「官話」の使用は社会方言的色彩を帯び、その使用者層は限られていたと考えられている。石崎博志 (2014) にあるように、それは漢人による官話資料が極めて少なく、19 世紀に入るまでほぼ姿を見せないことからもうかがえる。明代、清代の言語状況を考慮すると、琉球における漢語資料において、その記述に方言音が使われる可能性を排除することはできない。そこで琉球語を記した漢語資料の分析にあたり、とりわけ注意すべきは記述者の言語となる。例えば『伝信録』「琉語」は編者・徐葆光の母語に近い蘇州の言語 (呉語) で記述され、それまでの音訳漢字を、呉語を用いて大幅に書き換えている (本書第 7 章参照)。その後『見聞録』では、呉語による音訳漢字を使った表音方法が改められ、「官話」による音訳漢字が使われる。それを裏付けるように『見聞録』「土音」の末尾には、「以上はみな入学者の官生などが逐日、口で述べてそれを手で書いたもので、徐葆光の『中山伝信録』とは多く異なる」と明記されている (本書第 2 章参照)。官生が『伝信録』の音訳漢字を修正したのは、彼らの学んだ漢語 (つまり南方官話) で音訳漢字を読むと、実際の琉球語音と懸け離れた音になってしまったためと考えられる。実際に『伝信録』では琉球語の濁音に対し、中古の濁音声母 (有声破裂音声母) を当てる傾向が顕著だが、『見聞録』ではすべて清音

(無声破裂音声母)に置き換えられている。また逆に濁音声母に由来する音訳漢字が琉球語の清音に対して使用されることが多い。このことは音訳漢字の基礎方言が濁音声母を有する漢語方言(即ち呉語)から全濁声母が無声化した言語(即ち官話音)にシフトしたことを物語る(本書第3章参照)。こうした琉球語と音訳漢字の特徴から帰納的に記述者の言語を導き出した研究は、音訳漢字の基礎となった言語を根拠なく官話音と措定する、また編纂者の出身地の方言と即断するこれまでの演繹的研究とは一線を画する。

このように琉球語を記した漢語資料を分析する際には、資料の継承性に注意を払いつつ個々の項目を選別し、さらに記述者の言語に配慮しなければならない。そうした基礎的作業を抜きに、当時の言語状況を把握することはできないのである。

本書が琉球語を記した全ての資料を扱っていないのは、漢語資料の継承性を意識したからにほかならない。例えば夏子陽『使琉球録』「夷語附」などは先行資料をほぼ踏襲しており、こうした資料と「陳侃」や『伝信録』などと同列に扱うことはできない。同様にその他の資料についても時代が特定できない上に、継承性が強いため、割愛した次第である。

3. 本書の構成

以上のように、琉球語の歴史の解明には、まず各資料の性質を把握し、それらの位置づけを明確にする必要がある。よって本書は2部構成をとる。

第1部「資料篇」は琉球語の歴史を解明するために必要となる基礎資料を個別に考察した共時的研究である。各資料のメリットとデメリットを明確にし、分析する対象を絞り込む作業を行った。

第1章では、琉球の言語を記した漢語資料の嚆矢と位置づけられる陳侃の『使琉球録』と「琉球館訳語」を分析する。この両者の成立順序とそれに伴う各資料が反映する言語の年代に関しては議論が多いが、従来はこれらの時代的位置づけが曖昧なまま資料の分析が行われてきた。

そうした問題を解決するために書かれている。第2章では、『中山伝信録』をとりあげ、同書の音訳漢字が中国のどの方言を基礎に注記されているかを明らかにする。第3章では、『琉球入学見聞録』の基礎方言について考察し、『中山伝信録』から『琉球入学見聞録』の音訳漢字が呉語から南方官話にシフトされたことを立証する。第4章では『琉球訳』をとりあげ、その成立過程を考察した上に、同書が従前の資料とは異なった位相の琉球語を反映していることを証明する。そして、同書の体裁や内容から同書を実質的に編纂した人物について考察する。第5章においては、フランス人民俗学者であるシャルル・アグノエルが残した言語ノートをもとに、1930年当時に調査された沖縄本島全域の言語状況を論じる。そして、この資料の琉球語史における位置づけを明らかにし、琉球の言語変化がどのような時代に発生したのかを明らかにする。こうした琉球の言語史に新たな光を当てる新資料を分析したことも、本書執筆の眼目である。

第2部「語史篇」は、第1部で個別に考察した事象を踏まえ、各資料にみられる琉球語の文体や音声項目がどのように記されているかを考察した通時的研究である。

第6章から第9章においては、琉球語を特徴付ける音声項目について考察する。第6章はハ行音の変遷およびカ音の喉音化に関する現象、第7章はカ行イ段音とエ段音の分合状況とその他の口蓋化現象について、第8章はナ行エ段音とイ段音の分合状況、およびラ行音とナ行音の混乱、そして /r/ 音の脱落現象、第9章では短母音における狭母音化と連母音の長母音化現象など、母音に関わる変化をとりあげる。そして、第10章では琉球語を記した基礎資料が、どのような文体で書かれ、そのなかで漢文訓読がどのように行われていたのかを考察する。

終章では、琉球語がどのように変遷してきたのか、そして現代の琉球語が被った変化に対し、歴史的変化がどのようなものであったのかを論じる。そのことで、現代の琉球語を考察するうえで必要となる歴史的視点を提供したい。

凡例

1. 本書の発音表記について

本書は主に琉球語 (古典・現代)、中国語 (近世・現代)、日本語 (古典・現代)、朝鮮語 (中期・近世)、フランス語、英語などを扱っている。そして各言語を記した資料は各々異なった表音方法を採用している。本書でそれらを引用する際は、言語資料の表記をそのまま引用することを原則とする。そして適宜、国際音声字母 2005 年改訂版 (以下 IPA2005) の音声表記を補足し、統一的な基準とする。各言語資料が IPA とは異なる音韻表記を採用している場合は音韻表記 / / を用い、IPA の音声表記は [ ] を使う。ただし言語資料の表記が IPA2005 以前のものを採用している、あるいは独自の方法を採っている場合がある。その際は IPA2005 の表記に改める。

2. 日本語の表記と漢語の表記

日本語と中国語には同形語が存在し、なかには意味の異なるものもある。漢字が日本語か中国語かを区別するため、日本語をカギ括弧「　」で、中国語を double-quotation(二重引用符)“　” でくくる。

3. 首里方言の表記

現代首里方言は国立国語研究所編『沖縄語辞典』(大蔵省印刷局) を参照する。例えば、mouth を表す「口」は、同書の /kuci/ という表記を用いる。そして、必要に応じて [kɯtɕi] という IPA 表記も記す。参考のため同書と IPA の対照表を示しておく。

仮名	IPA2005	『琉球語辞典』
あ	[a, ɑ]	/a/
い	[i]	/i/
う	[u, ɯ]	/u/
え	[e, ɛ,]	/e/
お	[o, ɔ]	/o/
か	[ka]	/ka/
き	[ki]	/ki/
く	[ku, kɯ]	/ku/
け	[ke]	/ke/
こ	[ko]	/ko/
さ	[sa]	/sa/
し	[ɕi, ʃi]	/si/
し（非口蓋化）	[si]	/şi/
じ	[ʑi]	/zi/
じ（非口蓋化）	[zi]	/z̧i/
す	[su, sɯ]	/su/
せ	[se]	/se/
そ	[so]	/so/
た	[ta]	/ta/
てぃ	[ti]	/ti/
ち	[tɕi,tʃi]	/ci/
ち（非口蓋化）	[tsi]	/çi/
ぢ	[dʑi, dʒi]	/dzi/
ぢ（非口蓋化）	[dzi]	/dz̧i/
つ	[tɕu, tɕɯ]	/cu/
とぅ	[tu]	/tu/
て	[te]	/te/
と	[to]	/to/
な	[na]	/na/

に	[ɲi]	/ni/
に（非口蓋化）	[ni]	/ṇi/
ぬ	[nu, nɯ]	/nu/
ね	[ne]	/ne/
の	[no]	/no/
は	[ha, xa]	/ha/
ひ	[çi]	/hi/
ふ	[ɸu, ɸɯ]	/hu/
へ	[he]	/he/
ほ	[ho, xo]	/ho/
ま	[ma]	/ma/
み	[mi]	/mi/
む	[mu,mɯ]	/mu/
め	[me]	/me/
も	[mo]	/mo/
や	[ja]	/ja/
ゆ	[ju,jɯ]	/ju/
よ	[jo]	/jo/
ら	[ɾa]	/ra/
り	[ɾi]	/ri/
る	[ɾu, ɾɯ]	/ru/
れ	[ɾe]	/re/
ろ	[ɾo]	/ro/
わ	[wa]	/wa/
を	[wo]	/wo/
ん	[n, m, ŋ, ɴ]	/ɴ/
喉頭音	[ʔ]	/ʔ//'/

4. 中古音とその推定音価 [IPA]

また本書では漢語を分析する際に基準として中古音を参照している。

中古音の音系は現代漢語方言を分析する際の座標軸となる。ただ現代漢語方言と中古音の発音は隔たりが大きく、当該漢字の発音を直接示すものではない。だが方言相互の比較を行う時の基準として一般的であり、また音訳漢字の傾向を把握する上で有効である。

中古音の音価は平山久雄 (1967)「中古漢語の音韻」『言語』(中国文化叢書 1 大修館書店) を参照し、部分的に IPA2005 に改めたものを使用する。本文で中古音の音価を示す場合は、*/p/ のように音声記号の前にアスタリスク * を付す。なお声調は、大きな問題とならない可能性があるため記述を省略する。

5. 南方官話の再構音

明代・清代の南方官話の発音は、コブリン (2006) を参照し、IPA への転写はコブリン (2000:XV) に準ずる。ただし、IPA2005 で使用されていない記号が含まれているため、それらは以下のように変更する。

	コブリン (2000)	IPA2005
準狭準後舌円唇母音	[ω]	[ʊ]
準狭準前舌非円唇母音	[ɩ]	[ɪ]
有声硬口蓋鼻音	[ȵ]	[ɲ]
帯気音	[ʻ]	[ʰ]

なお声調に関する記述は省略する。

6. ハングル転写

ハングルのローマ字転写は、河野六郎 (1979) を採用する。

7. 蘇州語の発音

現代蘇州語の発音は『汉语方音字汇』第 2 版 (2008) を使用し、同書にない漢字音は江蘇教育出版社『蘇州方言詞典』(1998) を使用する。

8. 文中における漢語資料の提示方法

提示語 (漢語) と音訳漢字 (漢字により表音) の対応を " 提示語 : 音訳漢字 " と表記する。例えば " 日 " という提示語に対し、" 非禄 " という音訳漢字が当てられる場合、"日 : 非禄" と表記する。そして、音訳漢字 "非禄 " がヒルという訓を表している場合 " 日 : 非禄 "(ヒル) と表記する。

第1部

第1章

陳侃『使琉球録』と「琉球館訳語」

はじめに

「日本館訳語」(以下「日訳」)と「琉球館訳語」(以下「琉訳」)は石田幹之助氏に従うなら『華夷訳語』の丙種本に分類される[1]。丙種本にはロンドン本、阿波国文庫本、稲葉君山本、ハノイ本、水戸彰考館本、静嘉堂文庫本があるが、とりわけロンドン本が最古の写本とされる[2]。ロンドン本の「識語」には『日本国訳語』は「嘉靖二十八年十一月望・通事序班胡滂、褚效良 楊宗仲校正」とあり、ここから「日訳」が1549年には成立していたことが分かる。一方、「琉訳」には成立年代に関する記載はない。

そして琉球に訪れた冊封使の記録で最も早期の琉球語に関する資料は、1535年(嘉靖十四年)に成立した陳侃・高澄編『使琉球録』所収の「夷語」と「夷字」(以下陳侃「夷語」を「陳侃」とのみ書き、陳侃の「夷字」を陳侃「夷字」とする)である。同書の進箋には「兼以夷語夷字恐人不知幷附于後」とあり、陳侃以前に「夷語」や「夷字」を附した者は恐らくいないとし、他の本を参照していない旨を述べる。三書の内容を比較すると、「琉訳」(ロンドン本は595語、稲葉本、阿波国文庫本は593語)と「日訳」との間には、重複する語が256項目あり、その割合は43%にのぼる[3]。そして、「陳侃」(407語)と「琉訳」(ロンドン本は595語、稲葉君山本、阿波国文庫本は593語)は、収録語彙数に大きな差があるものの、殆どの提示語や音訳漢字が一致し、一方がもう一方を参照して成立したとされる。

本章は「陳侃」と「琉訳」の成立の前後関係を検討し、両書の成立過程を明らかにすることを目的とするが、これらと「日訳」を比較することでこの目的にアプローチしたい。「日訳」、「陳侃」、「琉訳」の親疎関係は、「陳侃」と「琉訳」が比較的近く、この両者と「日訳」の間には大きな違いがある。しかし「陳侃」や「琉訳」と、「日訳」には共通する部分も多いことから、「日訳」との関係は無視できない。しかし従来は「日訳」と「琉訳」の共通性や「陳侃」と「琉訳」の前後関係が論じられることはあったが、この三者は断片的にしか考察されることはなかった。本章で敢えて「日訳」を含めるのは、「日訳」を基準に「陳侃」と「琉訳」を比較することで、「日訳」が「陳侃」と「琉訳」の成立に大きく関わっていることを明らかにできると考えるからである。このような考察を行う理由は、多くの夾雑物を含む「陳侃」あるいは「琉訳」から当時の琉球語の状況を知る際に、どの項目に重点を置いて分析するかを明確にするためである。

本章ではまず「日訳」と「陳侃」(「琉訳」) の前後関係を論じた後、「陳侃」と「琉訳」の継承関係について論じる。そして「陳侃」は「日訳」を参照して編纂され、その後「琉訳」は「陳侃」を主要な素材とし、副次的に「日訳」を利用して成立したという説を提示したい。

本章では、「日訳」は大友信一・木村晟共編 (1968) 所収のロンドン本、「琉訳」は京都大学文学部国語国文学研究室編 (1968) のロンドン本を底本とし、適宜、阿波国文庫本、稲葉君山本を参照する。「陳侃」も同様に京都大学文学部国語国文学研究室編 (1968) 所収の明嘉靖刊本の影印を底本とした。

以下の表中の部門は特に断りがない限り「日訳」のものを示し、「日訳」にないものは「琉訳」の部門名を採用し、部門名の後ろに (琉訳) と記す。

1.「日訳」と「陳侃」

これまで「日訳」と「琉訳」に重複が多いことはたびたび指摘され、服部四郎 (1979) では、「琉訳」が「日訳」を参照したことが示されている [4]。

では、「陳侃」と「琉訳」はいずれが「日訳」と近い関係にあるのだろうか。筆者はかつて石崎博志 (2001a) でこの問題を論じたが、ここでは別の角度から考えてみたい。まずこの三者の親疎関係を確認しよう。

1.1. ハ行音についての「日訳」と「陳侃」

ここではハ行音に関する項目を例にとり、「日訳」と「陳侃」との関係を考察する。ハ行音を採りあげるのは、本土の日本語と琉球語を識別するためにハ行音が他の音声項目に比して有効であるからである。以下、陳侃「夷字」の状況を確認してから、「日訳」と「陳侃」の「夷語」の状況をみていこう。

1.2. 陳侃「夷字」

陳侃「夷字」は「いろは」仮名に対して、漢字を使ってその発音を表している。

表 1 夷字

は	ほ	へ	ふ	ひ
罷	布	比	不	庇
[p]	[p]	[p]	[p]	[p]

上表にみるように、ハ行を表す各仮名に対し両唇破裂音の [p] の音訳漢字を使用している。“布”、“比”、“不”、“庇”はいずれも歴史的にも、現代のあらゆる方言においても両唇破裂音である。よって音訳漢字が如何なる基礎方言であろうとも、これらが琉球語の [p] を表していることに疑いを入れる余地はない[5]。だが、「陳侃」はこれとは異なる様相を呈する。以下にその状況をみよう。

1.3.「日訳」と「陳侃」(「琉訳」)

「日訳」のハ行音は“星 : 波世”の 1 項目のみ [p] を、それ以外は全て唇歯摩擦音の [f](あるいは喉音の [h] 音) を示す音訳漢字を使用している。一方、「陳侃」は「日訳」と共通する“星 : 波世”の項目以外にも、[p] を示す音訳漢字を含む項目が複数存在し、また [f](あるいは [h] 音) を示す音訳漢字が使用され、琉球語の [ɸ] を示す。以下に示すように

「陳侃」と「琉訳」で [f] を示す項目は「日訳」と同じ音訳漢字を使うか、あるいはほぼ同じ発音の音訳漢字に変更したかのどちらかであり、“ 星 ” の例外を除けば「陳侃」と「琉訳」で [p] を表す項目は、「日訳」では [f] で表現される。それぞれの内訳は以下である。

表 2「日訳」＝「陳侃」 いずれも [ɸ]

以下は「日訳」と「陳侃」が全く同じ提示語で、かつ同じ音訳漢字を使っている例である。

部門	提示語（訓）	日訳	陳侃	琉訳
天文門	日（ひる）	非禄	非禄	非禄
時令門	春（はる）	法禄	法禄	法禄
器用門	篷（ほ）	賀	賀	賀
衣服門	官絹（ほっけん）	活見	活見	活見

表 3「日訳」[ɸ]、「陳侃」[ɸ]

以下は音訳漢字の用字は異なるが、同じ発音を示していると思われるものである。

部門	提示語（訓）	日訳	陳侃	琉訳
地理門	灰（ほこり）	活各立	活各力	活个力
時令門	冬（ふゆ）	福由	由福（ママ）	由福（ママ）
花木門	花（はな）	法納	法拿	法那
花木門	蓮花（はすのはな）	法司乜（ママ）那法納	花孫奴法拿	花孫奴法那
鳥獣門	羊（ひつじ）	非都世	非都知	非多只
器用門	筆（ふで）	分貼	分帖	分帖[5]
器用門	船（ふね）	福聶	福尼	福尼
器用門	桅（はしら）	法世喇	花時（ママ）	花時（ママ）
身體門	鼻（はな）	法納	花那	花那
身體門	牙（は）	法	華	華
方隅門	左（ひだり）	分答里	分達里	分達立
文史門	書（ふみ）	福密	福蜜	福密

表4「日訳」[ɸ](或いはその他)、「陳侃」[p](「琉訳」[p])

以下の音訳漢字の下線の漢字は、[p]を表す。

部門	提示語(訓)	日訳	陳侃	琉訳
地理門	橋(はし)	法世	松只(ママ)[6]	扒只(ママ)
時令門	晝(ひる)	非禄馬	皮禄	必禄
時令門	冷(さぶし)	三不世	(寒):辟角禄撒	(寒):必角禄撒
身體門	鬚(ひげ)	分傑	(鬍子):品其	(胡子):品乞
器用門	盤(さかづき)	撒幹都急[7]	扒只	扒只
人事門	拜	吾阿乜	排是	排是
天文門(琉訳)	電	なし	波得那	波得那[8]
人事門(琉訳)	報名(ほうめい)	なし	包名	包名
人物門(琉訳)	琉球人(おきなわひと)	なし	倭急拿必周	倭急奴必周

表5「日訳」[p]、「陳侃」[p]

音訳漢字の下線の漢字は、[p]を表す。

部門	提示語(訓)	日訳	陳侃	琉訳
天文門	星(ほし)	波世	波世	波失

このように「陳侃」においてハ行音を[ɸ]で表現する項目は、「日訳」と同じか、かなり近似したものであることが分かる。表2、表3は「日訳」と「陳侃」(「琉訳」)との間に何らかの継承関係があることを示している。ではこれは「日訳」から「陳侃」(「琉訳」)にもたらされたのか、あるいは「陳侃」(「琉訳」)から「日訳」にもたらされたのか、いずれであろうか。

音訳漢字で表現される語彙をみると表3の「陳侃」“羊”を表す項目には琉球の方言語彙が反映していない。また“冬”のような琉球にはなじみの薄い季節も含まれている[9]。さらに方位を表す語彙にも方言語彙の反映がみられない。琉球の言葉では東は「アガリ」、西は「イリ」、南は「ハエ」、北は「ニシ」となるが、それらが全く反映されず、それぞれの音訳漢字は、東は「ヒガシ」、西は「ニシ」、南は「ミナミ」、北は「キタ」という本土系語彙を表している。

表6方位を表す提示語

部門	提示語（訓）	日訳	陳侃	琉訳
方隅門	東（ひがし）	分各世	加失（ママ）	加尼（ママ）[10]
方隅門	西（にし）	尼世	尼失	尼失
方隅門	南（みなみ）	密納密	米南米	米南米
方隅門	北（きた）	急答	乞大	乞大

こうした日本本土の語彙が、「陳侃」(「琉訳」) から「日訳」にもたらされたとは考えにくい[11]。他の提示語に対する方言語彙の反映をみると、「陳侃」(「琉訳」) に日本語の語彙がみられることはあっても、「日訳」に琉球語の語彙が反映していることはない。

表4をみると [p] の音訳漢字が使われるのは殆ど「陳侃」(「琉訳」) である。唯一の例外は表5の「日訳」で [p] を表す " 星 : 波世 " の項目である。音訳漢字を読むと「ポシ」となる。これは従来 [p] を表す「琉訳」の項目が「日訳」に混入した例と解釈されてきた。この点について考察してみたい。まず、「日訳」で音訳漢字の " 波 " が使われる項目をみてみよう。

表7「日訳」で音訳漢字 " 波 " の使用される項目

部門	提示語	日訳
天文門	星（ほし）	波世
天文門	有星（ほしある）	波世阿禄
天文門	無星（ほしなし）	波世乃世
天文門	星少（ほしすくない）	波世索谷乃
天文門	星多（ほしおおい）	波世倭亦
器用門	神仙筆	各波世
人物門	妻（にょうばう）	弱波
人物門	師傅（しのばう）	世農波

上記のうち、多くは " 有星 "、" 無星 "、" 星少 "、" 星多 " など " 星 : 波世 " を使った複合語であるが、それ以外は " 妻 : 弱波 "(にょうばう)、" 師傅 : 世農波 "(しのばう[12]) など開音に由来するハ行濁音の連母音 (現代ではオ段長音「ボー」) という発音を示すために用いられ、また " 神

仙筆 : 各波世 ”(香附子カウブシのことか？) という不詳語に用いられている[13]。

日本語の「星 (ほし)」は、1 形態素の発音では清音であるが、「彦星」、「流れ星」、「一番星」など複合語になるときは「ボシ」と濁音化する。現存する「日訳」諸本には存在しないが、“ 波世 ” という音訳漢字はもともと何らかの複合語に使われていたものを、“ 星 ” の部分のみを切り取り、“ 星 ” の項目として独立させた末にできあがったと推測する。現存する「日訳」のなかでは “ 星 ” 関連の項目が他に比して数多く含まれていることを考えれば、成立以前の段階でそうした項目が含まれていた可能性は小さくない[14]。また、後述するように「日訳」、「陳侃」、「琉訳」が、一つの形態素からなる項目を複数組み合わせて複合語を作ったり、複数の形態素からなる複合語から一つの形態素を切り取って項目を作ったりすることも多く、元々複合語を構成していた音訳漢字の後半部分が、一語を表す “ 星 ” の項目に反映されたことも十分にあり得る。つまり、[p] を示すと考えられる「日訳」の “ 星 ” の項目は琉球語の混入ではない。

1.4.「日訳」と「陳侃」まとめ

上述のように、音声面、語彙面において「陳侃」(「琉訳」) は「日訳」を参照して編纂された可能性が高く、「陳侃」内部の不整合はこの編纂過程を反映したものである。

2. 陳侃「夷語」と「琉球館訳語」

これより「陳侃」と「琉訳」の前後関係の検討に入る。これまでこの問題については数多くの論考が発表されているが、ここでは敢えて重複する部分も含めて検討する[15]。

2.1. 音訳漢字の種類からみた「陳侃」と「琉訳」

上述のように「琉訳」ロンドン本と「陳侃」の提示語数はそれぞれ 595 語、407 語であり、「琉訳」が 188 語多いにもかかわらず、「琉訳」

と「陳侃」の「異なり音訳漢字数」はそれぞれ「琉訳」が214字、「陳侃」が224字であり[16]、音訳漢字に使用される漢字の種類はむしろ「琉訳」が少ない。表8は、音訳漢字の使用回数を示すものである。表内の音訳漢字は、「陳侃」と「琉訳」に共通する提示語のみを対象として得られたもので、表の数字は音訳漢字の使用回数を表す。例えば、「陳侃」において琉球語の「キ」という発音に使用されている漢字には、“及、急、乞、其、氣”の5種が、「琉訳」は“及、急、乞”の3種が使われ、使用回数はそれぞれ30回、2回、17回である。

表8「陳侃」と「琉訳」の音訳漢字とその使用回数

琉球語発音	音訳漢字	陳侃	琉訳
イ	亦	21	30
	衣	5	5
	依	1	0
キ	及	4	30
	急	29	2
	乞	5	17
	其	6	0
	氣	1	0
ク	姑	11	30
	谷	19	1
コ	个	0	11[17]
	各	6	0[18]
シ	失	36	35
	世	2	0
ス	思	7	11
	司	6	1
タ	達	25	28
	答	9	4
	它	1[19]	0

チ	集	3	9
	即	4	1
	濟	3	0
	只	13	24
	知	12	2
ナ	那	26	36
	拿	13	0
	納	1	0
ピ	必	8	16
	辟	4	4
	皮	2	0
リ	立	10	37
	里	14	1
	利	15	2
	力	6	5
	牙	11	3
ワイ	外	2	5
	歪	2	0

この表から分かるように、「陳侃」と「琉訳」においては、音訳漢字として使用される漢字の種類は「琉訳」は「陳侃」より少ない。表中の0の数字は、一方で使われる音訳漢字がもう一方で使われていないことを示すが、0の出現は「琉訳」にほぼ限られている。例えば、琉球語の「キ」を表す音訳漢字は、「陳侃」では多様な漢字が使用されている一方で、「琉訳」では"及"、"急"、"乞"の3種に集約されている(「陳侃」の不帯気音の音訳漢字は"及"に、帯気音の音訳漢字は帯気音の"乞"や"其"が使われる例が多い)。この傾向は、その他の音声項目にも同様に観られる。琉球語の「ワイ」、「ヤ」、「ス」、「ク」、「ナ」を示すために用いられた音訳漢字は「陳侃」では複数あるが、「琉訳」ではそれが特定の音訳漢字に統合されている。つまり、「陳侃」は琉球語の1音節に対し多様な音訳漢字が使われているが、「琉訳」では一つの音訳漢字

が特定の琉球語の音節に対応するようになっている。

これは逆にいえば琉球語の一つの音節に対する音訳漢字の多様性に関しても、「琉訳」は「陳侃」よりも「整理」された形となっている。この音訳漢字の種類に関する違いは、「琉訳」が「陳侃」を参照して作られ、そして「琉訳」において音訳漢字のばらつきをなるべく少なくするように整理された痕跡を物語る。これは「日訳」とも一致した傾向であるだけでなく、丙種本全体の傾向でもある。

仮に「陳侃」が「琉訳」を参照して成立したなら、「琉訳」に"及"と書かれていた音訳漢字を、わざわざ"急"や"及"と使い分けて記述したことになる。また、「ス」に関して言えば、「琉訳」で「思」で当てられる音節をわざわざ、「陳侃」が「司」に書き直したことになる。仮に「陳侃」が「琉訳」を参照したとして、「陳侃」が「琉訳」の音訳漢字の変更を行うには、何らかの変更の意図があったと考えられるが、「司」から「思」、「急」から「及」のような全く同音への変更に、音声の微妙な差異を反映させる意図があったとは考えにくい。この点について次の小節以降に具体例を挙げて詳述する。

2.2. 誤用からみる「日訳」、「陳侃」、「琉訳」

上掲三書には数多くの誤りがあるが、それらには以下の傾向がある。

(a) 字形の類似による誤写

例)「琉訳」"土 : 是只"="是"は"足"の誤写[20]

(b) 複数の語を合成して複合語を作る時に生じる不自然な訳語

例)「日訳」"天冷 : 唆喇那三不世"(そらのさぶし)は"天 : 唆喇"と"冷 : 三不世"の合成

(c) 複合語を分解して一つの形態素を作成する時に生じる衍字や誤り

例)「琉訳」"樹 : 那及"(のき)="栢 : 馬足那及"(まつのき)"樹"の"那及"は"栢"の"馬足那及"の後ろの 2 字を切り取ったもの。「琉訳」"山 : 亜馬奴"、"山水 : 亜馬奴民足"

(d) 参照した先行資料の誤りの継承

例)「陳侃」買 : 烏利(ウリ)、「琉訳」買 : 烏立(ウリ)

(e) 隣接する他の項目からの影響

例)「琉訳」“ 獅子 : 乞食 ”= 隣接する “ 麒麟 : 乞兖 ”[21] の音訳漢字の混入と誤写

(f) 音訳漢字の顛倒

例)「陳侃」、「琉訳」“ 冬 : 由福 ”(ユフ) =“ 福由 ”(フユ) の顛倒

上記の例で比較的多いのは (a) の字形の類似による誤写である。一般にこれらの誤りは当時の言語状況を把握する上で障碍となる。だが誤りには相応の根拠があり、それが問題を解く手がかりを与えてくれる時もある。特に以下に挙げる例は、三書の成立順序を考察する上で有益な示唆を与える。

ただ注意が必要なのは、誤りの発生時点である。編纂時に系統の異なる他の資料から継承した時 (「日訳」>「陳侃」) に誤写した場合もあるだろうし、同系統の写本を抄写する時 (「琉訳」写本 A>「琉訳」写本 B) に書き損じた場合もあるだろう。これらは一見すると区別がつかない場合も多い。よって次節以降の考察では、両者の可能性が残るものは除外した。

2.2.1. “ 仙鶴 ”

では「日訳」、「陳侃」、「琉訳」で同じ提示語をもつ項目 “ 仙鶴 ” とそれぞれの音訳漢字を見てみよう。

表 9 (以下の下線は共通した音訳漢字を示す。)

提示語（訓）	日訳	陳侃	琉訳
仙鶴（つる）	ママ 司禄	ママ 司禄	ママ 思禄

服部四郎 (1979) は、「日訳」と「琉訳」の編纂のもとになった『草稿』を仮定し、以下のように述べる。

「これは『草稿』に例えば「詞禄」とあったのを、「日訳」を書いた筆耕が「司禄」と誤写し、「琉訳」が「司」を同書の常用字「思」に書き改めたものに違いない」

ここでは「日訳」と「琉訳」のみが比較対象となり、「陳侃」が「日訳」と同様に “ 司禄 ” と記述していることには言及されていない。ここ

で「陳侃」の存在も考慮し、再度この問題を考察しよう。

この“仙鶴”という提示語は、鳥類のツル(鶴)を表している。音訳漢字の“司禄”、“思禄”はそれぞれ「スル」という誤った発音になるが、もともとは「ツル」の発音を表していたと考えられる。故に「日訳」と同一の「陳侃」の音訳漢字“司”および“思”は、琉球語の「ツ」の音を示すはずであったと思われる。しかし、歴史的にみても、地理的にみても“司”と“思”の漢語音からは「ツ」という発音は導き出せず、いずれも「ス」ないし「シ」という発音しか示さない。また、服部氏が指摘するように、本土方言でも「ツル」を「スル」と発音する方言は知られていない。よって上記はいずれも正確な音訳漢字とは言えない。

では、これらはどういう経緯で誤ったのか。服部氏が想定するように、「日訳」と「陳侃」の音訳漢字の“司”は語形の近似する“伺”や“詞”(発音「ツ」)の誤字で、人偏(あるいは言偏)が脱落したのだと思われる。よって、もとは“伺禄”(あるいは“詞禄”)と書かれるべきものであったと思われる。“伺禄”を“司禄”に誤ったという想定は、このように合理的解釈が可能である。

では、もう一方の“思”という音訳漢字は、どう誤って書かれたのだろうか。“思”という字が「ツ」という発音を示すことは、歴史的にも方言を考えてもあり得ない。また他の漢字の誤記というのも考えられない。この三者から考えるに、“思”は“司”と漢語音で同音字であるため、「琉訳」の著者が「日訳」か「陳侃」の音訳漢字“司”から同音の「思」に改めたのであろう。服部氏は、これを「日訳」からの変更とみている。確かに表8において、「陳侃」の“司”はこれ以外の正しく記される項目においても、「琉訳」ではほぼ“思”が当てられている。

しかし、これでは不自然な状況が発生する。つまり、「日訳」>「琉訳」>「陳侃」という順序で成立したとすると、「陳侃」が「琉訳」を参考にして、“仙鶴”に対して当てられる“思”をわざわざ変更して“司”と記したことになる。そして、その誤りが偶然にも「日訳」と一致していることになる。つまり、「日訳」“司禄”>「琉訳」“思禄”>「陳侃」“司禄”と変遷したことになる。

この例は「日訳」を参照して成立した「陳侃」を「琉訳」が参照し、同音字を表しながらも異なった音訳漢字が使われることを避けるため、音訳漢字の用字を統一するよう、同音字に変更したと考える方が合理的である。つまり、これは「日訳」“仙鶴 : 司禄”>「陳侃」“仙鶴 : 司禄”>「琉訳」“仙鶴 : 思禄”の順序で成立したが故に発生した誤記と思われる。つまり「琉訳」の“思禄”は「日訳」からの変更ではなく、「陳侃」からの変更である。誤記ではないが、この例と状況が類似しているものを挙げる。

表 10「日訳」と「陳侃」が同じ用例 (以下の下線は共通した音訳漢字を示す。)

提示語（訓）	日訳	陳侃	琉訳
梅（うめ）	吾乜	吾乜	烏乜
箭（や）	牙	牙	亞
蘇木（すはう）	司哇	司哇	思哇
去（いき）	亦急	亦急	亦及
星（ほし）	波世	波世	波失

2.2.2. “東”

もうひとつ考えてみよう。以下は、提示語“東”の例である。

表 11 提示語“東”に対する音訳漢字

部門	提示語（訓）	日訳	陳侃	琉訳
方隅門	東（ひがし）	分各世	ママ 加失	ママ 加尼
		ヒガシ	カシ	カニ

それぞれの音訳漢字を読むと「日訳」は正しく「ヒガシ」の発音を表している。一方、「陳侃」の“東 : 加失”は「ヒガシ」の「カシ」部分しか表しておらず、「琉訳」はヒガシの発音とはかなり隔たった「カニ」の発音になっている。「陳侃」の“加失”は「日訳」を参照した際に“分”を脱字したものと考えられ、この誤りは合理的に解釈できる。

では「琉訳」の“東 : 加尼”の“尼”は何に由来する誤りなのか。「日訳」の“世”と「琉訳」の“尼”は語形が類似しているとは言えず、「日訳」からの誤写とは考えにくい。「陳侃」は「シ」を表すために“失”

を好んで使う傾向があり(“失”32例、“世”2例)、「日訳」の“世”を同音相当の“失”に変更したものと思われる。一方、「琉訳」の「ヒ」に相当する音訳漢字の脱字と音訳漢字“尼”の誤字は、「陳侃」の“加失”を参照した上に、字形と写本の筆跡が近似する“失”を“尼”に誤写してしまったものと考えられる。この例でも、成立順を「日訳」“東:分各世”>「陳侃」“東:加失”>「琉訳」“東:加尼”と考えた方が誤りを合理的に解釈することができる。

2.2.3. 帯

最後に提示語“帯”の例を考えてみよう。

表12

提示語	日訳	陳侃	琉訳
帯	文必	文必、丈(ママ)必	乞角必

この例では「日訳」と「陳侃」が同じ音訳漢字を使い、「琉訳」が異なる音訳漢字を使用している。「陳侃」の“帯”は二カ所に書かれ、一方は“文必”、もう一方は“丈必”と書かれ、いずれも「オビ」を表す。“丈必”は語形の類似による“文必”の誤写である。「琉訳」の“帯:吃角必”は、二つの可能性がある。例えば、伊波普猷(1935)における「帯」を示す語には、「ききおび　帯(古語)」、「キキビ　帯(方言)」、「キキュービ 帯」、「キッキビ　帯」など多くの語が収録されている。「琉訳」の“乞角必”は上記のいずれかの語を示している可能性があるが、問題は音訳漢字“角”の読音がいずれにも合致しにくいことである。もう一つの可能性は、「琉訳」の音訳漢字“角”は衍字で、同書「器用門」の“角帯:祖奴乞角必”を流用した際に発生したというものかも知れない。この衍字を除くと“乞必”という語形になるが、これは“文必”からの語形の類似による誤記となろう。

いずれにせよ、三書の成立順序を「日訳」>「琉訳」>「陳侃」とした場合、“文必”>“乞角必”>“文必(丈必)”となるが、やはりこの変遷は想定しがたい。やはり「日訳」>「陳侃」>「琉訳」の成立順序を想定するのが誤りを合理的に解釈できる。

2.2.4.「日訳」と「陳侃」に存在し、「琉訳」に存在しない項目

以下にみられるように「日訳」と「陳侃」に存在し、「琉訳」に存在しない項目も少数ながらみられる。

表 13 (以下の下線は共通した音訳漢字を示す。)

提示語（訓）	日訳	陳侃	琉訳
皮（かわ）	嗑哇	嗑哇	なし

“皮”は「日訳」と「陳侃」の間に継承関係が存在することを思わせる例である[22]。ただ、“皮”の項目としては存在しないが、「琉訳」には“猿皮:撒禄嗑哇”、“熊皮:姑馬嗑哇”、“海獺皮:喇姑奴嗑哇”の項目に「日訳」や「陳侃」の音訳漢字と同じものが使われている。

3.「日訳」を利用した「琉訳」の増補

ここまで「琉訳」が「陳侃」の影響を受けて成立していることを表す事例をみてきたが、「陳侃」に存在せず、「琉訳」と「日訳」に存在する例をどのように考えるのかという問題が残されている。以下にそれらをみていこう。「陳侃」に存在せず、「日訳」、「琉訳」の両訳語に存在する項目は二つに大別される。表 15 にあるように、一つは提示語に音訳漢字を付す際に、各訳語内部の他の項目を合成したと思しきもの。もう一つは表 14 にみられる、そうでないものである。以下の表をみると、多くが「日訳」と完全に一致するか、音訳漢字を同音のそれに変更しただけのものである。

表 14 (以下の下線は共通した音訳漢字を示す。)

部門	提示語（訓）	日訳	琉訳
時令門	今日（きょうは）	交哇（ママ）	交哇（ママ）
器用門	沉香（じんこう）	定稿	定稿
珍寶門	硫黄（いおう）	魚敖	魚敖[23]
器用門	白檀香（びゃくだんこう）	別谷旦稿	(檀香):別姑旦稿
時令門	明年（みょうねん）	苗念	苗年
人事門	擺着（ならべ）	納喇別	那喇別

珍寶門	玳瑁（かめのこ）	嗑乜那各	嗑乜那个
時令門	今年（ことし）	各都世	个多失
器用門	乳香（にゅうこう）	由商	由稿
飲食門	餓了	法喇分答禄亦	亞撒
通用門	遠（とおさ）	它撒	它加撒

表 15 「琉訳」内部の項目の組合せ

部門	提示語（訓）	日訳	琉訳	琉訳内部の項目
器用門	象牙（ざうげ）	糟那傑	糟華	象 : 糟 + 牙 : 華
器用門	鞍（くら）	谷喇	烏馬奴姑籟	馬 : 烏馬 (+ 日訳)
器用門	鞭（むち）	不的	烏馬奴不[24]只	馬 : 烏馬
人事門	買賣（うりかい）	阿急乃	烏立高葉	買 : 烏立 + 賣 : 高葉
數目門	三十（さんじふ）	散柔	密子吐	三 : 密子 + 十 : 吐
數目門	一萬（いちまん）	亦只瞞	麻柔吐失	萬萬歳 : 麻柔吐失

4.「琉訳」のみに見られる項目

「琉訳」には以下のように「日訳」にも「陳侃」にも存在しない項目がある。これらは「琉訳」において増補されたものである。一見すると極めて多いが、多くが「琉訳」内部の項目を合成した複合語である。そして、「琉訳」で純粋に増補された項目は表 16 にみるように、さほど多くはない。

表 16「琉訳」で純粋に増補された項目

部門	提示語（訓）	日訳	陳侃	琉訳
地理門（琉訳）	嶺（みね）	なし	なし	密乜
花木門（琉訳）	蓮蓬（はすのこう）	なし	なし	花孫奴殻
花木門（琉訳）	木香（なむこう）	なし	なし	南木稿
花木門（琉訳）	速香	なし	なし	申自密稿
花木門（琉訳）	丁香	なし	なし	朝失
花木門（琉訳）	垓児茶	なし	なし	烏定尼
花木門（琉訳）	奇南香	なし	なし	加奴木稿

人物門（琉訳）	尚書（しょうしょ）	なし	なし	上書
人物門（琉訳）	長老（ちょうろう）	なし	なし	朝老
人物門（琉訳）	都通事（とつうじ）	なし	なし	度日
人物門（琉訳）	大使臣	なし	なし	先度
人物門（琉訳）	二使臣	なし	なし	才付
人物門（琉訳）	三使臣	なし	なし	官舎
人物門（琉訳）	琉球使臣（おきなわししゃ）	なし	なし	倭及那使者
人物門（琉訳）	琉球大夫（おきなわたいふ）	なし	なし	倭及那太福
人物門（琉訳）	琉球長使（おきなわたいし）	なし	なし	倭及那大思
人物門（琉訳）	琉球人伴（おきなわひと）	なし	なし	倭及那必周
人物門（琉訳）	琉球都通事（おきなわつうじ）	なし	なし	倭及那度日
人物門（琉訳）	琉球正使（おきなわせいし）	なし	なし	倭及那申思
人物門（琉訳）	琉球封国王（おきなわおう）	なし	なし	倭及那赦（ママ）那
人事門（琉訳）	大明（だいみょう）	なし	なし	大苗
人事門（琉訳）	請行	なし	なし	窩喇立
人事門（琉訳）	引領	なし	なし	阿老思
飲食門（琉訳）	吃	なし	なし	昂乞立
珍寳門（琉訳）	象牙（ぞうげ）	なし	なし	糟華
通用門（琉訳）	什物（しきもの）	なし	なし	是及莫奴

上記のように、“都通事”、“大使臣”、“二使臣”、“三使臣”、“琉球使臣”、“琉球大夫”、“琉球長使”、“琉球人”、“琉球都通事”、“琉球正使”、“琉球封国王”といった、「琉訳」人物門に存在する琉球独自の項目、それも外交上必要と思われる項目が「陳侃」に観られない。これは「陳侃」編纂時に「琉訳」に存在した項目が削除された結果ではなく、「琉訳」成立時点で増補されたために、それに先行する「陳侃」にもとより存在しなかったためだと思われる。

また「琉訳」のみにみられる項目においては重複した語彙が数多くある。香木に関する項目は「花木門」と「珍寳門」、そして人称代名詞や動詞に関する項目は「人事門」と「通用門」などに現れる。こうした「琉訳」において二度も出現する項目が、「陳侃」に一度も反映されていないのは、「琉訳」から「陳侃」へ継承されたとする説への反証となる。

おわりに

従来の研究では「日訳」と「琉訳」、「陳侃」と「琉訳」との間で前後関係が検討されてきた。「琉訳」は琉球語を記録するという点において「陳侃」と近い関係にあり、また同じ丙種本に収録されているという点において「日訳」とも浅からぬ因縁がある。よって「琉訳」の成立を考えるにあたり、影響関係を一つに限定することは自明ではない。これまで「琉訳」の成立に関する議論が定論をみない原因も、そもそも「琉訳」が二つの書物から別々に影響を受けているからにほかならない。

以上の考察から「陳侃」と陳侃「夷字」の成立過程を跡づけると以下のようになる。

(1)「日訳」が成立する。
(2)「日訳」を参照して「陳侃」の分類や提示語、音訳漢字の基礎が作られる。(表2,3,4)
(3)「日訳」の一部は削除され、一方で「陳侃」において独自に項目を増補する。
(4)「陳侃」内部の項目を使用して複合語が作られる。
(5)「陳侃」に陳侃「夷字」が加えられる。(表1)

その後、「陳侃」を参照して「琉訳」の基礎が作られ、それに「日訳」を使って増補が行われる。その過程は以下である。

(6)「陳侃」と陳侃「夷字」から陳侃「夷字」を除外する。(丙種本の体裁を統一するため)
(7)「陳侃」を参考に「琉訳」の分類や提示語、音訳漢字の基礎が作られる。
(8)「陳侃」における同音の音訳漢字は統合し、整理する。(表8)
(9)「琉訳」において独自に項目を追加する。(表16)
(10)「琉訳」の項目を合成して複合語を作成する。(表15)
(11)「陳侃」に存在しない項目は「日訳」の音訳漢字を使用して増補する。(表14)

(3)、(4)、(5) および (9)、(10)、(11) は、ほぼ同時に行われた可能性があるが、「陳侃」や「琉訳」はおおよそ如上の過程を経て成立したと考えられる。そして我々が、両書を分析して当時の琉球語の姿を垣間見るには、直接または間接に「日訳」から影響を受けた部分を排除して「陳侃」を中心に考察を進める必要がある。

---

1 『華夷訳語』はもともと明の洪武二十二年 (1389) の勅命によりモンゴル語の対訳語彙集として出された。その後、収録言語を増やし、「琉訳」は「日訳」と「朝訳」とほぼ同時期に成立、収録されるようになったと考えられている。いわゆる丙種本は、永楽 6 年 (1408) に設置された外交使節の接待を任務とする会同館において作成された。朝鮮、日本、琉球、安南、占城、暹羅、満剌加、百夷、西番、回回、高昌、韃靼、女真の原本もやはり 1945 年の空襲で焼失したが、京都大学言語学研究室の写真によって内容を伺うことができる。因みに上記写本で「日訳」を欠くものはない。

2 水戸彰考館本は 1945 年の水戸空襲で焼失し、静嘉堂文庫本は「琉訳」を欠く。阿波国文庫本の原本もやはり 1945 年の空襲で焼失したが、京都大学言語学研究室の写真によって内容を伺うことができる。因みに上記写本で「日訳」を欠くものはない。

3 大友信一・木村晟 (1979) 参照。

4 服部四郎は「琉訳」が「陳侃」や「語音翻訳」に先立つ根拠として、「語音翻訳」の“手 : 디”と、「琉訳」の“手:帖”と“筆:分帖”の例を挙げる。そして前者の例はエ段音がイ段音に合流した [ti] で、後者が合流前の発音 [te] であることから、「琉訳」は「語音翻訳」より先に成立し、「陳侃」が「琉訳」を引き写したとする。だが「琉訳」や「陳侃」の“手 : 帖”と“筆 : 分帖”は音訳漢字が“貼”と“帖”と異なるものの「日訳」から継承された可能性が高い。

5 なおハ行音については第 6 章でも言及する。

6 ママ。“松”は“扒”、“只”は“思”、“石”、“是”の誤写であると考えられる。

7 阿波国文庫、稲葉君山本、静嘉堂文庫本は“倭世急”に作る。ロンドン本の誤りは隣接する“鐘 : 撒幹都急”の混入。なお「陳侃」の“扒只”は「はち」に対応。

8 『沖縄語辞典』で /hudii/ は「稲妻」を表す。p.214.

9 「陳侃」(および「琉訳」) の“冬 : 由福”はそのまま読むと「ユフ」となる。これは「日訳」の記述“冬 : 福由”からの誤写であることを前提としなければ解釈が難しい項目である。

10 “尼”は“失”の誤写であると考えられる。

11 服部四郎 (1979(2))「日本祖語について 12」は、『おもろさうし』に地名の北谷を「きたたん」と書いた例があることから、当時の琉球語にも和語系の方角を示す語彙が訓として存在したと指摘している。

12 イエズス会 (1603)『日葡辞書』に Xinobô(師の坊主) とある。福島邦道 (1993) 参照。

13 またハ行イ段濁音のビ音なども“必”両唇破裂音の音訳漢字が使われる。例)“騾 : 羅巴”(ロバ)、“帯 : 文必”(オビ)、“鍋 : 納別”(ナベ) 等で“巴”、“必”、“別”はいずれも漢語音で両唇破裂音の声母をもつ。

14 太田斎 (1987) によると同じ丙種本に収録される「西番館訳語」には“星”を含む項目に“星 : 噶兒麻”、“明星 : 噶兒麻占”、“星出 : 噶兒麻雄”、“星落 : 噶兒麻奴”、“星多 : 噶兒麻忙”、“星少 : 噶兒麻紐”、“星宿 : 足噶兒”がある。『畏兀児館訳語』には“星 : 與里都子”、“星 : 與里都子赤黑的”、“星落 : 與里都子把習的”、“星多 : 與里都子脱羅”、“星少 : 阿子”、“星光 : 與里都子度兒”、“星明 : 與里都子呀禄。

15 「陳侃」と「琉訳」の成立順序に関する議論は石崎博志 (2001a) にまとめられているが、「琉訳」が先に成立した説は、伊波普猷 (1932)、同 (1942)、比嘉徳次 (1979)、服部四郎 (1979)、多和田眞一郎 (1998)、丁鋒 (2008) がとり、「陳侃」が先に成立した説は濱田敦 (1940)、福島邦道 (1968)、胤森弘 (1993)、石崎博志 (2001a) が主張する。
16 胤森弘 (1993)、同 (1998)。
17 タカを表す " 達个 " などの項目は除く。
18 " 帯 " の関連項目は誤字・衍字を含むため除く。
19 ト音を表すものは除く。
20 阿波国文庫本、稲葉君山本は " 足 " に作る。
21 阿波国文庫本、稲葉君山本は " 失失 " に作る。
22 この例の音声に関しては、第 9 章を参照。
23 「琉訳」ロンドン本の提示語は " 硫礦 "、阿波国文庫本、稲葉君山本は " 硫黄 " に作る。
24 " 不 " は語形の類似による " 木 " の誤り。これは「日訳」も同様。

第1部
第2章
『中山伝信録』

はじめに

康熙五十八、九年 (1719,1720) の冊封副使・徐葆光の手になる『中山伝信録』(康熙 60 年 (1721) 二友斎刊本 6 巻　以下『伝信録』と略称) は、「字母」と「琉語」において琉球語の発音を音訳漢字で記している[1]。「琉語」に収録されている項目は全て徐葆光が自ら採集したものでなく、先行資料に基づく。以下は徐葆光の言葉である。

「臣が前明の嘉靖年間の冊封の陳侃の記をみると、「夷語夷字を巻末に附録する」とあるが、現在伝えられている鈔本は、それが欠落していて、まだ見られずにいる。万暦年間の冊使の夏子陽給諫の使録には、琉語が刻まれている。本朝の張学礼の冊使もまた、ほぼ『雑記』に載せている。このたび、それらの本について、少しく訂正を加えた。表音に出入りが多いうえ、軽重や清濁があり、そのままの音を伝えることはできなかった[2]。」

上記ではやや控えめな表現にとどまっているが、他の使録の「夷語」と比較すると訂正を加えた箇所はそれ以前の資料に比べ質、量ともに最大である。これは徐葆光らの使節団が半年以上の長きにわたって琉球に逗留し、蔡温や唐通事らと交流したことや、復命の召見の際に徐葆光自身が琉球に関するより詳細な報告を康熙帝に行う必要があったからである[3]。そして、従来の使録における「夷語」に修正を加えた箇所こそ、18 世紀前半の言語環境に基づいてなされた可能性が高い。よって本稿は分析対象を『伝信録』の初出項目と訂正項目に限定する。

では、具体的にどの箇所に訂正が加えられているのか。まず先行する資料に存在しない提示語と音訳漢字がそれに該当する。これは実に251項目にのぼり、全体の40％を超える。もう一つは他の「夷語」から継承された提示語に対し、異なる音訳漢字を用いて修正している項目である[4]。もちろん、先行する資料に存在しない項目でも必ずしも『伝信録』の独自性があると見なされない例もある。また、資料には単なる誤記と思しき項目も多く、修正の結果が正しいとは限らない。また、誤記ゆえに『伝信録』に続く『琉球入学見聞録』で削除されているものもある。これらに関してはひとまず分析対象から除外する。

1.『伝信録』における音訳漢字の変更

では『伝信録』では従来の使録からどのような変更が加えられたのかみてみよう。音訳漢字が変更されている項目をみると、おおよそ発音の訂正、語義の訂正、大和言葉から琉球語への訂正が行われている。

1.1. 発音の訂正

先行する使録から、発音を訂正している例をみてみよう。以下の例では、主に2文字の音訳漢字で表音している琉球語彙を1文字で表しており、なかには“天”や“狗”のように韻尾に鼻音をもつ音訳漢字で琉球語の撥音を表す例もある。

提示語	陳侃	琉訳	蕭崇業	夏子陽	伝信録	変更点
天	甸尼	甸尼	甸尼	甸尼	町	2字>1字
地	只尼（ママ）[5]	只尼（ママ）	只尼（ママ）	只尼（ママ）	池	2字>1字
上	吾乜（ママ）[6]	吾乜（ママ）	吾乜（ママ）	吾乜（ママ）	威	2字>1字
狗	亦奴	亦奴	亦奴	亦奴	因	2字>1字
子	烏哇	烏哇	枯哇	枯哇	括	2字>1字
飯	翁班尼	翁班尼	汪班尼	汪班尼	呍班	3字>2字
虎	它喇	它喇	它喇	它喇	土拉	タラ＞トラ
墨	思墨	思墨	司默	司默	細米	スモ＞シミ
菜	菜	菜	菜	菜	綵	ツァイ＞サイ

1.2. 語義の訂正

また提示語に対し、琉球語の意味を変更しているものもある。以下は提示語“日”に対する音訳漢字の変遷である。

提示語	陳侃	琉訳	蕭崇業	夏子陽	伝信録	変更点
日	非禄	非禄	飛陸	飛陸	飛	ヒル＞フィ

音訳漢字をみると、『伝信録』の段階で「昼間」を表す意味から「陽光」を表す意味に変更している。提示語の“日”は確かに「ヒル(昼)」の意味もあるが、同じ天文門に属する提示語が天、日、月、星・・・と続くため、「ヒル(昼)」よりも「陽光」を表す「ヒ(日)」がより適切である。また、これに類似した変更例には以下のようなものがある。以下のように誤りを含んだ音訳漢字から正しく変更されたものも多い。

提示語	陳侃	琉訳	蕭崇業	夏子陽	伝信録	変更点
葉	尼(ママ)	尼(ママ)	尼(ママ)	尼(ママ)	谿	ネ(根) ＞ハ(葉)
門	謹那(ママ)	勤那(ママ)	郁(ママ)	郁(ママ)	濁	不明 ＞ジョー
刀	達只	嗑答拿	嗑答拿	嗑答拿	和着	太刀＞刀 ＞包丁
書	福蜜	福蜜	佐詩	佐詩	什麼子	文＞草子 ＞書物
字	開(ママ)的	開(ママ)的	開(ママ)第	開(ママ)第	安三那	カイテ ＞アザナ
作揖	撒哇利(ママ)是禮	撒哇立(ママ)是立	利十(ママ)之	利十(ママ)之	禮及	不明 ＞レイギ
布	木綿	木綿	木綿	木綿	奴奴	モメン ＞ヌノ

1.3. 大和言葉から琉球語への変更

以下は『伝信録』の段階で大和言葉から琉球語への変更が行われている例である。

提示語	陳侃	琉訳	蕭崇業	夏子陽	伝信録	変更点
下	世莫	失莫	世莫	世莫	昔着	シモ＞シチャ
南	米南米	米南米	米南米	米南米	灰	ミナミ＞フェ
北	乞大	乞大	乞大	乞大	屋金(ママ)[7] 尼失	キタ＞ニシ

羊	非都知	非多只	匹托喳	匹托渣	皮着	ヒトゥジ > ピトゥザ > ピージャ
鶏	它立	它立	土(ママ)地	土(ママ)地	推	トリ > トティ > トゥイ
惡	哇禄撒	哇禄撒	哇禄撒	哇禄撒	空煞	ワルサ > ワッサ
銀	南者	南者	南者	南者	喀膩	ナンザ > カニ
無	乃	乃	妳	妳	你嬾	ナイ > ニー > ニラン

変更はほぼ正しくなされており、上記の挙例だけでも、『伝信録』以前の使録が無批判に先行の使録を利用していた様子がうかがえる。

2. 音訳漢字が基づく漢語音の体系

2.1. 音訳漢字全般の傾向

音訳漢字が基づく漢語音は如何なる体系をもつのか。従来、音訳漢字が基づく漢語音を即座に「官話」音であるとし、その「官話」音を前提として当時の琉球語の姿を再構成していた。しかし、こうした前提は根拠に乏しいばかりか、そこから帰納される琉球語の姿を歪めることになりかねない。また丁鋒 (2008) は徐葆光の母語である呉語を基礎とする説を提示している。この結論は妥当であると考えるが、これは帰納的に証明されたとは言えず、他の方言の可能性を排除した上での結論ではない。またこの結論によって生じる例外に対する説明がない。そこで本章ではまず基礎方言について再検討する。

『伝信録』の編者・徐葆光は、乾隆『呉江県志』巻 24 科第に「(潘葆光) 本姓徐、字亮直。長洲人」とあるように、蘇州府長洲県の出身で、彼の母語は呉語であったと想像される。もちろん「官話」を話すことができたであろう。だが、仮に琉球語の発音を漢字で書き写したのが彼だったとしても、「官話」音を使うとは限らず、母語である蘇州の発音で記録したこともあり得る。また「琉語」の記録者が必ずしも徐葆光とは限らない。Haiboo(海寶)・徐葆光使節団のスタッフは合計 318 名に及び、その多くは福州で集められた者たちである。書辦が二名、鄭仁訳、馮西熊という引礼通事も乗船していた。彼らの経歴は不明だが、福州の言語で「琉語」が記された可能性もある。もちろん『伝信録』「琉語」の記録者がそれ以外の母語を有していたことも大いにあり得る。その上、異なる母語をもつ複数の漢人が記録に従事した可能性もあり、必ずしも単一の音系により記述されているとは限らない。こうした諸般の可能性を考慮せず、さらに音訳漢字の漢字音の詳細な分析を行わずに「官話」音と即断する、あるいは編者の母語に帰すのは問題がある。よって本稿では、漢語の時代的な変遷や地域差を考慮しながら、漢語方言全般から音訳漢字の基づく漢字音を絞っていきたい。

では、音訳漢字の基づく漢語の体系を、使用される音訳漢字のおおまかな傾向から考えていきたい。一般に音訳漢字がどの言語に基づいているのかが不明な場合、中古音の音韻位置を基準に傾向を見出すのは一つの常套手段である。とりあえず音訳漢字で使われる漢字の韻尾に着目してみよう。

2.1.1. 入声韻

『伝信録』「琉語」の開音節および促音に対する音訳漢字には、中古音の陰声韻 (ゼロ韻尾、母音韻尾) および入声韻 (閉鎖音韻尾) が使われる。また、撥音及び有声音声母が後続する音節に対しては、中古音の陽声韻 (鼻音韻尾) の音訳漢字が使用されている。そして、音訳漢字の大多数は陰声韻と入声韻である。琉球語は日本語同様、母音で音節が終わることが多い開音節的な言語であるため、使用される音訳漢字が陰声韻と入声韻に偏るのは自然なことである。だが、音訳漢字の使用傾向としてとりわけ顕著なのは、旧入声韻の使用頻度の高さである。

ここで旧入声韻に着目するのには理由がある。それは音訳漢字が基づく漢語が入声韻尾を有しているか否かで、音訳漢字の基礎方言として想定される漢語方言の範囲を絞ることが可能になるからである。入声韻尾があれば南方的、なければ北方的であり、基礎方言として想定する対象を全ての漢語方言から約三分の一に絞ることができる。

現代の漢語系言語と琉球語・日本語の音節の長さを比較した時、漢語の音節は日本語の一音節より長いのが一般的である。当然、漢語音節の長さは音節の性質によって異なるが、声母＋単母音の組み合わせ (例えば [ma]) では、旧平声、旧上声、旧去声が長く、旧入声は [p]、[t]、[k]、[ʔ] の存在によって短く発音される。入声韻は現在では晋語、呉語、閩語、粵語、客家語など南方系言語にあり、清代にはこれに南方官話が加わる。一方、北方の大部分の方言では音節末子音は存在せず、他声調に合流しているため、声調によって音節の長さが異なることはない。よって、入声のない北方の話者が琉球や日本語の発音を記述すれば、音訳漢字の発音が入声に偏ることは少なくなるはずである。

だが、前述のように音訳漢字に使われる漢字には旧入声韻の漢字が多く、延べ数でも音訳漢字のバラエティでも 40％を超える。全ての漢字のなかで入声に属する漢字の割合は極めて低く、18％程度であることを考慮すると、旧入声の漢字が有意に選ばれている傾向が見出せる。よって、音訳漢字を付した漢人の言語には入声が存在したと考えられ、南方官話を含む南方方言に基づいて音訳漢字がつけられたと考えられる。

入声は元代の『中原音韻』(1324 年) の時代の北京では既に口語での消失が確認されており、清代も同様であった。一方、南方官話には独立した入声があり、音節末に内破音 [p][t][k] や声門破裂音 [ʔ] を伴ったと考えられている。清代において入声を残している地域は、おおよそ揚子江以南の南方地域である。よって、後に示す同時代資料および各種方言は蘇州、福州、厦門、南方官話など主に南方方言を参照する。

2.1.2. 陽声韻

次に陽声韻が使われる項目をみてみよう。陽性韻の音訳漢字は漢語系語彙に対しては撥音を示すために用いられ、和語・琉球語由来の提示語に対しては、後続の子音及び当該子音を有声化させる役割を担っている。しかし、後続の子音を有声化させる例は後述の理由 (2.2.5「琉球語の濁音に使われる音訳漢字」参照) により、『伝信録』で激減している。また少数の例であるが、母音脱落後の [n] や動詞の活用語尾を示すこともある。漢語系語彙の増加やそれに伴う陽声韻の音訳漢字の使用も、『伝信録』の特徴の一つである。

2.1.2.1. 漢語系語彙

以下は漢語語彙に対する音訳漢字である。下線の音訳漢字は、陽声韻をもつ。

提示語（訓）	音訳漢字	現代首里
藕（れんこん）	菱公	なし
象棋（しょうぎ）	冲棋	/cuɴzii/
緞（どんす）	動子	/duɴsi/
三月（さんがつ）	三括子	/saɴgwaçi/
索麺（そうめん）	錯閔	/soomiɴ/
褥子（ふとん）	福冬	なし
分（ふん）	風	/huɴ/
萬（まん）	漫	/maɴ/

2.1.2.2. 和語・琉球語

以下は陽声韻 (鼻音韻尾の音節) の音訳漢字が使われる和語と琉球語の例である。

提示語	音訳漢字	現代首里
水（みず）	閔子	/mizi̥/
女（をなご）	會南姑	/'winagu/

“水”の例では、陽声韻の“閔”が“子”の声母を有声音化させ、濁音で読ませているものと思われる。また、同様に“女”の例では、陽性韻の“南”が“姑”の声母を有声音化して、濁音で読むように指示している。

以下は [k] を示す例で、この“衾”、“琴”、“景”はいずれも着衣を表す「衣 (キン)」を表現している。ただ“夏短衣”が「芭蕉衣」を表しているとすれば、音訳漢字の“景”や“琴”は濁音を表現しているかも知れない。因みに“琴”は現代蘇州方言では [dzin] と濁音となっている。

提示語	音訳漢字	現代首里
衣裳（きぬ）	衾	/ciɴ/
汗衫	阿米琴	/amii ciɴ /

冬短衣	木綿景	/mumiɴ ciɴ /
夏短衣	百索景	/basjaziɴ/

2.1.2.3. 動詞の活用語尾

以下は動詞に対する音訳漢字である。

提示語	音訳漢字	想定される琉球語
聽得	乞介楞	キカレン

“楞”は「～れん」という可能の終止形を表し、「聴くことができる」という意味を表す。これは提示語で可能の意味を示す“得”の意味と合致するものである。

2.2. 確実な例からの推定

ここから具体的な音価を使用した推定に入る。音訳漢字で記される提示語の同定に関しては、未解読の項目も数多くあるが、比較的同定が容易な項目も存在する。例えば、琉球語の短母音は歴史的に狭母音化することから、母音がイ段やウ段に変化する可能性のあるエ段やオ段の音節に比べ、狭母音化しないア段、イ段、ウ段の音節の方が確実な同定が得られる。それは想定される発音の種類が少なく、再構成される発音の蓋然性が高いからである。ここではまず、こうした確実な例から音訳漢字が基づく漢字音の体系がどの方言に近いのかを推定する。

第一の段階として、音訳漢字として使われる漢字音と音訳漢字で表現される琉球語を比較し、音訳漢字で使用される漢字音がどういう体系をもち、おおよそどの地域の発音に基づいているのか、その大枠を把握する。そして、その発音に近似する漢語方言がどこか検討することで、音訳漢字が基づく漢字音の体系を絞る。この時、比較対象とする漢語はなるべく同時代の資料を用いるが、同時代資料がない蘇州、福州、厦門の地域は現代方言で代用する。同時代資料の一つは当時の北京音の代表として満州資料、北方資料として朝鮮資料、もう一つは南方官話を反映する宣教師資料である。前者では『朴通事諺解』(1677 年) の右側音および重刊本『老乞大諺解』(1745 年) を使用し、後者は Francisco

Varo の *"Vocabulario da Lengoa Mandarina*(1677)*"* を採用する。(同書で未収の漢字については、Francisco Diaz*"Vocabulario de letra china con la explication castellana"*(1640's) で代用し、* を付す。)『伝信録』の同時代資料を時代順に以下に列挙する。

1640 年代：Francisco Diaz" *Vocabulario de letra china con la explication castellana"*(欧文資料：南京)

1677 年：『朴通事諺解』新本 (今本) 系諺解本 (ハングル資料：北方、「朴諺」と略称)

1677 年：Francisco Varo*"Vocabulario da Lengoa Mandarina"* (欧文資料：南方、「Varo」と略称)

1721 年：『中山伝信録』「琉語」

1730 年：『満漢字清文啓蒙』(満文資料：北京)

1745 年：重刊本『老乞大諺解』新本 (今本) 系諺解本 (『旧刊老乞大』) (ハングル資料：北方、「重老」と略称)

1761 年：『兼満漢語満洲套話清文啓蒙』(満文資料：北京)

1765 年：『朴通事新釋諺解』(ハングル資料：北方)

上記の同時代資料はいずれも対音資料である。現実の音とは乖離した保守的で擬古的な発音を反映する中国の韻書や韻図に比べ、対音資料は現実の発音を反映することが多い。それは実際のコミュニケーションを目的としているからだが、時に注音者の発音に対する規範意識や各資料の基礎方言の違いを反映している場合もある。それらは除外した。

2.2.1. ア段音に対する音訳漢字

次の例は、想定される琉球語の発音と音訳漢字が容易に同定できる項目である。

提示語（訓）	音訳漢字
褌子（はかま）	哈加馬

提示語の“褌子”、音訳漢字の“哈加馬”から想定される琉球語は「ハカマ」である。よって“哈加馬”という音訳漢字はそれぞれ、哈≒ha、加≒ka、馬≒ma という発音であると予想される。では、この三文字の

発音の条件を満たす漢語方言はおおよそ、どの地域かみてみよう。

	北京	朴諺[8]	重老	Varo	蘇州	厦門	福州
哈	[xa]	/xa/	なし	[ha]	[hɑ]	[ha]	[ha]
加	[tɕia]	/gia/	/gia/	[kia]*	[kɑ], [tɕia]	[ka]	[ka]
馬	[ma]	/ma/	/ma/	[ma]	[mɑ], [mo]	[ma]	[ma]

上記資料で音の違いが顕著なのは“加”である。おおよそ 18 世紀の北方方言の発音を示す『朴通事諺解』や重刊本『老乞大諺解』、南方官話を示す宣教師資料は口蓋化しておらず [k] 音を保っているが、i 介音の存在により「キャ」という発音になる。もし、北方にしろ、南方にしろ、官話系の発音を音訳漢字の基礎方言に採用した場合、“褲子”の琉球語の発音は「ハキャマ」となってしまう。上記のうち、“加”を琉球語の「カ」に当てる例は『伝信録』以前の資料にもみえるため、この一例のみでは根拠が弱い。上記のような類例を積み重ねる必要がある。以下の例をみてみよう。

提示語（訓）	音訳漢字	現代首里
傘（かさ）	夾煞	/kasa/
蟹（かに）	夾煞眉	/gaẓami/
長（ながさ）	那夾煞	/nagasa/
紅（あかさ）	阿夾煞	/akasa/
短（みじかさ）	陰夾煞	/ʔɴcasa/

“夾”は『伝信録』で初出の音訳漢字である。ここで使用される“夾”は琉球語の [ka] に相当すると思われる。では、“夾”の漢語の発音はどうであろう。ここでも北方系、「官話」系言語は対応しない。

	北京	朴諺	重老	Varo	蘇州	厦門	福州
夾	[tɕia]	/gia/	なし	[k^hia]*	[kaʔ],[tɕiaʔ]	[kaʔ],[kiap]	[kieʔ],[keiʔ], [kaʔ]

また、用例数は少ないものの、漢語方言において発音にバラエティがみられるのは音訳漢字“街”や“介”などの蟹攝字である。カに対し、“街”や“介”、「ハ」に対して“瞎”を当てるのは『伝信録』が初出であるが、それらの例を見てみよう。

提示語（訓）	音訳漢字	現代首里
親戚	喂街	/ʔweeka/
飯碗（まかり）	麦介衣	/makai/
戥子（はかり）	法介依	/hakai/
二十四（にじゅうよっか）	膩徂哱介	/nizuu/ /'juQka/
二十八（にじゅうはちにち）	膩徂瞎之泥子	/nizuu/ /hacinici/
榕（がじまる）	茄子埋大（ママ）[9]	/gazimaru/

以下は上表で下線を引いた音訳漢字の各資料での発音である。

	北京	朴諺	重老	Varo	蘇州	厦門	福州
街	[tɕie]	/giei/	/giei/	[kiai]*	[kɑ]	[ke,kue]	[kɛ]
介	[tɕie]	なし[10]	なし[11]	[kiai]*	[kɑ],[tɕia]	[kai]	[kai]
瞎	[ɕia]	/hia/	/hia/	[hiaʔ]*	[haʔ]	[hueʔ]	[xaʔ]
茄	[tɕhie]	/kie/	/kie/	[kʰia]	[dʑia,g]	[kʰio]	[kʰi]

これらの例では徐葆光の母語である蘇州の発音が極めて高い一致性をみせる。「朴諺」、「重老」、Varo 等の官話系の資料では [ga] や [ka] に近い音声もあるがそれらの漢字は音訳漢字として選ばれていない。もちろん、“街”以下の字が /giei/ や /kiai/ という表記どおりに読んだのかは不明であるが、たとえ /iei/ や /iai/ が字面よりも簡略化された発音であったとしても、[a] に近い音で読まれたとは考えにくい。これらの例だけでも、「官話」系の発音を音訳漢字の基礎方言として同定に使用することは危険性が伴う。

2.2.2. ウ段音に対する音訳漢字

では、ウ段音に対する音訳漢字をみてみよう。「ク」に対する音訳漢字は従来、“姑”が用いられ、『伝信録』においても引き続き使用されているが、それに“哭”が新たに加わった。「ス」に対しては従来、“思”、“司”が用いられてきたが、『伝信録』では「杏：色莫莫（スモモ)」の“色”、「杉：思雞 (スギ)」「硯：思子里 (スズリ)」の“思”が使われている。そのうち“色”は初出音訳漢字である。ラ行ウ段音の「ル」に対する音訳漢字は従来の使録では“禄”が主に使われてきたが、『伝信録』

においては主に“羅[12]”が使われている。

提示語（訓）	音訳漢字	現代首里
臭（くさささ）	哭[13]煞煞	/kusasa/
杏（すもも）	色莫莫	なし
杉（すぎ）	思雞	/şuzi/
輕（かるさ）	喀羅煞	/karusa/
春（はる）	哈羅	/haru/,/hwaru/
晝（ひる）	皮羅	/hwiru/
夜（よる）	唷羅	/'juru/

では、新出音訳漢字の“哭”、“色”、“羅”および“思”の各資料での発音をみていこう。

	北京	朴諺	重老	Varo	蘇州	厦門	福州
哭	[k^hu]	/ku/	なし	[koʔ]*	[k^hoʔ]	[k^hɔk, k^hau]	[k^houʔ]
色	[sɤʔ]	/se/	/se/	[se]	[sɤʔ]	[sik,sat]	[saiʔ]
思	[sɿ]	/sạ/	/sạ /	[sɿ]	[sɿ]	[su],[su]	[sy], [søy]
羅	[luo]	/lo/	/lo/	[lo]	[ləu]	[lo]	[lɔ]

このように、ウ段音に関しては、どの方言が近いとも言えない。ただ、厦門の“思”[sy](文)、[søy](白)や福州の“色”[saiʔ]は想定される琉球語の発音との差が相対的に大きいように思われる。それには琉球語の「ウ」に相当する漢語の発音が当てにくかったからかも知れない。現代の琉球語のウ段母音は非円唇前舌母音の[ɯ]であるため、当時もこれに近かったものと考えられる。[ɯ]音を持たない漢人が琉球語の[ɯ]音を記述する際、[u]、[o]、[ɔ]、[ɤ]、[əu]のうちどの音を最も近いと見なすのか。例えば、舌の位置に着目すれば琉球語の[ɯ]音は[u]が近いが、円唇性については開きがある。よって、ウ段音の事例は音訳漢字の基礎方言を特定する際には重要視することが困難である。

2.2.3. イ段音に対する音訳漢字

次にイ段音であることが確実な提示語に対する音訳漢字の発音をみていこう。

提示語	音訳漢字	現代首里
飯碗（まかり）	麦介衣	/makai/
戥子（はかり）	法介依	/hakai/
木（き）	雞	/kii/
朝（あかつき）	阿噶子吉	/akaçici/
掃箒（ほうき）	火氣	/hooci/
白（しろさ）	稀羅煞	/sirusa/
地（ぢ）	池	/zii/
臂（ひじ）	非之	/hwizigee/
日（ひ）	飛	/hwi/
二十三（にじゅうさんにち）	膩徂三泥子	/nizuu/ /saɴnici/
蝦（えび）	一必	/ʔibi/, /ʂeegwaa/
蟹	夾煞眉	/gaẓami/
里（り）	利	/ri/

以下は音訳漢字の各資料における発音である。

	北京	朴諺	重老	Varo	蘇州	厦門	福州
衣	[i]	/i/	/i/	[i]	[i]	[i],[ui]	[i]
依	[i]	/i/	/i/	[i]*	[i]	[i]	[i]
鷄	[tɕi]	/gi/	/gi/	[ki]	[tɕi]	[ke], [kue]	[kie]
吉	[tɕi]	/gi/	/gi/	[kiIʔ]	[tɕiIʔ]	[kiɛt]	[keiʔ]
紀	[tɕi]	/gi/	/gi/	[ki]*	[tɕi]	[ki], [k^{h}i]	[ki]
氣	[tɕi]	/ki/	/ki/	[k^{h}i]]	[tɕi]	[k^{h}i], [k^{h}ui]	[k^{h}ei], [k^{h}uei]
失	[ʂi]	/si/	/si/	[ʂiʔ][14]	[sɤʔ]	[sit]	[seiʔ]
稀	[ɕi]	/hi/	なし	[hi]	[ɕi]	[hi]	[xi]
池	[tʂ^{h}i]	/ci/	なし	[tʂ^{h}i]*	[zɿ]	[ti]	[tie]
之	[tʂi]	/ji/	/ji/	[tʂi]	[tsɿ]	[tsi]	[tsi]
膩	[ni]	なし	なし	[ni]*	[ni]	[li]	[nei], [nøi]
非	[fei]	/vi/	/vại/	[fi]	[fi]	[hui]	[xi]
飛	[fei]	/vɯi/	なし	[fi]*	[fi]	[hui], [pe]	[puoi]

必	[pi]	/bi/	/bi/	[pieʔ]	[piɪʔ]	[pit]	[peiʔ]
眉	[mei]	/mại/	なし	[moei]	[mi],[me]	[bi],[bai]	[mi]
利	[li]	/li/	/li/	[li]*	[li]	[li],[lai]	[li]

あくまでも現代方言との比較だが、上記のように、徐葆光の母語と思しき蘇州語、そして南京の発音が比較的よく合致する。琉球語のイ段音に対する音訳漢字の漢語方言による発音は、厦門、福州といった南方ほど、想定される琉球語との齟齬が大きい。特に厦門、福州の地域において『伝信録』初出の“鷄”、“紀”、“膩[15]”などの発音に大きな違いがあることは、重要視されてよいだろう。だが、音訳漢字の基礎方言を蘇州方言であると断定するには一つの障碍がある。それは現代の蘇州方言では団音(中古音の見母 [k]・溪母 [k^h] に由来する軟口蓋破裂音声母と再構される音声グループ)に由来する音訳漢字が口蓋化し、聴覚印象では極めて「チ」に近いことである。次にその問題について考えてみたい。

2.2.4. 清代の方言における尖音、団音

同時代資料における尖音、団音をみる前に、まず現代の分合状況を確認してみよう。以下のように北京では合流し、蘇州と福州(厦門)では分けられている。だが、以下のように蘇州と福州では非合流でも音価が異なり、蘇州では団音は破擦音化して [k] の音価を失っているが、福州(厦門)では [k] の音価を保っている。

現代方言における尖音・団音の分合状況

	北京	蘇州	福州（厦門）
尖音	[tɕ]	[ts]	[ts]
団音		[tɕ]	[k]

歴史的に北京語における団音の破擦音化の萌芽は 17 世紀にあった。1662 年の琉球国王の官印で「琉球」を満州文字で lio cio と記していることからもそれが窺える。そして北京語を示すと思われる『満漢字清文啓蒙』(1730 年）や『兼満漢語満州套話清文啓蒙』(1761 年)では現代音と同じ破擦音になっていたものと考えられる[16]。だが、満文資料に

おいては、上記資料よりも後に成立した資料『増訂清文鑑』(1771年)に尖音・団音の区別が「復活」している。また満文文献における「琉球」の発音はのちに lio kio と標記されるようになる。藤堂明保(1960)にあるように、尖音と団音の合流を示す『圓音正考』(1743)もそもそも合流してしまった両音を分ける必要を説いた一本である。発音の伝統を守ることを目指して注音がなされる傾向も、漢語関連の資料には往々にして見られるため、この点への注意が必要である。

一方ハングル資料においては、1677年の『朴通事諺解』右側音では、尖音・団音をはっきりと区別している。重刊本『老乞大諺解』(1745)においては、一部の合流が認められるも、破擦音化していないものもある。その後、大きな改訂が行われた『朴通事新釋諺解』(1765年)においては、以下のように軟口蓋音が口蓋化していないものもある。

ハングル転写	漢字
gi[ki]	紀、己、吉、季、極、係
ki[kʰi]	乞、棄、契、其
ji[tɕi]	几、既、計、給、鷄、餓、稽、急、計
ci[tɕʰi]	起、気、騎、器、欺、豈、棋

因みに『伝信録』で初めて使われる音訳漢字"紀"、"吉"、"几"は満州資料では全て破擦音化し、朝鮮資料では"紀"、"吉"は軟口蓋音、"几"は破擦音で記されている。

では、南方官話を示す資料はどうか。明末・清初の宣教師による官話資料にも、これらの発音に関する記述が得られる。これらの資料群においては、高田時雄(2001)が指摘するように、『西儒耳目資』以来、Francisco Diaz" *Vocabulario de letra china con la explication castellana*"、Francisco Varo の "*Vocabulario da Lengoa Mandarina*" など一貫してほぼ同じ音韻体系が継承され、それは1859年の Thomas Wade の『語言自邇集』の出現まで続いた。宣教師の資料では尖音・団音は現実の音声変化に影響を受けることなく、一貫して [ts] と [k] という形式で区別が保たれているが、それは『伝信録』の時代も同様であったと考えられる。

さらに清代の厦門方言、福州方言では、尖音・団音の区別はどうなっていたのだろうか。これに関しては残念ながら音価を知る資料がない。しかし、厦門方言、福州方言は現代でも区別を保ち、さらに団音は破擦音化せず [k] 音を有しているので、当時もそのような状態であったと思われる。一方、蘇州方言はどうであろう。現代蘇州方言は尖音・団音は微妙な差異ながら"済":[tsi](尖音)、"計":[tɕi](団音)という区別を保っている。よって 18 世紀前半においても区別をしていたと考えられる。しかし、その区別が現代と同様だったのか、"済":[tsi](尖音)、"計":[ki](団音)のような団音が破擦音化する前の段階だったのか、当時の音価までを伝える資料がない。

著者は 18 世紀前半の蘇州語は、団音も [k] という音価であったのではないかと推測する。その理由は、現代で尖団が完全に合流している北京語が、18 世紀前半は合流したばかりの状況、あるいは過渡期であったことを考えると、区別を保っている南京より南方に位置し、他の音声項目でも保守性の強い 18 世紀前半の蘇州が [tsi] と [ki] の音価で尖団の区別を保っていた可能性が高いからである。むしろ北京に先駆けて破擦音化を完了していたとは考えにくい。

筆者の想定する 18 世紀前半の分合状況

	北京	蘇州	福州
尖音	[ts]	[ts]	[ts]
団音	[k] ～ [tɕ]	[k]	[k]

ただ、「琉語」の筆記者が徐葆光であった場合、この推測もあながち的外れではないように思える。蘇州府という南方に生まれ、もともと尖音と団音の区別を有し、科挙を第一甲第三名という極めて優秀な成績で合格した徐葆光には、「正音」対するある種の規範意識があったことは想像に難くない。そこでの規範とは当然、尖音と団音を明確に区別するものだったと思われる。

2.2.5. 琉球語の濁音に使われる音訳漢字

確実な例から推定した結果、音訳漢字の基礎方言は蘇州語との一致性が高いことを論じた。ここでもう一つ、琉球語の濁音(有声破裂音子音)に対する音訳漢字の傾向について考察しよう。少数の例外を除き中古の全濁音声母に由来する音訳漢字は、琉球語の有声破裂音子音、いわゆる濁音に対して使われることが多い。中古の全濁音声母の音価を保持している現代方言は呉語一帯の地域であり、今回の比較対象では蘇州語がそれに当たる。

そして実際、音訳漢字の基礎方言を蘇州語と想定した場合、琉球語の濁音に蘇州語の有声音声母が使われる例が多数みられる。従来の資料では琉球語の濁音を表記するために前の音訳漢字に陽声韻を使うといった手法(「飯：翁班尼」の“翁”)がとられていたが、『伝信録』では数例を残して減少している。その代わり蘇州語の有声声母を使って琉球語の濁音を表記している。それが以下である。

提示語	音訳漢字	中古声母と現代蘇州語	現代首里
錢（ぜに）	層	層(從母)[zən]	/ziɴ/
門（ぢゃう）	濁	濁(澄母)[zoʔ]	/zoo/
緞（どんす）	動子	動(定母)[doŋ tsɿ]	/duɴsi/
地（ぢ）	池	池(澄母)[zɥ]	/zii/
妓	俗里	俗(邪母)[zoʔ li]	/z̨uri/
鍋（なべ）	那脾	脾(並母)[na bi]	/nabi/
蒜（ひる）	非徒	徒(定母)[ɦi dəu]	/hwiru/
被	烏獨	獨(定母)[u doʔ]	/ʔuudu/[17]
朋友	獨需	獨(定母)[doʔ si]	/dusi/
小孩子（わらべ）	歪拉培	培(並母)[huɑ la bᴇ]	/warabi/
象棋（しょうぎ）	冲棋	棋(群母)[tshoŋ dʑi]	/cuɴzii/
面盆（はんぎり）	汗儞及里	及(群母)[úø ni dʑiəʔ li]	/haɴziri/[18]
三十（さんじゅうにち）	三徂泥子	徂[19](從母)[sandʑəu ni tsɿ]	/sanzu/ /nici/
石榴花（ざくろ）	石古魯	石(禪母)[zɑʔ kəu ləu]	/z̨akura/
扶桑花（ぼさつはな）	菩薩豁那	菩(並母)[bu saʔ huaʔ na]	/buusaa/ /hwana/

琉球語の濁音と音訳漢字の全濁音が対応しない例もあるが、その場合でもかならず音訳漢字には不帯気音(無気音、全清声母)に由来する音訳漢字が使われ[20]、帯気音(有気音、次清声母)が使われる例は

みあたらない。これは漢語話者にとって琉球語の濁音は帯気音より不帯気音の方が近かったためと思われる。

3.『伝信録』が示す琉球語について

『伝信録』で変更が加えられた項目を仔細に観察すると、『混効験集』などの同時代資料に見られる言語変化と同様の状況を確認することができる。以下に特徴的な事柄を列挙してみよう。

3.1. 琉球語の「キ」と「チ」について

本節では琉球語の「キ」と「チ」がどのような発音であったかを確認するが、その前に最初に確認すべきことがある。それは『伝信録』「琉語」における「キ」と「チ」について、どのような条件が整えば、琉球語のカ行イ段音「キ」が口蓋化し、タ行イ段音「チ」と合流していると言えるのか、ということである。この判断を下すとき、まず音訳漢字の漢語方言に尖音・団音 (精系声母・見系声母) の区別が存在する場合としない場合を分けて考える必要がある。

まず音訳漢字の漢語方言に尖音・団音 (精系破擦音声母 [ts]・見系軟口蓋声母 [k]) の区別が存在する場合、琉球語の「キ」と「チ」が合流していると見なすためには琉球語のカ行イ段音に対し、尖音 (精系声母) で発音を表記している例が確認されなくてはならない。例えば、“ 気 ” という提示語に対し、尖音に由来する音 (例えば “ 七 ”、“ 妻 ”、“ 子 ”、“ 之 ” など) が音訳漢字として選ばれている必要がある。しかしこうした例は『伝信録』やそれ以前の資料では見あたらない。因みに『伝信録』以降の『琉球入学見聞録』に一例のみ、“ 水：媚吉 (ミズ)” という例がある。しかし、これは “ 吉 ” という団音に由来する漢字を使用しているため、音訳漢字の漢語音が尖音・団音の区別を失っている根拠とはなり得ても、琉球語の「キ」と「チ」が合流している証拠とはならない。

次に音訳漢字の漢語方言に尖音・団音の区別が存在しない場合はどうか。この場合、琉球語のカ行イ段音に対して尖音あるいは団音で発音を表記し、しかも尖音で表記される頻度が高い場合に限られる。

カ行イ段音「キ」とタ行イ段音「チ」に関連する項目については、カ行に対しては中古見系の声母 (軟口蓋破裂音 [k]/[kʰ]) をもつ漢字が使われ (ex. 紀、吉、几、其、鷄、)、タ行には端系 (舌音 [t] の系統)、章系 (破擦音やそり舌音の系統)、精系 (破擦音 [ts] の系統) の声母の音訳漢字が用いられている (ex. 池、之、子、齊)。このうち、“紀”、“吉”、“几”、“池”、“齊”が『伝信録』で初めて使われる音訳漢字である。以下の例を見てみよう。

3.1.1.「キ」に対する音訳漢字

以下はカ行イ段音を含む提示語に対する音訳漢字である。

提示語	音訳漢字	中古音	現代首里	* 中古＞現代蘇州
秋 (あき)	阿紀	紀 (見母止韻)	なし	*[ki]>[tɕi]
朝 (あかつき)	阿噶子吉	吉 (見母失韻)	/akaçici/	*[ki]>[tɕi]
竹 (たけ)	托几	几 (見母旨韻)	/daki/	*[ki]>[tɕi]

3.1.2.「チ」に対する音訳漢字

以下はタ行イ段音を含む提示語に対する音訳漢字である。

提示語	音訳漢字	中古音	現代蘇州	現代首里
地 (ぢ)	池	池 (澄母支韻)	[zɿ]	/zi/
奶 (ちち)	齊	齊 (從母齊韻)	[zi]	/cii/
東 (こち)	窟之	之 (章母之韻)	[sɿ]	/kuci/

「キ」と「チ」に対する音訳漢字の使用傾向をみると、両者は棲み分けされており、例外はない。よって両者に音声的区別があることは明らかである。団音に由来する音訳漢字を使用している琉球語の用例をみると、当時の琉球語の「キ」は未だ「チ」に合流していない状況であったと結論づけられる。

『琉球国由来記』(1713) には少数ながら「キ」が「チ」に、「ギが「ヂ (ジ)」に変化した例がみえる [21] ので、カ行イ段音の破擦音化はこの頃から徐々に増えていき、李鼎元の『琉球訳』(1800 年) においておおよその合一をみたと考えられる [22]。

3.2. /r/[ɾ] の脱落、および /r/[ɾ] の /d/[d] 音への変化

『伝信録』「琉語」では、リに対応する /r/([ɾ]) が脱落する例がみられる。これは『混効験集』(1711 年) にもみえる傾向である。

3.2.1. 脱落例

提示語（訓）	音訳漢字	現代蘇州	現代首里
茉莉（まりか）	木一乖	[moʔ iɪʔ kuɛ]	/muikwa/
鶏（とり）	推	[tʰᴇ]	/tui/
戥子（はかり）	法介依	[faʔ kɑ i]	/hakai/
抛球（まり）	馬一	[ma iɪʔ]	/mai/
泊（とまり）	土馬伊	[tʰəu ma i]	/tomai/
冬瓜（しぶい）	失布衣	[si pu i]	/sibui/
西瓜（うり）	烏貽	[u i]	/ʔui/
枕（まくら）	馬括 [23]	[ma kuaʔ]	/maǫkwa/

3.2.2. 脱落していない例

提示語（訓）	音訳漢字	現代蘇州	現代首里
妓	俗里	[zoʔ li]	/ʐuri/
里（り）	利	[li]	/ri/

また、「油：阿呅打」の如く、/ra/([ɾa]) が [da] に変じている例も見受けられる。「油」は『混効験集』(1702-1711) においては「アムダ」と記述されていることと同じ状況が見られる。さらに琉球語の「にんにく」を表す提示語「蒜 (フィル)」に対し、「蒜：非徒」と当てる例がみられる。“徒”は前述のように蘇州方言では [d] の声母、他の方言では [t] となっており、もし蘇州を基礎方言とするならこれも /r/([ɾ]) が [d] に変化した例とみなすことができる。

3.3. ハ行・バ行音について

以下にハ行音・バ行音について考察する。ハ行音に関しては、主に唇歯摩擦音 [f]、および喉音 [h] の音訳漢字が選ばれるが、両唇破裂音 [p] の例も見られる。現代方言においては、例えば「葉」/hwaa/[ɸa:] のように、唇音性を保っている単語がある。以下の「葉：豁」の例にみるように、音訳漢字の基礎方言が蘇州方言であるなら、"豁"の発音は [huaʔ] に近い発音になるため、当時の琉球語の発音としては円唇性を残していると判断できる。

提示語	音訳漢字	現代蘇州	現代首里
褲子（はかま）	哈加馬	[hɑ kɑ mɑ]	/hakama/
花（はな）	豁那	[huaʔ na]	/hana/
葉（は）	豁	[huaʔ]	/ha/
鼻（はな）	豁納	[huaʔ naʔ]	/hana/
臂（ひじ）	非之	[fi tsɿ]	/hwizigee/
鍋蓋（ふた）	福大	[foʔ dɑ]	/huta/
多（おほさ）	屋火煞	[oʔ həu saʔ], [uɤʔ həu saʔ]	/uhusa/
掃箒（ほうき）	火氣	[həu ki(tɕi)]	/hooci/
冬瓜（しぶい）	失布衣	[sɤʔ pu i]	/sibui/
晝（ひる）	皮羅	[bi ləu]	/hwiru/
羊（ひつじ）[24]	皮着	[bi tsɑʔ], [bi zɑʔ]	/hwiizaa/
紙（かみ）	瞎皮	[haʔ bi]	/kabi/

喉音の音訳漢字は"豁"、"火"、唇歯摩擦音は"非"、"福"を使っている。

	豁	非	福	皮	火
蘇州	[huaʔ]	[fi]	[foʔ]	[bi]	[həu]

そして、濁音をみると、バ行ウ段には両唇破裂音系の漢字が使われている。ハ行音イ段に関しては、「晝：皮羅（ピル）」のように、『伝信録』以前の資料で用いられた両唇破裂音声母を持つ音訳漢字が当てられる例もある。このうち、新出の音訳漢字は"羊：皮着"(ピージャ）である。"晝：皮羅"(ピル）は、それ以前の資料は"晝：必禄"(ピル、「琉訳」)、"晝：皮禄"(ピル、「陳侃」、「夏子陽」）などと書かれている。『伝信録』では、

ルを表す音訳漢字が“禄”から“羅”に置き換わっているだけで、「ピ」は依然として“皮”になっている。これは単に先行資料を書き写したものか、あるいは現実の発音を反映させて“皮”字をそのまま残したものか、判断が分かれるところである。琉球語の「ヒ」に対するその他の例では、全て“非”、“飛”など唇歯摩擦音[25]の音訳漢字が選ばれている。だが、両唇破裂音の例が“書：皮羅”(ピル)の他に、『伝信録』で初出の“羊：皮着”(ピージャ)という例も存在することから、この資料から得られる琉球語のハ行イ段音は一部の語で [p] を保っていたとみるのが穏当である。

音訳漢字を観る限り、ハ行に関しては [h]、[ɸ]、[p] という子音が併存していることになる。これは音環境によってハ行の音価が異なっていることを示すと同時に、本土から流入した語彙がそのままの発音で使用されていた可能性もある。

3.4. 前舌母音化が認められる語

現代首里方言ではウ段音がイ段音のような前舌母音化する例がある。例えば「水」は /miẓi/ となるが、『伝信録』の“水：閔子”には、現代と同様の現象が反映している。『伝信録』やそれ以前の資料ではいずれも“水：民足”と書かれている。“足”は中古の音韻位置では燭韻入声に属するため、歴史的にも漢語の各方言も何らかの円唇性を有する漢字である。それが『伝信録』では“子”精母・止韻という前舌狭母音の音訳漢字に置き換えられている。『伝信録』のなかでの音訳漢字“子”は、以下のような、イ段音の母音をもつ語に使用されている。

提示語	音訳漢字	現代首里	現代蘇州
二十三	膩徂三泥子	/nizuu/ /saɴnici/	[ni dʑəu san ni tsɿ]
三十	三徂泥子	/saɴzuu/ /nici/	[san dʑəu ni tsɿ]

ただ、これらの例はいずれも語の末尾に使われているため、イ段音ほど非円唇性が強くなかった可能性もある。同時代資料と方言の発音をみてみよう。

	北京	朴諺	重老	Varo	蘇州	厦門	福州
子	[tsɿ]	/jạ/	/jạ/	/tsu̇ /	[tsɿ]	[tsu], [tsi]	[tsy], [tsi]

現代蘇州方言の発音では中舌母音の発音となっているため、当時の発音としては「ミジ」に移行する前の「ミズィ」という発音であった可能性もある。

もう一つ、ウ段音の前舌母音化を示す例がある。“墨：細米(シミ)” という項目である。それ以前は “墨：思墨”(「陳侃」、「琉訳」) や “墨：司默”(「蕭崇業」、「夏子陽」) と表記されていたが、“墨：細米(シミ)” に変更が加えられた。“細” は『伝信録』初出の音訳漢字であり、“細” は “四十：細徂(シジュ)” にも使われているため、こちらの方は「ス」や「スィ」ではなく、「シ」音に当てられていると思われる。漢語の “細”(心母・霽韻) は先の「水」で使われた “子” より、ずっと非円唇性が強い。

同時代資料や福州語を除くほとんどの漢語方言での “細” の発音は “思” や “司” に比べ非円唇性の強い発音で、聴覚印象の上ではより「シ」に近い。よって、“墨：細米” の例は、当時すでに前舌母音化した語が存在した有力な事例となり得る。

	北京	朴諺（右）	重老	Varo	蘇州	厦門	福州
思	[sɿ]	/sạ/	/sạ/	/su̇ /	[sɿ]	[su], [su]	[sy], [søy]
細	[ɕi]	/si/	/si/	/si/	[si]	[se], [sue]	[sa]

3.5. 音訳漢字 “呃” の発音に関連した琉球語

現代琉球方言では鼻音 +i(u) の音節において、母音が脱落して鼻音が音節主音になる場合がある。その例として「胸」の muni>'ɴni という変化が挙げられるが、『伝信録』にも同様の現象が観察される。

『伝信録』の “胸” の項目には「胸：呃尼」のように書かれる。現代蘇州語ほか多くの地域では “呃” は [ŋ̍] の如く母音を伴わない音節主音的子音 (“声化韻”) となっていることから、“呃” は琉球方言の [ɴ] を表現していたと考えられる。これは現代首里方言で「重い」を [ʔɴbusaɴ] と言うことからも裏付けられる。以下に “呃” の音訳漢字を含む項目を挙げる。

提示語	音訳漢字	現代首里	現代蘇州
胸（むね）	吒尼	/'ɴni/	[ŋ̍ ni]
重（おもさ）	吒卜煞	/ʔɴbusa/	[ŋ̍ poʔ sa]
擔桶（おけ）	吒格	/'ɴke/[26]	[ŋ̍ kɑ]
我（われ）	窆吒	/waɴ/	[uaʔ ŋ̍]
瓦礶（つぼ）	之吒	/çibu/[27]	[tsɥ ŋ̍]
瓢	彌吒	ミン[28]	[mi ŋ̍]
油（あぶら）	阿吒打	/aɴda/	[a ŋ̍ tã]

先に ra 音の da 音への変化に関連して、「油：阿吒打」の例を紹介したが (3.3.2 参照)"吒" の発音が音節主音的子音であるなら、「油」は実際には [anda] のように発音されたと考えられる。一方、「醬：彌沙」(「味噌」の意) のように、現代首里方言では 'ɴsu となっている語が『伝信録』では未だ [mi] 音を保っているものもある。その他、" 我：窆吒 " のようにいわゆるはねる音 [ɴ] を示している。

おわりに

ここまで述べてきたように『伝信録』の音訳漢字は徐葆光の母語である蘇州府の言語を基礎にしている可能性が高い。そして『伝信録』における初出項目や初出音訳漢字の反映する琉球語は、軟口蓋狭母音が未だ口蓋化していない段階であったことが確認される。また、[r] の脱落、[r] の [d] への変化などの琉球語の史的変遷を考察する際の言語事象も記されている。

これまで外国語資料を使った琉球語の研究史において、『伝信録』は重用されていたとは言い難い。それは未詳語の多さ、継承された提示語や音訳漢字の多さに加え、他の資料よりも時代的に下っていることで言語資料としての価値を見出しにくかったことなどが挙げられよう。だが、上記のように増補された箇所を仔細に見ていくことで琉球語の史的変遷を知るための一資料として位置づけることも可能となる。

これまでの考察を踏まえると、果たして『伝信録』はかつての共通中国語であった「官話」音を示す資料たり得るのだろうか。答えは否である。言うまでもなく『伝信録』「琉語」は琉球の言語について書かれた資料であり、中国の「官話」を記述したものでも、「官話」音で記されたものでもない。

---

1 本書では康熙 60 年 (1721) 長洲徐氏二友齋刊本『中山伝信録』(黄潤華・薛英編 (2000)『國家圖書館藏琉球資料匯編』中 :1-588. 北京 : 北京圖書館出版社 .) を底本とする。なおテキストについては和田久徳 (1987)、岩井茂樹 (1999) に詳しい。

2 原田禹雄 (1999) を参照。原文：臣按、前明嘉靖中冊封使陳侃記云、稱有夷語夷字附錄卷末、所伝鈔本缺而未見、萬曆中冊使夏子陽給諫使錄、刻有琉語、本朝張學禮冊使亦略載雜記中、今就其本少加訂正。對音參差輕重清濁之間終不能無訛也。

3 岩井茂樹 (1999) 参照。

4 逆に先行資料には存在するが、『伝信録』に記述されていない項目も多数ある。これは如上の「所伝鈔本缺而未見」という事情に依ると思われる。

5 “尼”は衍字。

6 “乜”は“也”の誤り。

7 屋金は衍字か。

8 『朴通事諺解』、重刊本『老乞大』などハングル転写は河野 1979 の転写法に従う。

9 “大”は衍字か。

10 “芥”で代用すると /giei/ となる。

11 同上。

12 “羅”は『琉球館訳語』で「回去：慢多罗」という例が一つのみ、見られるが後の資料には継承されていない。また『伝信録』において“羅”はロに由来する音訳漢字が多い。

13 “哭”は「初九：之搭之哭古魯」という複合語を除き、全て語頭に用いられている。漢語では“哭”は帯気音、“姑”は不帯気音である。これは漢人にとっては琉球語の語頭のク音が帯気音に聞こえたことを反映しているのかも知れない。こうした漢語の帯気音と不帯気音を使い分ける傾向はタ (語頭“他”、語中“韃”)、ト (語頭“禿”“托”“掐”、語中“多”) などにも見出せる。

14 Varo の原文は /xi/ となっているが、これはそり舌音 [ʂi] の発音である。

15 「蕭崇業」に“三：膩子”の例が見えるが、これは誤り。

16 落合守和 (1989)、竹越孝 (2012) 参照

17 提示語は掛け布団の意。

18 『沖縄語辞典』に「たらい。桶の底の浅いもので、半切りの意」とある。

19 現代蘇州語の発音は不明だが、中古音の從母で、有声破裂音に属するため、蘇州語でも有声音で発音されると思われる。

20 “鏡子 (かがみ)：喀敢泥”、“竹爿 (をぎ)：兀執”(ウージ) がその例にあたる。

21 高橋俊三 (1991) 参照。

22 石崎博志 (2001a) 参照。

23 『混効験集』で確認できる /kur/ が /qkw/ になる現象 (お枕：おまつぐわ) については、“馬”が入声ではないので、変化の有無は確認できない。

24 首里では「山羊」を指す。

25 厦門、福州の文読音では喉音の [hui]、[xi] となる。

26 現代首里方言では /'uuki/ となっている。“ ”はしばしば“五”と混用されている。

27 提示語は「素焼きの壺」の意。音訳漢字の発音は、ツボの発音において、[tsɯ] が前舌母音化して [tɕi] となり、ボの発音が [bo]>[bɯ]>[mɯ]>[m] のように何らかの

形で転訛したものを、漢人が書き取った結果かも知れない。『見聞録』では「瓦礶：哈阿美」のように「カメ (甕)」由来の語に置き換えられている。
28　未詳語。

第1部
第3章
『琉球入学見聞録』

はじめに

潘相著『琉球入学見聞録』(乾隆29（1764）以下『見聞録』[1])は、漢語に対する琉球語の発音を漢字で記した「土音」と、「いろは」の発音を漢字で記した「字母」等において当時の琉球語を記している。この著者とされる潘相は1760年に北京国子館で琉球からの留学生である鄭孝徳、察世昌、金型、梁允治らを教育した人物である。本章は主に「土音」で使われる音訳漢字の基礎方言を特定し、『見聞録』に記された琉球語の特徴を明らかにすることを目的とする。『見聞録』を言語学的に扱った研究に丁鋒(1998)(2008)、多和田眞一郎(1997)(2010)等があるが、ここで論じるものは論証方法や結論が異なる。なお、考察に際しては乾隆29年(1764)序汲古閣本を底本とする。

1.『伝信録』から『見聞録』へ

1.1. 増加された項目、削除された項目

『見聞録』に先立つ資料には『中山伝信録』(以下『伝信録』)がある。『伝信録』と『見聞録』を比較すると、項目の増減がある。『見聞録』では「地理」の地理用語と地名がまとまって増加され、それ以外は各類に散発的に増加がみられる。一方、削除された項目は増加項目より多く、『伝信録』「花木」所載の37項目、「鳥獣」所収の31項目、「數目」の57項目は全て削除されている。「人物」所収の「皇帝」など地位・役職名、「人事」収録の“生”、“死”、“走”、“行”など一般動詞や儀礼・進貢関連の語、

「通用」収載の動詞も削除されている。その他は散発的に間引かれている。これらを削除した理由は様々あろうが、なかには“帽”と“紗帽”、“珠”と“玉”など重複した項目を整理したものもある。

1.2. 提示語が同じで音訳漢字を変更した項目

『伝信録』から『見聞録』への音訳漢字の変更において、提示語に対する琉球語を変更したものには２つのタイプがある。一つは発音表記に使用する漢字を変更して琉球語の発音のみを変更したもので、この変更の背景には後述するように基礎方言のシフトがある。もう一つは提示語に対して琉球語の語彙自体を変更したタイプである。変更の意図は『伝信録』の訂正が最多であるが、次に和語(琉球語)による訓読みを音読みに改めた項目が続く。以下の“陰”、“陽”、“琥珀”はその例である。

1.2.1. 訓読みから音読みへの変更

提示語（訓）	伝信録	見聞録
陰（いん）	姑木的(くもって)	因(イン)
陽（よう）	法力的(はれて)	薬(ヨウ)
琥珀（こはく）	它喇(ママ)(とら)	枯花古(コハク)

1.2.2. 和語から琉球語への変更

以下は和語から琉球語への変更である。

提示語（訓）	伝信録	見聞録
蝦（えび）	一必(えび)	色 /seegwa/

1.2.3. 琉球語から和語への変更

また、当時の琉球語系の語彙から和語系語彙に変更した例もみられる。

提示語（訓）	伝信録	見聞録
東（ひがし）	窟之 /kuci/	熏哈失(ひがし)
南（みなみ）	灰 /hwee/	閩那蜜(みなみ)

如上の変更は口語から文語への位相の違いを反映する可能性がある。

当時、琉球の文語は主に和文(候文)が使われていた(本書第10章参照)。官生は和文作文の訓練を受けており、ここでいう文語は候文や彼らが学んだ漢文訓読語の可能性がある。

2.『見聞録』に記された琉球語の音声特徴

2.1. 方法

では『見聞録』の記述から当時の琉球語と音訳漢字の基礎方言を考察する方法を示す。まず漢語で書かれた提示語から、音訳漢字がどの語を示すかを特定した後、琉球語の歴史や現代琉球方言の音声的バラエティから琉球語として可能性のある発音の範囲を限定する。その後、音訳漢字の中古音を座標軸としてその使用傾向を把握し、音訳漢字が示す発音を漢語史や現代方言の音声的バラエティから絞り込む。そうした作業の蓄積から、基礎方言として可能性の高い方言を限定していく。『見聞録』も先行する資料から継承している箇所もあるため、音訳漢字が一貫した方言で選ばれているとは限らない。よってここでは『見聞録』の音訳漢字の基礎方言を予め措定しない。

一例を挙げて説明しよう。提示語“字”に対して音訳漢字“日”が当てられる場合、“字”は「文字」の「字」を表すと考えられる。「字」の琉球語の音形は概ね [zi] や [dʒi] の有声摩擦音あるいは破擦音である。一方、音訳漢字“日”は中古音では日母に属し、現代漢語方言では [ʐ]、[z]、[l]、[ɳ]、[n] などの声母をもつ。そのなかで摩擦音系の声母を有する地域は北京や南京など揚子江以北の官話方言区であり、これらが基礎方言として蓋然性の高い地域である[2]。ここでは声母のみを挙げたが、併せて韻母の音形も考慮する。

2.2.『見聞録』にあらわれたカ行ア段音の特徴

まず琉球語のカ行ア段音「カ」に対する音訳漢字の特徴を論じる。音訳漢字には“哈”(12例)、“喀”(10例)、“噶”(1例)が使われる。音訳漢字の“哈”は『見聞録』の新出項目および語の訂正した項目において使用される傾向が顕著である(ちなみに『伝信録』は2例のみ)。“喀”を使用する10例のうち『伝信録』からの継承項目が2例あるため、実質は8例である。以下は音訳漢字を比較した表である。

提示語（訓）	伝信録	見聞録	南方官話	現代首里
川（かわ）	項目なし	哈哇	[ha]	/kaa/
香（かぐわさ）	項目なし	哈巴煞	[ha]	/kabasjaɴ/
上（かみ）	威	哈蜜	[ha]	/kami/
鏡子（かがみ）	喀敢泥	哈哈密	[ha]	/kagaɴ/
河（かわ）	喀哇	哈哇	[ha]	/kaa/
傘（かさ）	夾煞	哈撒	[ha]	/kasa/
舵（かじ）	看失	哈滞	[ha]	/kazi/
紙（かみ）	瞎皮	哈比	[ha]	/kabi/
頭髪（かみ）	哈那子又喀拉齊	哈喇子	[ha]	/karazi/
風爐（かぜろ）	魯	哈子魯	[ha]	/kazi//ruu/
牆（かき）	掐(ママ)几	喀吉	[k^hɛʔ]	/kaci/
轎子（かご）	夾介子	喀谷	[k^hɛʔ]	/kagu/
笠（かさ）	由(ママ)^{3}沙	喀煞	[k^hɛʔ]	/kasa/
盔（かぶと）	噶塢吐	喀不毒	[k^hɛʔ]	/kabutu/

“哈”の読音は、『廣韻』に疑母合韻五合切、『篇海』に呼馬切、曉母合韻、『集韻』に呼合切とあり、『見聞録』と時代が近い『篇海』や『集韻』で反切上字に“呼”という喉音[h]の音訳漢字を使っている。“哈”は現代諸方言でも地域を問わず[ha]や[xa]など喉音で、軟口蓋音[k]ではない。よって『見聞録』においても喉音声母で読むと思われる。『見聞録』でカ行ア段音に喉音“哈”を多用する理由は、一部のカ行ア段音が軟口蓋音[k]ではなく喉音[h]であったことを示す。

現代琉球語をみた場合、これを裏付ける根拠がある。現代首里や那覇の方言には、この現象がほぼみられないが、本書第5章の示す沖縄北部方言、方言研(1980)が示す久高島方言と上野善道(1992)が示す喜界島方言、菊千代・高橋俊三(2005)の示す与論方言等において、カ音を[ha]で発音する地域がある。『見聞録』編纂当時の官生には離島出身者はおらず、首里や那覇の出身者が占める。よって『見聞録』の表音は、当時の首里や那覇でカ行ア段音「カ」を喉音 [ha] で発音していた可能性を示している。

同様の現象は『おもろさうし』にもあり、和語の「カ」が「ハ」で記される例が観られる[4]。(はねのしま (金の島)<9-3> ＝仲吉本・田島本、ぬれはみや (濡れ髪の人)<13-209> など) この「は」は、「か」の間違いとされることもあるが、上述の現代方言の状況や漢語資料の状況から、かつての首里方言に「カ」が「ハ」になる現象が存在したことを裏付けるものである。

一方、『見聞録』に先行する『伝信録』でカ行ア段音に対し喉音声母の音訳漢字を使用するのは“髪:哈那子又喀拉齊”、“紙:瞎皮”のみで、多くがカ行ア段音に“喀”という無声軟口蓋破裂帯気音 [kʰ] を使っている。ここから『伝信録』と『見聞録』は琉球語のなかでも異なる地域や位相の言葉を反映している可能性がある。

2.3. ハ行ア段音

ではカ行ア段音が [ha] の近似音なら、ハ行ア段に由来する音節がどのように記されているかみてみよう。

提示語（訓）	伝信録	見聞録	現代首里	変更点
橋（はし）	なし	花失	/hasi/	新出項目
磁盤（はち）	なし	花止	/haci/	新出項目
親雲上	なし	牌金	/peeciɴ/	牌：[p] 音
筋（はし）	賣（ママ）生 又皮爬失	花失	/haasi//hasi/	爬 [p] ＞花 [hw]
春（はる）	哈羅	花魯	/haru//hwaru/	哈＞花
戥子（はかり）	法介依	花喀依	/hakai/	法＞花
匣（はこ）	哥八（ママ）[5]	滑谷	/haku/	八＞花
鼻（はな）	豁納	花納	/hana/	豁＞花
灰（ほこり＞はい）	活各力	懐	/hwee/	語の変更

上記の如く『伝信録』で両唇破裂音 [p](“爬”、“八”)、唇歯摩擦音 [f](“法”)、u 介音のない喉音 (“豁”、“哈”) となっている音訳漢字が、『見

聞録』では“花”に変わっている。“花”は暁母花韻合口字で、現代漢語方言では喉音声母 [h] や [x] をもち、声母と主母音との間に u 介音を含む [hu] や [xu] という発音から始まる。これは“懐”や“滑”にも共通する特徴である。よって当時の琉球語としてはハ行ア段音に [ha] といった単母音の発音がなく、[hua](現代首里方言の音価に照らせば [ɸa]) という発音しか存在しなかったと考えられる。

『見聞録』で両唇破裂音系の音訳漢字を使うのは“鍋(なべ):那倍”、“指(ゆび):威倍”などハ行濁音を示す時だが、例外が一つある。琉球国の位階を表す“親雲上”には“牌”という歴史的にも現代漢語方言においても両唇破裂音 [p] で読まれる音訳漢字が使用される。この語は現在でも慣用的にペーチンまたペークミーと読まれている。このように当時は一部の語彙に慣用的に [p] を使う語があったと思われる。

2.4. ハ行ア段音とカ行ア段音

ここで 2.2. および 2.3. をまとめる。『見聞録』当時のハ行ア段音は子音 [h] と母音 [a] との間にわたり音 [u] が介在する [hua](或いは [ɸa]) に近似した発音であった。よってハ行ア段音においては [ha] のような発音は体系のうえで存在せず、カ行ア段音が [ha] という喉音でも、当時の琉球語ではハ行ア段とカ行ア段との混同はなかったと考えられる。むしろカ行ア段音が喉音であったためにハ行ア段の喉音への変化が妨げられる状況であった。

カ行ア段音が喉音 [ha] になる現象は、『おもろさうし』にみるようにかつての首里方言に存在したものであり、18 世紀まで比較的保たれてきたものと考えられるが、現代首里方言はこの現象がなくなっている。これも現代の琉球語が [p] とともに失った現象の一つといえよう。

3. カ行イ段音の破擦音化と合流の有無

ここからカ (ガ) 行イ段音の破擦音化について、清音と濁音を分けて論じる。まずカ (ガ) 行イ段とエ段音に対する音訳漢字の使用傾向から、両音が合流しているか否かを示す。その後、同様にタ (ダ) 行イ段音とエ段音や拗音、ザ行イ段音とエ段音の合流状況を確認する。

3.1. 清音

3.1.1. カ行イ段音とエ段音

現代首里方言はカ行イ段音・エ段音が破擦音化し、タ行イ段音・エ段音に合流してチ /ci/([tɕi]) という発音となる。一方、/'wikiga/(男) や /daki/(竹) のように口蓋化せず軟口蓋音 [ki] のままの語もある。下表にみるように『見聞録』における琉球語のカ行イ段音の多くは、“ 吉 ” や “ 及 ” など団音 (中古音の見母 [k]・溪母 $[k^h]$ に由来する軟口蓋破裂音声母と再構される音声グループ) の音訳漢字で示されており、破擦音系の音訳漢字は用いられていない。

提示語	見聞録	中古音	南方官話	現代首里
黄（きいろ）	奇魯	奇 (群母)	$[k^h i]$	/ciiru/
琉球地（おきなわ）	屋其惹	其 (群母)	$[k^h i]$	/ʔucinaa/
紫（むらさき）	木喇煞吉	吉 (見母)	[kiɪʔ]	/murasaci/
斧頭	由吉	吉 (見母)	[kiɪʔ]	/'juuci/[6]
男	烏吉喀	吉 (見母)	[kiɪʔ]	/'wikiga/
竹籠（たけかご）	他吉踢衣盧	吉 (見母)	[kiɪʔ]	/daki tiiru/
酒壺（さけびん）	撒吉並	吉 (見母)	[kiɪʔ]	/sakibiɴ/

母音に着目すると音訳漢字 “ 吉 ” がカ行エ段とイ段に対する琉球語に使われていることから、少なくとも当該語彙については清音のカ行エ段音はイ段音に合流していたと考えられる。また “ 父 ”、“ 男 ”、“ 竹籠 ” など現代首里方言で [ki] となっている語にも “ 吉 ” が使われている。これは “ 吉 ” が軟口蓋音 [ki] を表す音訳漢字だった可能性を示唆し、音訳漢字の基礎方言も当該音が非口蓋化の地域の発音であったことを表す。

3.1.2. カ行拗音

以下はカ行拗音を含む項目である。カ行拗音にも溪母、群母など団音に由来する音訳漢字が使われ、破擦音系の音訳漢字は使われない。提示語“伯”に対する音訳漢字“渾局”は『混効験集』(1711年序)「坤・人倫」の「をんきよもい 伯父叔」の「をんきよ」に対応する。

提示語(訓)	見聞録	中古音	南方官話	現代首里
客人(きゃく)	恰谷	恰(溪母)	[kʰiaʔ]	/caku/
喜屋武(きゃん)	腔	腔(溪母)	[kʰiang]	/caɴ/
伯	洗察渾局	局(群母)	[ky]	/ʔuhuuɴcuu/

以下のように「キン」といった撥音に対しても、やはり中古音で見母・溪母を有する団音の音訳漢字が使われている。

提示語(訓)	見聞録	中古音	南方官話	現代首里
衣服(きぬ)	衾	衾(溪母侵韻)	[kʰin]	/ciɴ/
親雲上	牌金	金(見母侵韻)	[kin]	/peeciɴ/

上記からも琉球語のカ行エ段・イ段音の清音には中古音の団音の音訳漢字が独占的に使われ、破擦音系の声母が使われる例は存在しないことが分かる。

3.1.3. タ行イ段音

ではタ行イ段音とウ段音をみよう。首里方言は近年までタ行イ段に由来する「チ」/ci/[tɕi]とタ行ウ段に由来する「ツィ」/çi/[tsi]の区別が存在した。現在でも組踊や琉球古典音楽ではこの区別を擬古的に用いることもある。音訳漢字においてはタ行イ段・ウ段音には、カ行イ段・エ段の注音に見られるような団音が使われる例はない。

提示語	見聞録	中古音	南方官話	現代首里
近(ちかさ)	恥喀撒	恥(徹母)	[tʂʰʅ]	/cikasaɴ/
奶(ち)	耻	恥(徹母)	[tʂʰʅ]	/cii/
七月(しちがつ)	失止刮止	止(章母)	[tʂʅ]	/sicigwaçi/
八月(はちがつ)	瞎知刮止	知(知母)	[tʂʅ]	/hacigwaçi/
口(くち)	窟止	止(章母)	[tʂʅ]	/kuci/
土(つち)	齒至	至(章母)	[tʂʅ]	/çici/
磁盤(はち)	花止	止(章母)	[tʂʅ]	なし
戸(とぐち)	花失利窟齒	齒(昌母)	[tʂʰʅ]	/hasiruguci/

十三（じゅうさんにち）	蕁三泥子	子（精母）	[tsɿ]	なし

3.1.4. タ行ウ段音

提示語（訓）	見聞録	中古音	南方官話	現代首里
月（つき）	此吉	此（清母）	[tsʰɿ]	/çici/
露（つゆ）	七欲	七（清母）	[tsʰiɛʔ]	/çiju/
弦（つる）	子魯	子（精母）	[tsɿ]	/çiru/
夏（なつ）	那卽	卽（精母）	[tsiɛʔ]	/naçi/
節（せつ）	失子	子（精母）	[tsɿ]	/siçi/
土（つち）	齒至	齒（昌母）	[tʂʰʅ]	/çici/
七月（しちがつ）	失止刮止	止（章母）	[tʂʅ]	/sicigwaçi/
初一（ついたち）	之搭止	之（章母）	[tʂʅ]	/çitaci/

タ行イ段音に対しては現代の官話方言区でそり舌の破擦音 [tʂ] となる“知”、“恥”、“至”の知母・徹母・章母由来字を、タ行ウ段には対しては“此”、“七”、“卽”など尖音（中古音や現代音で [ts]、[tsʰ] などの破擦音声母となる精母・清声母由来字）を使用する傾向がみられる。これは 3.2.2. の濁音も同様である。この傾向から両音の違いを表現する意図も感じられるが、“止”、“齒”、“子”がイ段・ウ段双方に使用されるため、タ行イ段音とウ段音は同音、少なくとも近似した音と解釈される。ただ、双方に使われる項目がみな日付に関わる項目で、しかも語中・語尾に偏る傾向があり、当時の区別を十分に表現していたかは疑問が残る。なにより後世に存在したはずのタ行イ段 [tɕi] とタ行ウ段 [tsi] の区別が明瞭ではないのは、音訳漢字の基礎方言における表音能力の限界も考えられる。

3.1.5. カ行イ段・エ段とタ行イ段・ウ段のまとめ

琉球語のカ行エ段音・イ段音に対しては中古音の団音字が独占的に使われ、タ行イ段音・エ段音には破擦音系の音訳漢字が使われる。つまり両音の間には音訳漢字の棲み分けがみられる。よってカ行イ段音とタ行イ段音は未合流であったと言える。こうした音訳漢字の使い分けは琉球語の違いを示すだけでなく、音訳漢字の基礎方言において団音と摩擦・破擦音由来の声母に違いを有していたことの証左である。

3.2. 濁音

3.2.1. ガ行イ段音とエ段音

清音と同様の方法で濁音をみてみよう。濁音はやや様相が異なっている。

提示語（訓）	見聞録	中古音	南方官話	現代首里
府（まぎり）	麻吉歴	吉(見母)	[kiɪʔ]	/maziri/
扇子（あうぎ）	窩吉	吉(見母)	[kiɪʔ]	/ʔoozi/
女長簪	那喀饑花	饑(見母)	[ki]	/ziihwaa/
鬚（ひげ）	虚及	及(群母)	[kiɪʔ]	/hwizi/
手巾（てさげ）	梯煞之	之(章)母	[tʂʅ]	/tisaazi/

ガ行イ段は清音同様、主に団音字“吉”が使われる。現代首里方言で/ziihwaa/を表す箇所“饑花”に団音字“饑”が使われるが、現代竹富方言では[gi:ɸa:]という発音のため、当時は軟口蓋音であった可能性が高い。一方、ガ行エ段音に由来する音節を含む例は“鬚:虚及”と“手巾:梯煞之”の二つのみ。“手巾”は現代首里方言では/tisaazi/となっているので、/zi/が「てさげ」の「げ」を表すのか、もともと/zi/の発音であったのかは議論が分かれるところである。ただ『混効験集』(1711)「衣服」に、「ながむさじ 長御巾なり。「むさじ　御手拭。」とあり、少なくともこの時期には「じ」に近い音になっていたと考えられる。よって音訳漢字“之”(章母之韻平声)は破擦音を表していると考えられる。

3.2.2. ダ行イ段音とウ段音

近年まで首里方言ではダ行イ段音は/zi/、ダ行ウ段音は/zi̧/という音形で両音を区別していた。『見聞録』のダ行イ段とウ段はいずれも破擦音系の音訳漢字を使うが、以下の如くイ段音ではそり舌音系の破擦音、ウ段音では尖音の破擦音が使われる。この傾向は清音と軌を一にする。

提示語（訓）	見聞録	中古音	南方官話	現代首里
地（ぢ）	齒	齒（昌母）	[tʂiɪ]	/zii/
舵（かぢ）	哈滞	滞（澄母）	[tʂiɪʔ]	/kazi/
酒杯（さかづき）	煞喀子吉	子（精母）	[tsɿ]	/sakaẓici/
水（みづ）	媚吉	吉（見母）	[kiɪʔ]	/miẓi/
過水（みづ＋わたり）	蜜子哇答巳（ママ）	子（精母）	[tsɿ]	/miẓi watai/
水注（みづ＋入れ）	梅子利	子（精母）	[tsɿ]	/miẓi iri/

だがダ行ウ段音には一つ例外がある。“水：媚吉”の項目において、現代首里方言で「水」/miẓi/ の /ẓi/(ズィ) 音対し団音字“吉”を使用している。“吉”は主にカ行イ段音に使われるため、それがダ行ウ段音に使用されるとなれば、団音が破擦音化した漢語方言を基礎とする可能性が生じる。だが一方で『見聞録』初出の“水”を含む項目で、破擦音声母に由来する音訳漢字“子”で示す例もある。“蜜子哇答巳（ママ）”が示すのは「水 / 渡り」、“水注”に対する“梅子利”は「水入れ」を指したものであろう。いずれにせよ「水」複合語には“吉”は使われない。よって、“水”に“吉”を使うのは誤記かもしれず、音価推定の根拠としてこの例を強調することは危険を伴う。しかし、ダ行拗音で“水：媚吉”の類例がみられる。

3.2.3. ダ行拗音

ダ行拗音を示す一例は、中古の軟口蓋子音声母をもつ音訳漢字“夾”を当てる。

提示語	見聞録	中古音	南方官話	現代首里
銀（なんりゃう）	南夾	夾（見母）	/kiaʔ/	/naɴza/

「銀」を意味する「南鐐」は現代首里方言で /naɴza/ となっている。「なんりゃう」の「りゃう」から「なんぢゃ」の「ぢゃ」への変化は以下のように想定される。

[liau] > [diau]([l] の [d] 音化) > [dʑjau]([d] の口蓋化・破擦音化) > [dʑja]([u] の脱落)

これらの変化は、いずれも琉球語でよく観られるものだが、この変化の過程で軟口蓋音の出る幕はない。琉球語の /ʑja/ や /za/ に“夾”が使われる背景には、“夾”の漢語音が破擦音であったことが考えられる。これは先の“水：媚吉”の“吉”が誤記である可能性を否定する。

3.2.4. ザ行イ段音とエ段音

以下は「ジ」と「ゼ」に対する音訳漢字の用例である。現代首里方言においては、ザ行イ段音とエ段音はともに [zi] という形で合流している。

提示語（訓）	見聞録	中古音	南方官話	現代首里
字（じ）	日	日（日母）	[ʐɿɪʔ]	/zii/
舵（かじ）	哈滞	滞（澄母）	[tʂiɪʔ]	/kazi/
辻（つじ）	矢(ママ)[7]汁	汁（章母）	[tʂiɪʔ]	/çiizi/
風爐（かぜ ろ）	哈子魯	子（精母）	[tsɿ]	/kazi ru/
妻	吐止	止（章母）	[tʂiɪʔ]	/tuzi/
頭髪	哈喇子	子（精母）	[tsɿ]	/karazi/
十月（じゅうがつ）	蓐刮止	蓐（日母）	[ʐuʔ]	/zuugwaçi/
硯（すずり）	息子利	子（精母）	[tsɿ]	/şiziri/

ザ行イ段音には日母字と章母字、澄母字が使われる。“滞”と“汁”は北京語でそり舌音となる音で、これらはザ行イ段以外には使われていない。“頭髪”に対する琉球語の古語は判然としないが、現代首里方言と同じ [karazi] という発音なら、ザ行イ段相当の発音にも“子”が使われることになる。ザ行エ段音は“風：喀子”、“風爐：哈子魯”、“起風：噶子弗吉”など“風”に関わる語に“子”が使われる。語中のザ行ウ段音・ザ行ウ段拗音にも主に“子”が使われ、更に“子”は琉球語のタ行イ段・ウ段音に対しても用いられる。よって“子”は“頭髪”の例を含めるなら、「ジ」、「ゼ」、「ズ」、「ヂ」、「ヅ」全てに使われていることになる。

『見聞録』はザ行イ段音に対して“日”の日母字が使われ、ザ行ウ段拗音においても“蓐”という日母字が使われるのが特徴的で、それ以前の資料にはこの傾向は観られない。用例は少ないが、語頭には日母字を用い、語中には日母及び破擦音系声母を使う傾向がある。現代漢語方言で日母字を有声音声母で発音する地域は「官話」方言区に限られる。それらの地域では日母字を [z] や [ʐ] など有声摩擦音で発音し、語中・語尾に用いられる "止" や "子" は全ての現代漢語方言で無声破擦音である。

3.2.5. ガ行イ段・エ段、ダ行イ段・ウ段、ザ行イ段まとめ

カ行音とタ行音は清音、濁音ともに両音は分けられている。一方、琉球語のダ行ウ段音「水」やダ行ア段拗音「銀 (南鐐)」に対し軟口蓋音に由来する団音の音訳漢字を当てる例がある。これは音訳漢字の基礎方言の軟口蓋音声母の一部が破擦音化していたことを表すものである。そうなれば琉球語に両音に区別が存したとしても、そもそもこうした漢語方言では弁別すること自体が困難であった可能性が生じる。この事例が全ての関連する音節の音価推定に波及するかは、次節で述べる。

4. 音訳漢字の基礎方言

ここから琉球語を記した音訳漢字の基礎方言について考察する。これまでの分析を総合すると、"日" 字の読音が有声摩擦音であり、中古の濁音声母が無声化し、団音の一部が破擦音化し、琉球の官生 (留学生) が赴いている地域となれば、揚子江以北の「官話」方言区の言語が考えられる。ここで団音のうち､主に軟口蓋音の破擦音化と琉球語の口蓋化･破擦音化について考えてみたい。

琉球語のカ行イ段音「キ」とタ行イ段音「チ」に関しては２つの可能性が想定される。

(a)「キ」･「チ」がともに [tɕi] という発音で合流している。

(b)「キ」が [ki]、「チ」が [tɕi] という発音で分けられている。

「チ」に [ts] の状況を想定しないのは、首里方言では近年までタ行イ段が「チ」[tɕi]、タ行ウ段が「ツィ」[tsi] という形で区別が存在していることと、前述のように『見聞録』でも例外こそあれタ行イ段音とタ行ウ段音を分ける傾向がみられ、タ行ウ段音が「ツィ」[tsi] に近い音価であったことが明らかだからである。一方、現代漢語方言の尖音・団音

は大きく以下のタイプがある。

(1) 尖音・団音がともに [tɕi] という発音で合流している。

(2) 尖音 [tsi]、団音 [tɕi] という発音で分けられている。

(3) 尖音 [tsi]、団音 [ki] という発音で分けられている。

現代では (1) は北京、(2) は南京、(3) は福建方言に見られるが、当時は北京を除く多くの地域は (3) の状態だったと推察される。琉球語と漢語の対応で想定される組み合わせは、(a)-(1)、(a)-(2)、(a)-(3)、(b)-(1)、(b)-(2)、(b)-(3) である。『見聞録』はカ行イ段には団音字を音訳漢字に使用するという点で一貫しているため、琉球語の「キ」と「チ」、漢語の尖音と団音にも何らかの区別を有していたと考えられる。よって可能性としては (b)-(2)、(b)-(3) の組み合わせだけが残る。では、当時の漢語の団音は [tɕ] と [k] のいずれであったのか。琉球語の「キ」に [tɕ] が存在しないため、論理的な帰結として、漢語の団音は未だに [k] 音を保っていたと考えられる。だが、3.2. でみたように「ジ」や「ヂャ」に団音字を当てる用例を如何に考えるかという問題が残る。

ここで考えるべきは当時の漢語における尖音と団音の状況である。北京においては、官生の入監に先立つ約 100 年も前から団音が破擦音化していたことがうかがえる。それは 1662 年の官印「琉球国王之印」において、「琉球」を満洲文字「lio cio」とし、団音「球」が /cio/[tɕ^{h}iu] と表記されていたことからも分かる。高度な注意が払われるべき官印でこの現象が見られる意味は極めて大きい。だが、当時の北京にも社会方言が存在し、複合的な状況だったと思われる。中村雅之 (2007) は以下のように述べる。

「満洲語と北京語の対訳会話書である『兼満漢語満洲套話清文啓蒙(1761)』においてさえ、「没 mei」「還 hai」などの北京的な発音は避けられ、「没 mu」「還 huwan」と南京官話風の音が記されている。会話書でさえこのような状況であるから、役所で作られるような公の書物においては、尖音団音の表記に南京官話音が用いられることも十分にあり得たと考えられるのである。」

琉球から北京にやってきた留学生たちも、このように規範化された官話音を学んでいた可能性が高い。『見聞録』でそれが垣間見られる例もある。「飲食類」所収の“蝦”(エビ)を表す琉球語の音訳漢字には“色”(生母職韻入声)が用いられている。首里方言でエビは /ʂeegwaa/ となり (/gwaa/ は縮小辞)、“色”は /ʂee/ の部分を表す。この“色”の現代北京音には文語音 [sɤ] と口語音 [ʂai] の二種がある。諺解本『老乞大』、『朴通事』においては、右側音は文語音 [sɤ] に対応し、左側音は口語音 [ʂai] に対応する。よって音訳漢字“色”が示すのは当時の「文語音」である。当時の「文語音」の解釈は多様だが、地理的位相でとらえると「南方官話」の影響が強いものであるといえる[8]。そして、当時の「南方官話」を示す宣教師資料[9]において、尖音・団音の音価は、尖音は破擦音、団音軟口蓋音という (3) の状況であった。

北京にあっては団音が破擦音化している状況であったものの、知識層にあっては団音を [k] と発音することが慣例だったか、少なくとも擬古的に使われていた可能性は高い。琉球の官生がその「文語音」の規範に則って音訳漢字を付けることは十分にあり得る。そうして尖音と団音を基本的には区別しながら、時折実際の北方の音声が『見聞録』の発音注記を付す際に露呈したと考えられる。『官話問答便語』の天理本と赤木本の処置文を分析した木津祐子 (2012) は、後者において「北方官話に近い形式に修正しようとしたかのような形式」が観られることを論じている。音声に関しても、当時は南方官話をベースとしながらも、北方官話を志向する傾向があった可能性はある。これが団音の破擦音化や日母の音価に現れている可能性もある。3.2. の「ジ」や「ヂャ」に対する音訳漢字に例外的に団音字を使うのは、そうした状況を反映しているものと思われる。そしてその傾向は、『琉球訳』の音訳漢字を付す際に一層強まることになる。

おわりに

今回は音訳漢字の基礎方言が南方官話であるという可能性の一端を示したのみで、基礎音系の特定にはまだ十分ではない。だが、第４章で述べる『琉球訳』の音訳漢字も同様の特徴を示すことから、この結論はある程度妥当性のあるものと考える。丁鋒が指摘するラ行とナ行の混同の問題は紙幅の都合で詳論していないので、ここで触れておく。琉球語のラ行とナ行に関しては、『海東諸国紀』「語音翻訳」から『琉球訳』まで歴代のほぼ全ての対音資料に複数の例外が見られる。従来の研究では例外の原因を、音訳漢字の基礎方言が [l] と [n] を区別できない漢語だったとし、それを基礎方言特定の根拠とさえしてきた。これは琉球語のナ行とラ行に例外がないことを暗黙の前提とする。しかし、「語音翻訳」のように [l] と [n] を明瞭に区別できるハングル資料でも琉球語とハングルの間に正しく対応していない状況があり、琉球語が歴史的にも /r/[l] の脱落や /r/([l]) の [d] への転訛など、[l] にまつわる音声変化が多い。また『おもろさうし』にラ行音が語頭に立つ例がないことや、現代でもラ行音の語は全て漢語由来であり、さらにラ行音が語頭にたつオノマトペがないことを考えると、琉球語の [l] が通史的に自由変異の余地のない安定的な音声だったという前提に疑義を抱く。少なくともこれを根拠に基礎方言を特定し、琉球語全体の再構音を考えることの危うさは指摘しておきたい。

1　本書は乾隆 29 年 (1764) 序汲古閣本を底本とする。
2　丁鋒 (2008) は基礎方言を潘相の方言である湖南の安郷方言とする。
3　“ 甲 ” の誤りか。
4　本書第 6 章参照。
5　“ 八哥 ” の誤りか。
6　“ 斧頭 ” の現代首里方言は /'juuci/ と破擦音となっているが、“ 斧頭 ” に当たる宮古方言は /juky/ のため、古くはカ行音であったと思われる。
7　語形の類似による “ 帙 ”“ 秩 ” などの間違いか。
8　長田夏樹 (1953)、中村雅之 (2011) 参照。
9　Francisco Varo の “*Arte de la lengua mandarina*”(1730) は団音を [k] で記述している。

第 1 部
第 4 章
『琉球訳』

はじめに

本章では 1800 年に李鼎元によって編纂された漢琉発音字典『琉球訳』について論じる。本書は李鼎元『使琉球記』に『球雅』の名で編纂されたことが記されているが、村尾進 (1998) により李鼎元自身が書名を『琉球訳』に改めたことが明らかにされた。本章では丁鋒 (2008)、石崎博志 (2002)、趙志剛 (2003)、同 (2005) を批判的に検討し、『琉球訳』の編纂過程と実質的編纂者を考察し、音訳漢字の基礎音系と同書の示す琉球語の音声体系を明らかにする。そして本書が反映する琉球語の特質とその琉球語史への位置づけを論じる [1]。

1.『琉球訳』の抄本と体裁

1.1. 抄本

現在『琉球訳』には二種の抄本が確認されている。一種は北京図書館所蔵翁樹崑鈔本 (北京本)。もう一種は、台湾・中央研究院溥斯年図書館所蔵朱絲欄鈔本 (台湾本) である。北京本、台湾本ともにほぼ異同はないが、北京本の誤字、脱字、遺漏が台湾本では正しく記されており、台湾本がより整備されている。丁鋒 (1998) は、台湾本を北京本の祖本或いは作者の手から出た原本、または原本の抄本と予想している。本章は台湾本を底本とし、問題が生ずる箇所に限り北京本を参照することにする。では、まず体裁から説明しよう。

1.2. 体裁

『琉球訳』は、一つのあるいは複数の漢字に対する琉球語の発音 (音読みと訓読み) を、中国語の発音に基づいた漢字で表したものである。『琉球訳』は上下巻で、全体を 19 類に分ける。巻上に訳音第一、訳訓第二、訳言第三をおさめ、巻下に訳天第四、訳地第五、訳人第六、訳数第七、訳宮第八、訳器第九、訳楽第十、訳山第十一、訳水第十二、訳草第十三、訳木第十四、訳虫第十五、訳魚第十六、訳鳥第十七、訳獣第十八、訳畜第十九がおさめられる。また『琉球訳』は音訓により「訳音第一」と「訳訓第二」以下の部分に大別される。「訳音第一」は漢字の音読みを示し、以下のスタイルをとる。

“ 皇黄岡遑煌 ･･･(中略)･･･ 校傲告誥逅合、倶讀若哥 ”

これは、音読みが近似する漢字を列挙し、それに “ 倶讀若～ ”「みな～の如く読む」という割り注を挿入し、中国語の読音で当該漢字音を示している。本章では “ 皇黄岡遑煌 ･･････• 校傲告誥逅合 ” の部分を提示語、琉球語の発音を漢字で表した “ 哥 ” の部分を音訳漢字とよぶ。

「訳訓第二」以降は訓読みを示す。その基本的体裁は “ 形状貌曰喀答及 ” のように複数の漢字 “ 形状貌 ” に対して琉球語による訓読みを漢字 “ 喀答及 ” で表す。提示語の各字は独立していることが原則で、“ 形状貌曰喀答及 ” とあれば、「形、状、貌は、カタチという」と訓読する。この例では、提示語 “ 形 ”、“ 状 ”、“ 貌 ” の意味が相互に近似するが、次節で示すように提示語相互の意味が全く異なる例も多い。

上記が基本的なスタイルである。だが「訳言第三」以降では提示語にあたる漢字が二字以上の語をなしている例がある。以下がその例である。

訓	琉球訳
きょう	今日曰鳩
あさって	後日曰阿撒的
しゅっせん (出船)	開船曰叔神

また提示語が固有名詞を表す場合、一般的な説明がされる場合がある。

“ 唐虞齊楚秦晉魯衛鄭蔡 ･･･(中略)･･･ 邢郯鄒曰古古奴那 ” ククヌナ (国の名)

なお実詞の漢字に対する音訳漢字は名詞、動詞、形容詞、副詞など様々な品詞で読まれる。なかでも動詞の多くは終止形をとる。しかし、連体形、連用形で終わるものもあり、どの活用形で終わるのかを特定できないものもある。故に本章では、音訳漢字と音声を同定して琉球語の音声体系を考察する際、なるべく名詞、形容詞の単語や動詞の語幹などを優先的に利用し、動詞の活用語尾に当たる音訳漢字は使わない。

『琉球訳』の音訳漢字は、その発音がすべて中国語音に基づく音仮名である。だが琉球語と漢語は音節構造が異なるため、琉球語の 1 拍 (モーラ) が必ずしも漢字 1 字で当てられるとは限らない。以下は音訳漢字 1 字で琉球語の 2 拍を表す例である。

訓	琉球訳	中古音	首里
みはい	致謝曰宜孩	孩 (匣母咍韻)	/nihwee/
かいば	海馬曰街八	街 (見母皆韻)	なし

音訳漢字 1 字で琉球語の 2 拍を表すタイプでは、主に蟹攝字 /*ai/ が音訳漢字として使用され、歴史的仮名遣いで「アイ」[ai] といった連母音に対して多用されている。

1.3.『琉球訳』の編纂過程と事実上の編纂者

前述のように訳訓は、“ 提示語 ” 曰 “ 琉球語音 ” という形式をとる。前節で触れたように、提示語相互の意味の違いは考慮されず、同一の琉球語音に基づいて提示語がまとめられているものがある。以下の例をみよう。

“ 躋登鋪陳述舒展曰奴不禄 ”

上記の提示語 “ 躋登鋪陳述舒展 ” は琉球語の「ヌブル」という発音が一致するのみで、提示語の意味は相互に異なる。この例では、“ 躋、登 ”(のぼる)、“ 陳、述 ” (のべる)、“ 舒、展 ”(のびる) の意味をもつ漢字が “ 奴不禄 ” という一つの音訳漢字でまとめて注音されている。つまり『琉球訳』の基本部分は漢字に対する琉球語の発音の同一性のみを頼りに編纂されているのである。漢語話者の視点でみると、躋登鋪陳述舒展の諸字は、いずれも漢語音も意味も全く異なる。因みに提示語の漢字を現代の普通話のピンインで書くと、“躋”jī、“登”dēng、“鋪”pū、“陳”chén、“述”xù、“舒”shū、“展”zhǎn となり、いずれも読音が異なり、意味も懸け離れている。これは普通話のみならず他の全ての漢語方言で読んでも同様である。

提示語の各漢字が、漢語の発音においても、意味においても、全く関連がないということは、『琉球訳』は漢語話者の視点で編纂された書物ではなく、漢語に対する琉球語の発音を熟知する者によってのみ編纂可能な字書であることを示す。例えば、“躋登鋪陳述舒展曰奴不禄”の編纂過程を推測すると以下のようになる。

(0) 琉球語音で「ヌブル」と訓ずる項目を設定する。

(1) 漢語の意味や発音を考慮せず、琉球語で「ヌブル」と訓ずる漢字を集める。

→躋登鋪陳述舒展曰「ヌブル」

(2)「ヌブル」という発音に対して音訳漢字を当てる。

→躋登鋪陳述舒展曰奴不禄)

この編纂過程で『琉球訳』が編纂されたのなら、少なくとも (1) の段階までは琉球人によって作られたと考える。琉球語の発音への高度な知識を求められる (1) の作業は、琉球滞在期間が短い漢人には不可能だと思われるからである。では (2) の段階はどうか。(2) の段階に至れば、漢語話者ならずとも、漢語の発音を解する者なら音訳漢字を付けることは十分可能である。事実、李鼎元自身も楊文鳳を肇とする首里四公子を協力者として資料を集めた旨を記している。以下にそれに関連する記述を原田禹雄 (1985) から引用する。

「五月二十九日庚戌。晴。毎日、こまかく琉球の山川と風俗を採訪したが、『志略』にほぼつくされている。ただ、琉球の寄語はまだ採録が十分ではない。『徐録』もたまたまこれをやっているが、ごく一部分の収録であって、大部分が漏れている。それで、「文章の条理にくわしく、国家の故実慣例に明るい人を選んで、いつも天使館に来させておいて、(琉球語の) 採訪をたすけてほしい」と法司に話しておいた。

今日、世孫は楊文鳳を差し向けた。「文章の条理にもなかなか通じ、詩もできます上に、書もかなりのものでございます」と、長吏が言うものだから、話しかけてみたところ、通じない。そこで、筆談にきりかえて、字を書き、その発音と意義、それに相当する方言をたずねてみたところ、期待どおり文鳳は字意に通達していた。」

「五月三十日辛亥。晴。首里の貴族の子の向衜師・向世徳・向善栄・毛長芳が来て、自作の詩文をさしだした。みなおもむきがある。来意をたずねたところ、私が『球雅』の編集をしようとしているのを世孫が知り、特にこの四人をさしむけて、楊文鳳を助けて一切の参考にさせよとのことであった。

三人の向は、世孫とは本家と分家の関係であり、毛は正妃の甥である。漢文に通じ、中国語ができる。年令はみな二十歳以上である。これらの者と話してみると、言葉使いは文鳳には及ばないが、聡明でものわかりもよい。

世孫は、ただちに五人を使院の西一里ほどの所に寄宿させ、詩韻や文字の使い方につき、それぞれが毎日、数十字に注をつけて、使院へもってきて、うたがわしい点を面談させるようにされた。その後、大体このやり方をした。」

従来、『琉球訳』は李鼎元や漢語話者が編纂した字書だという前提に立って論じられてきた。こうした字書の内容や編纂過程を考えると、これまでの前提は改められなくてはならない。音訳漢字の基礎方言が李鼎元の方言である四川省の方言とも合致せず、他の方言とも必ずしも一致しない状況はこの前提の誤りから生じたものである[2]。現に『伊集里親雲上系譜』に以下のようにある[3]。

「『球雅』一部を著述するにもって足る。これは官音をもって琉球語を訳したものである。」

石崎博志 (2014) によると、『歴代寶案』をはじめとする琉球の資料における“官音”は、「官話」を示しており、ここで官話音を使って琉球語を記していたことが明記されている。そして後述するように、『琉球訳』には漢文訓読の読音法が多く用いられていることも、琉球人の手になることを物語る。

1.4. 入声の音訳漢字

これまで体裁や歴史的背景からの基礎音系を考察したが、言語的特徴から確実にいえることを述べたい。『琉球訳』の音訳漢字を観ると、殆どが中古の入声字が使用されている。例えば『琉球訳』巻下「訳天」の音訳漢字の字数はのべ 195 字であるが、うち入声に由来する漢字は延べ 106 字と半数を超えている[4]。これは「訳天」に限った現象ではなく、『琉球訳』全体を通して音訳漢字の半数以上は旧入声字であり、この頻度は記述した言語に何らかの形で入声が存在したことを物語る。以下にみるように、それは長江以南に見られる短促の声門破裂音 [ʔ] を伴ったものであったと考えられる。一般に日本語や琉球語の一拍は中国語の一音節より、短い。この相対的に短い琉球語の音節を漢語で記述する際、記述者の漢語に入声が存在すれば、短い音節の入声を意図的に選ぶことになる。これは「琉訳」や「日訳」の音訳漢字の使用傾向とも一致する。

琉球人がテキストとした官話資料、例えば『官話問答便語』は、入声を有する 5 声調で声点が附されている[5]。1.3. で述べたことと、入声が多用されている状況を考慮すれば、『琉球訳』の音訳漢字は琉球人の学んだ南方官話を基礎に付けられている可能性が高い。よって、本章では音訳漢字の音価を推定する際に、清代の南方官話の音価を参考にする。この音価はコブリン (2000) を参照する。

1.5. 分析対象

『琉球訳』の大部分は、編纂時に調査されて加えられたと考えられるが、先行資料を継承したと思しき語彙も含まれている。例えば「訳言」の“方物曰木那哇”、“入朝曰大立葉密達”、“進表曰漂那阿傑的”といった項目は『伝信録』や『見聞録』にも見える。そして『琉球訳』において格助詞「の」にあたる音訳漢字に「那」を当てたのはこれら先行資料から継承したと考えられる語彙に限定される。これらの継承項目は音訳漢字の同定には使用しない。

2. 音訳漢字による琉球語の音価推定の方法

本章では、主に音訳漢字の使用傾向から、記述された琉球語音の状況を推定する。以下の例をみてみよう。

琉球訳	訓	中古音	南方官話	現代首里
今曰以麻	いま	以 (以母止韻)	[i]	/ima/
襟曰以力	えり	以 (以母止韻)	[i]	/iri/

『琉球訳』の提示語の“今”の訓は「いま」で、“以麻”という音訳漢字で注音される。一方“襟”の訓は「えり」で、音訳漢字は“以力”を使う。これらの音訳漢字には、“以”が共通して使われている。つまり、この例ではイ音とエ音に由来する発音に同じ音訳漢字が使われていることになり、琉球語の発音はエ音が狭母音化してイ音と合流し、イ音になっていることが分かる。この方法の利点は特定の漢字音に依拠しないことである。漢語は多様な方言があるため、音訳漢字の基礎方言を特定の方言に予め決めると、それが誤っている場合、琉球語の発音を歪める可能性が生じる。また、予め基礎方言を特定せずとも、音訳漢字の使い方である程度、音声が推測できる。よって本章では、上記の音訳漢字の振る舞いをみながら、当時の琉球語において、どの発音が同じで、どの発音が異なっているのかを確認していくことにする。そして、最後に音価が問題になった時に、南方官話を参考にする。

3.『琉球訳』の示す琉球語の音声

3.1. ア行に対する音訳漢字

では音訳漢字の使用状況を確認しよう。下線の漢字は当該音節を表す音訳漢字で、中古音の欄には例示した音訳漢字とそれ以外の音訳漢字、( ) には中古音韻位置を示す。南方官話の欄は下線の音価を示す。

3.1.1. ア行短母音

以下はア行短母音に対する用例を示す表である。

琉球訳	訓	中古音	南方官話	首里
明日曰阿家	あちゃ	阿(影母)	[a]	/aca/
今曰以麻	いま	以(余母)、一(影母)、伊(影母)	[i]	/ima/
謳謌謡曰武答	うた	武(微母)、屋(影母)、烏(影母)	[vu]	/uta/
襟曰以力	えり	以(余母)、一(影母)	[i]	/iri/
音韻曰武濁	おと	武(微母)、屋(影母)、我(疑母)	[vu]	/utu/

上記のように、イ段とエ段では“以”や“一”が共通して用いられ、ウ段とオ段で同じ音訳漢字“武”、“屋”が使用されている。これよりア行は、基本母音が三母音化を完了した姿を示している。ちなみに『おもろさうし』においては語頭の「イ」は、[m]や[n]の前では脱落する傾向が見られるが(例 命:/noci/)、『琉球訳』においてはその傾向は見られない。

3.1.2. ア行連母音・長母音

ア行連母音・長音を示す例は、「訳音」に“翁央泱鴦殃凰王汪秧・・・倶読若我”の例があり、オ段長音は“我”の音訳漢字を使用している。“翁”、“央”以下の提示語の発音は現代首里方言から考察すると、[oo]であったと考えられる。以下は「訳訓」の例で「訳訓」にはエ段長母音とオ段長母音の例がある。

琉球訳	訓	中古音	南方官話	首里
永禄曰一六	えいろく	一(影母)	[ɪʔ]	なし
鳳凰曰火我	ほうわう	我(疑母)、武(微母)、窩(影母)	[ɣʷo]	/huuoo/

“我”を音訳漢字に使用する項目は、以下のように多くが開音由来である。南方官話の音価を参照すると、琉球語の長音を示していると考えられる。

訓	提示語	音訳漢字	南方官話
いわう	祝	由我	[ɣʷo]
たくわう	儲	答古我	[ɣʷo]
わうだうのひ	黄道日	我多奴虚	[ɣʷo]
あうたう	櫻島山	我多	[ɣʷo]
じょうおうかん	承應官	入我光	[ɣʷo]

3.2. カ行・ガ行に対する音訳漢字

琉球語を記した漢語資料において、申叔舟『海東諸国紀』「語音翻訳」や『おもろさうし』には、カ行イ段音「キ」とタ行イ段音「チ」は表記のうえでは書き分けられ、合流していない。後の時代の『見聞録』「土音」でも同様にカ行イ段音「キ」とタ行イ段音「チ」は合流していない。では『琉球訳』においてはどうであろうか。

3.2.1. カ行短母音とガ行短母音

以下はカ行音を示す用例である。

琉球訳	訓	中古音	南方官話	首里
刀劍曰喀答那	かたな	喀 (溪母)	[kʰɛʔ]	/katana/
昨日曰及牛	きのう	及 (群母)、直 (章母)	[kiɪʔ]	/cinuu/
口曰古直	くち	古 (見母)	[ku]	/kuci/
烟曰及木里	けむり	及 (群母)	[kiɪʔ]	/cimuri/
今年曰古都石	ことし	古 (見母)	[ku]	/kutusi/

カ行イ段音 (キ) とカ行エ段音 (ケ) が共通の音訳漢字“及”と“直”を使用している。ここからキ音とケ音が合流してキ音に、さらにチ音に変化していたことがみてとれる。それに加え、カ行ウ段音 (ク) とカ行オ段音 (コ) においても、“古”という字が使われているため、ク音とコ音が合流し、ウ段音 (ク) になっていることが分かる。

以下はガ行音の用例である。

琉球訳	訓	中古音	南方官話	首里
摩曰密喀古	みがく	喀 (溪母)	[kʰɛʔ]	/hweesjuɴ/
儀保曰日不	ぎぼ	日 (日母)、及 (群母)	[zɿʔ]	/ziibu/
探曰煞古禄	さぐる	古 (見母)	[ku]	/sagujuɴ/
揚曰阿日禄	あげる	日 (日母)	[zɿʔ]	/ʔagijuɴ/
嚴曰武古粟喀	おごそか	古 (見母)	[ku]	なし

「カ」・「ガ」、「ク」・「グ」、「コ」・「ゴ」の間には、音訳漢字の使い分けは見いだせない。しかし、「キ」・「ギ」、「ケ」・「ゲ」の対立においては、音訳漢字の使い分けが見られる。特に音訳漢字 “ 日 ” は、濁音専用の音訳漢字で、濁音以外の訓に対して使用されている例はない。これは官話を基礎とした『見聞録』と同じ傾向である。

3.2.2. カ行連母音・長母音とガ行連母音・長母音

3.2.2.1. カ行連母音・長母音

以下は首里方言で長音になっているカ行音の用例である。

琉球訳	訓	中古音	南方官話	首里
江河川曰喀哇	かわ	喀 (溪母) 哇 (影母)	[kʰɛʔ][ua]	/kaa/
黄曰及禄	きいろ	及 (群母)	[kiɪʔ]	/ciiru/
救曰席枯	すくう	枯 (見母)	[kʰu]	/sukujuɴ/
經歴曰及里及	けいれき	及 (群母)	[kiɪʔ]	なし
官侯曰光哥	かんこう	哥 (見母)、古 (見母)	[kɔ]	なし

現代首里方言で長音になっている「かわ」は、長音として表記されていない。カ行エ段とイ段は同じ音訳漢字が使われ、エ段が長音として独立していない。カ行オ段音には、“ 哥 ” や “ 古 ” の音訳漢字が使われている。これらの用例をみると、歴史的仮名遣いの開音「カウ」に対応する “ 哥 ” は、カ行オ段長音専属の音訳漢字で、琉球語の [koo] を表しているものと考えられる[6]。

3.2.2.2. 音訳漢字 “ 哥 ” を使用する項目：カ行長音とガ行長音 (開音)

琉球訳	訓	中古音	南方	首里
芳非緋馞馨香芬馥曰哥八石	かうばし	哥 (見母歌韻)	[kɔ]	/kabasjaɴ/
向曰木哥	むかう	哥 (見母歌韻)	[kɔ]	/'ɴka=juɴ/
而曰石哥石的	しかうして	哥 (見母歌韻)	[kɔ]	なし
差使仕曰即哥	つかう	哥 (見母歌韻)	[kɔ]	/çikajuɴ/
從順徇隨率率遵扈巽倭曰石答哥	したがう	哥 (見母歌韻)	[kɔ]	/sitagajuɴ/
猜疑伺窺曰武答哥	うかがう	哥 (見母歌韻)	[kɔ]	/ʔukagajuɴ/

歴史的仮名遣いで「かう」や「がう」となる項目に対しては、音訳漢字“哥”が使われている。この“哥”の南方官話の音価は [kɔ] で、[au] といった二重母音ではない。この音価に照らせば、上記は琉球語の長母音を示していると考えられる。

3.2.2.3. カ行連母音 (合音)・長母音

一方、合音に由来するものは、音訳漢字“古”が使われる。

琉球訳	訓	中古音	南方官話	首里
請曰古	こう	古 (見母姥韻)	[ku]	/kuuiɴ/

音訳漢字“古”はカ行ウ段短母音のク音にも多用されている。厳密には長音を示しているとは言いがたいが、これは漢字で母音の長短を示すには限界があるためであろう。だが、少なくともこの例では、開音に“哥”、合音に“古”を使うことで開合を区別している。

3.2.3. カ行拗音とガ行拗音

以下はカ行拗音とガ行拗音に対する用例である。

琉球訳	訓	中古音	南方官話	首里
脚又曰及牙古	きゃく	及 (群母) 牙 (疑母)	[kiɪʔ][ia]	なし
曲局極讀若主古	きょく	主 (章母)	[tʂu]	/çiku/

この用例では、カ行音に由来する語に破擦音系の“主”が使われている。ここから“曲”、“局”、“極”は、口蓋化・摩擦音化していると考えられる。

3.2.4. カ行拗長音とガ行拗長音

以下はカ行拗長音に対する用例である。

琉球訳	訓	中古音	南方官話	現代首里
宮尹曰主因 宮曰九	きゅういん きゅう	主(章母) 九(見母)	[tʂu] [kieu]	なし なし
今日曰鳩 夾竹桃曰著即古多	きょう きょうちくとう	鳩(見母) 著(知母)	[kieu] [tʂuʔ]	/kiju/, /cuu/ /coocikutoo/

提示語の“宮尹”と“宮”に対する音訳漢字が、破擦音由来の“主”と軟口蓋音由来の“九”の両方が使われている。また、「キョー」の発音に関しても、破擦音を示していると思われる“著”と軟口蓋音由来の“鳩”が両方使われている。これは当該の琉球語音が口蓋化・破擦音化して、それぞれ「チュー」[tɕjuu]や「チョー」[tɕjoo]と発音される状況を反映している。

3.2.5. カ行音からみた漢語の基礎方言

音訳漢字から琉球語の音価を推定する際に問題となるのは音訳漢字の基礎方言である。ここでこの問題について考えよう。上記のように琉球語のキ音に対する音訳漢字に“及”(群母:中古音での有声軟口蓋破裂音 *g)と、“直”(章母:中古音での有声歯茎破擦音 *dz)が使われている。これは“及”と“直”が同音か、あるいはかなり近似した音であることを示している。両音は中古音ではかなり離れているが、その後“及”が無声音化と口蓋化を経て破擦音(例えば[tɕ])に変化し、“直”が無声音化と非捲舌音化を経て破擦音(例えば[tɕ])となった場合、両音が同音かかなり近い音になる。このことを考慮すると、『琉球訳』に音訳漢字を付した人物の漢語は、“及”と“直”の発音が同音か近いことになる。音訳漢字の官話音が北方官話のような尖音と団音の合流が起きていた可能性がある。または当時の琉球語にカ行イ段音の破擦音化が発生していた可能性もあり、それが漢語音にも影響を与えた可能性がある。

一方、「ギ」に由来する単語に“日”(南方官話 [ʐɪʔ]) が使用されている。ここからも「ギ」に由来する琉球語の音声も破擦音化して [dʒi] となっていることが分かる。これについては南方官話の音価とも概ね一致する。また、韻母をみると以下の例がある、「カイ」や「コエ」といった2拍の音を一字の音訳漢字で表す例がある。

琉球訳	訓	中古音	南方官話	首里
海馬曰街八	かいば	街(見母皆韻)	[kiai]	なし
歸還曰街禄	かえる	街(見母皆韻)	[kiai]	/keejuɴ/
超越踰逾曰歸禄	こえる	歸(見母微韻)	[kuei]	/kwiijuɴ/

これらの例から見系声母で皆韻の発音は、破擦音化していないことがわかる。こうした例は北京の発音であることを否定するものである。

このように一部では北方官話的な特徴を示しつつ、一方では南方官話的状況を示すのが、『琉球訳』の音訳漢字の基礎方言である。これに関しては後述する。

3.3. サ行・ザ行に対する音訳漢字

3.3.1. サ行短母音

以下はサ行音に関する用例である。

琉球訳	訓	中古音	南方官話	首里
酒曰撒及	さけ	撒(心母)、煞(生母)	[saʔ]	/saki/
肉曰失失	しし	失(書母)、石(禅母)、詩(書母)	[ʂɪʔ]	/sisi/
墨曰昔密	すみ	昔(心母)、息(心母)、席(邪母)	[ɕiʔ]	/simi/
汗曰阿席	あせ	昔(心母)、席(邪母)、石(禅母)	[ɕiʔ]	/asi/
袖曰蘇的	そで	蘇(心母)、粟(心母)、叔(書母)	[su]	/sudi/

まずサ行ア段音とオ段音に由来する音訳漢字について説明すると、この両音の音訳漢字は排他性が強く、他の音節には使われていない。ア段は [sa]、オ段は [su] という音価であったと考えられる。

やや複雑なのはイ段、ウ段、エ段である。現代首里方言は、サ行イ段、ウ段、エ段は合流してイ段音 [ɕi] に合流している。しかし、それ以前は、士族の言葉ではサ行イ段音とエ段音は [ɕi]、ウ段音は [si] という音形で区別がされていた。つまり音声的違いは、イ段・エ段とウ段の間にあった。しかし、上記の音訳漢字をみると、士族とは区別の内容が異なる。つまり、サ行イ段音「シ」とサ行ウ段「ス」音に由来する音訳漢字は、「シ」に対しては中古の章組の音訳漢字が当てられ、「ス」に対しては中古の心母系を表す音訳漢字が使われ、両者には厳密な棲み分けがみられる。これは琉球語の「シ」が口蓋化した [ɕi] であり、「ス」とは明らかに違った音に聞こえたからであろう。

だが、現代首里方言ではイ段音に合流しているエ段音の「セ」は、イ段音よりもむしろウ段音と共通する音訳漢字を使用している。この点を詳しくみるために、音訳漢字“席”と“息”が使われる語をみてみよう。“席”も“息”も殆どがサ行ウ段音「ス」に由来する語と、サ行エ段音「セ」に由来する語に使用され、イ段音に使われる例は殆どみられない。

琉球訳	訓	中古音	南方官話	現代首里
筋曰席日	すじ	席 (心母)	[ɕiʔ]	/sizi/
硯曰席即里	すずり	席 (心母)	[ɕiʔ]	/şiziri/
隅曰息米	すみ	息 (心母)	[ɕiʔ]	/simi/
汗曰阿席	あせ	席 (心母)	[ɕiʔ]	/asi/
載曰奴息禄	のせる	息 (心母)	[ɕiʔ]	/nusijuɴ/

つまり、サ行イ段音、ウ段音、エ段音は二つの音類に分かれるが、『琉球訳』はイ段／ウ段・エ段という区別になっており、士族のイ段・エ段／ウ段という区別とは異なる。

3.3.2. ザ行短母音

以下はザ行短母音に対する用例を示す表である。

琉球訳	訓	中古音	南方官話	現代首里
装曰喀雑禄	かざる	雑 (従母)、札 (荘母)、煞 (生母)	[tsaʔ]	/kadjajuɴ/
聖曰許石力	ひじり	日 (日母)、石 (禅母)	[zɿʔ]	なし

硯曰席即里	すずり	即 (精母)	[tsiɛʔ]	/ʂiziri/
風曰喀即	かぜ	即 (精母)	[tsiɛʔ]	/kazi/
御曰石力叔古	しりぞく	叔 (書母)	[ʂuʔ]	なし

まずは清濁から見ると、「サ」と「ザ」については、音訳漢字に若干の使い分けが見られる。音訳漢字“雜”は破擦音で、音訳漢字“煞”は摩擦音声母であるが、前者の“雜”は濁音に由来する訓の専属音訳漢字として使用されており、ここから濁音の「ザ」を破擦音“雜”で表そうとした意図が窺える。“煞”をもって「ザ」を表した例は稀少であり、極めて例外的である。オ段音に対しては、清音と同じ音訳漢字が使われており、濁音を示す特別な音訳漢字は使用されていないが、ザ行オ段音に使われる音訳漢字は排他性が強く、他の音節に使われることはない。

ザ行イ段・ウ段・エ段は、サ行清音短母音と同様の傾向が観られる。まず、音訳漢字“日”は濁音「ジ」に由来する訓に対してのみ使用されており、清音の「シ」に対して用いられる例はない。ここから“日”は濁音専属の音訳漢字であることが分かる。これにより、「シ」と「ジ」においても音訳漢字に棲み分け状況があることが分かる。そしてザ行ウ段とエ段には共通した音訳漢字が使われ、これらはイ段とは区別されて用いられている。こうした音類は現代首里の士族層の発音とは異なる。

3.3.3. サ行連母音・長母音

以下はサ行長音とザ行長音に関する用例である。

琉球訳	訓	中古音	南方官話	現代首里
恣肆慾曰福席麻麻	ほしいまま	席 (邪母)	[ɕiʔ]	なし
宗正曰所説	そうじょう	所 (生母)	[sɔ]	なし

サ行イ段長音に対する音訳漢字の“席”はサ行イ段音にも使われる傾向がみられる。こちらは入声を使うため、長音を示しているとは言えない。一方、サ行オ段音に対する音訳漢字“所”は“倉庾使曰所哥石(そうこし)”、“綜器内司曰所及乃石(そうきないし)”など主に音読みで発音する提示語に使用され、他の短母音に用いられる例はない。これによりオ段長音は現代首里方言と同様の [oo] という長母音であったと思わ

れる。

3.3.4. サ行拗音とザ行拗音

3.3.4.1. サ行拗音

以下はサ行拗音に関する用例である。

琉球訳	訓	中古音	南方官話	現代首里
車蛾曰蝦哥	しゃこ	蝦(曉母)[7]	[hia]	なし
主事曰叔日	しゅじ	叔(書母)	[ʂuʔ]	なし
小暑曰説叔	しゃうしょ	叔(書母)	[ʂuʔ]	/sjoosjo/

サ行ウ段拗音とオ段拗音が同じ音訳漢字で表記されている。ここから両音は合流していたことが分かる。サ行ア段拗音には喉音に由来し、南方官話で喉音の音訳漢字を使う。ここから音訳漢字が口蓋化・摩擦音化していたか、音訳漢字を付した者の漢語が口蓋化・破擦音化していた可能性を示唆する。

3.3.4.2. ザ行拗音

以下はザ行拗音に関する用例である。

琉球訳	訓	中古音	南方官話	現代首里
謝名曰日雅那	じゃな	日(日母)	[ʐɪʔ]	/zana/
念珠曰寧叔	ねんじゅ(ねんず)	叔(書母)	[ʂɪ]	なし
除夜曰如牙	じょや	如(日母)	[ʐu]	/zjoja/

“叔”はサ行ウ段拗音を含む琉球語にも用いられている。語料が少ないため、ザ行ウ段拗音とオ段拗音が合流していたかは分からないが、“念珠”を示す音訳漢字“寧”が鼻音韻尾をもつため、後続する“叔”が濁音に近い発音になっていた可能性もある。ザ行ア段音、オ段音にみられるように、日母字が音訳漢字に使われていることから、濁音を意識していることがうかがえる。日母字は『琉球訳』全体で有声破擦音に対する表音に用いられていることがここでも確認できる。これは南方官話を基礎にした『見聞録』と同じ傾向である。

3.3.5. サ行拗音長音とザ行拗音長音

3.3.5.1. サ行拗長音

以下はサ行拗長音に関する用例である。

琉球訳	訓	中古音	南方官話	現代首里
中秋曰諸書	ちゅうしう	書(書母)	[ʂʅ]	なし
小暑曰説叔	しゃうしょ	説(書母)、説(商曰説)	[ʂuɛʔ]	なし

両音は開合の違いがあるが、母音の広さという点で区別が設けられている。

3.3.5.2. ザ行拗音長音

以下はザ行拗長音に関する用例である。

琉球訳	訓	中古音	南方官話	現代首里
二十八宿曰宜如法叔古	じふ	如(日母)	[ʐu]	/nizuu//haci/
門曰日阿	じゃう	日(日母)	[ʐɪʔ][ɔ]	/zoo/

「ジョ」には"如"、「ジョー」には"日阿"が使われ、短音と長音が分けられている。ここでも琉球語の破擦音に対し、日母字が用いられている。

3.4. タ行・ダ行に対する音訳漢字

3.4.1. タ行短母音

以下はタ行短母音に関する用例である。

琉球訳	訓	中古音	南方官話	現代首里
謳調謡曰武答	うた	答(端母)	[taʔ]	/uta/
血曰直	ち	直(章母)、及(見母)	[tʂɪʔ]	/ci/
月曰即及	つき	即(精母)	[tsiɛʔ]	/çici/
手曰的	て	的(端母)	[tiʔ]	/ti/
蹶劣曰武獨禄	おとる	獨(定母)、土(透母・定母)、度(定母)	[duʔ]	/utujuɴ/

上記のようにタ行の「タ」、「チ」、「ツ」、「テ」、「ト」はいずれも音訳漢字に棲み分けが見られ、合流している状況はなく、音声的区別を保っている。ではそれらはどのような違いなのだろうか。現代首里方言は

「タ」[ta]、「チ」ci[tɕi]、「ツ」çi[tsi](士族)/ci[tɕi](平民)、「ティ」[ti]、「トゥ」[tu] となっている。「チ」と「ツ」は、士族の発音では両音を区別し、平民の発音では両音を区別していない。

「チ」と「ツ」に対応する音訳漢字は上記のように、「チ」に対する"直"、"及"と「ツ」に対する"即"で使い分けられているため、「ツ」の音訳漢字"即"は士族の発音を反映しているものと思われる。この"即"の他の用例をみてみると、タ行ウ段音以外にも、ザ行ウ段音にも使用されているが、他の母音には使われていない。

「テ」に由来する語に対しては、音訳漢字の"的"が独占的に使われる。"的"は現代漢語方言においても、歴史的にみても舌音 [t] 系統の声母で、破擦音化して çi[tsi] や ci[tɕi] になる例がない。よって [ti] という発音であったのであろう。

オ段の音訳漢字はいずれも u 介音を持つ合口呼であり、円唇性をもつ。音訳漢字の中古音での音価に違いが見られることと、この違いが現代の多くの漢語方言にも反映していることにより、タ行ウ段とタ行オ段の母音は異なると考えられる。そして、イ段とエ段との対立では、中古音・現代方言から考えると、合流している可能性も考えられるが、音訳漢字には使い分けがみられ、さらにエ段の音訳漢字"的"の発音は殆どの方言で舌音 [t] で読まれる。よって少なくとも子音では区別され、音韻論的には母音は 3 母音という体系であったと考えられる。

3.4.2. ダ行短母音

以下はタ行短母音濁音に関する用例である。

	琉球訳	訓	中古音	南方官話	現代首里
ダ	穏曰武荅牙古	おだやか	荅(端母)	[taʔ]	なし
チ	染物曰蘇眉治	ぢ	治(澄母)、日(日母)	[tʂʅ]	なし
ヅ	出曰以即禄	いづる	即(精母)	[tsiɛʔ]	なし
デ	袖曰蘇的	そで	的(端母)	[tiʔ]	/sudi/
ド	團圓曰麻獨喀	まどか	獨(定母)	[duʔ]	なし

タ行とダ行との間に使用される音訳漢字は、声母の無気・有気、あるいは清・濁による使い分けは基本的に見られない。だが、音訳漢字"日"のみは濁音「ヂ」に由来する訓を表す時に用いられ、清音の「チ」に由来する訓に対しては使用されていない。その他のダ行の各段は音訳漢字に棲み分けがあり、音声の違いが反映されている。また、"汾洛潞淮湘潼瀘湓漳洹淞潙涇渭澧灞洢澳洨澌曰米即奴那"(みずのな[8])に観られる「水」は首里方言でmiẓi[midzi](士族)/mizi[midʒi](平民)となっている。ザ行イ段音とザ行ウ段音も同様に音訳漢字が「ジ」に対しては"日"、「ズ」に対しては"即"と使い分けられ、こちらもやはり士族の発音に対応する。

3.4.3. タ行連母音・長母音

以下は現代首里方言で長母音になる用例である。

	琉球訳	訓	中古音	南方官話
開音	戀曰石多	したう	多(端母)	[tɔ]
合音	透融通達徹問亨取踉蹌曰獨禄	とう(とふ)	獨(定母)	[tuʔ]

タ行の連母音に由来する語については、開音と合音の由来の違いによって音訳漢字が異なる。開音由来には"多"を使い、合音由来にはタ行ウ段短母音と同じ音訳漢字"獨"が使われている。"多"は以下の開音に由来するダ行長音にも使われるが、基本的に長音専属の音訳漢字である。合音の"透融通達徹問亨"、"踉蹌"の訓は、現代首里方言では/tuujuɴ/、"取"は/tujuɴ/となる。

3.4.4. ダ行連母音・長母音

以下は現代首里方言でダ行長母音になる用例である。

	琉球訳	訓	中古音	南方官話	現代首里
開音	松堂曰麻即多	だう	多(端母)	[tɔ]	/doo/

ダ行オ段長音とタ行オ段長音は音訳漢字の上では使い分けがみられない。これは漢語では琉球語の清濁を辨別しえない、漢字の表音能力の限界でもある。因みに清濁を弁別しないのは、音訳漢字の基礎方言が、呉

語のような有声破裂音声母をもつ方言ではないことを示唆している。

3.4.5. タ行拗音

以下はタ行拗音に関する用例である。

琉球訳	訓	中古音	南方官話	現代首里
茗茶曰札	ちゃ	札 (荘母)	[ʐaʔ]	/ca/

音訳漢字 " 札 " を「チャ」音に使用する例は 1 例のみで、また " 謾曰阿札木古 " にあるように、「あざむく」意の " 謾 " に対する音訳漢字に使用されている。この際は、口蓋化・破擦音化していたことを表す。

3.4.6. タ行拗長音

以下はタ行拗長音に関する用例である。

	琉球訳	訓	中古音	南方官話	現代首里
開音	酋長曰有著	しうちゃう	著 (知母)	[ʐuʔ]	なし
合音	中元曰諸光	ちゅうげん	諸 (章母)	[ʐu]	なし

ここでは異なる音訳漢字の使われてるが、南方官話の音価はほぼ同じである。

3.4.7. ダ行拗音長音

以下はダ行拗長音に関する用例である。

琉球訳	訓	中古音	南方官話	現代首里
門曰日阿	ぢゃう	日阿 (日母)	[ʐɿʔ][ɔ]	/zoo/

合音に由来するタ行オ段拗長音「チョー」には " 著 " という知母声母が使われている。知系は多くの方言で破擦音あるいはそり舌音であるが、閩語 (福建方言) のみ舌音 [t] 系の声母で発音される。" 著 " が琉球語の破擦音を示す音訳漢字に使用されていることは、音訳漢字の基礎方言が閩語ではないことを示す。また " 夾竹桃曰著即古多 " のように「キョウチクトウ」を表す項目にも " 著 " が使われ、カ行イ段拗音が破擦音化した状況に対しても使われていることから、やはり " 著 " は破擦音を表していることが分かる。そして開音に由来する " 門 " には二つの音訳漢字

“日阿”を使う。これによって合音由来の語と区別を設けるとともに、それが広い母音であることを示している。また、こうした日母字の使用傾向から、いわゆる四つ仮名の区別もなくなっていることが分かる。

3.5. ナ行

3.5.1. ナ行短母音

以下はナ行短母音に関する用例である。

琉球訳	訓	中古音	南方官話	現代首里
名曰那	な	那 (泥母)、拿 (泥母)	[na]	/na/
西曰宜石	にし	宜 (疑母)、泥 (泥母)	[i]	/nisi/
賊曰奴息必度	ぬすびと	奴 (泥母)	[nu]	cf./nusunuɴ/
骸曰父你	ほね	你 (泥母)、寧 (泥母)	[ni]	/huni/
軒曰奴及	のき	奴 (泥母)	[nu]	なし

「ナ」に対しては、“那”が最も多く、次に“拿”が続く。「ニ」に対しては主に“宜”が使われる。次に“泥”が 3 例使用されるが、うち 2 例は『伝信録』からの継承項目である。よって「ニ」は専ら“宜”が使用されていると言ってよい。ナ行ウ段音の「ヌ」とナ行オ段音の「ノ」にはいずれも“奴”が用いられ、両音が合流し [nu] 音になっていることが分かる。「ネ」に対しては“你”が専ら使用される。“寧”はねんごろ“慇懃懇曰寧古禄”、「ねんじゅ」“念珠曰寧叔”など「ネン」に対して用いられている。

3.5.2. ナ行連母音・長母音

以下はナ行長音に対する音訳漢字である。

琉球訳	訓	中古音	南方官話	現代首里
備具供曰叔納	そなう	納 (泥母)	[naʔ]	/sunajuɴ/

主に動詞の語尾に使われている。音訳漢字の“納”については、3.5.4 で詳述する。

3.5.3. ナ行連母音「ナイ」「ナエ」

以下はナ行の連母音「ナイ」と「ナエ」に対する用例である。

琉球訳	訓	中古音	南方官話	現代首里
妹曰武乃	うない	乃(泥母)	[nai]	/'unai/
商賈曰阿及乃	あきない	乃(泥母)	[nai]	なし
蔑曰乃喀石禄	ないがしろ	乃(泥母)	[nai]	なし
鼎曰喀乃	かなえ	乃(泥母)	[nai]	なし

「ナイ」と「ナエ」に対して、音訳漢字“乃”が共通して使われているため、この両音は同じ発音になっていたものと考えられる。

3.5.4. 音訳漢字“納”について

音訳漢字に“納”を使う琉球語には二つの傾向がある。一つは動詞の語尾に使われる例で、歴史的仮名遣いでは開音の「なう」に対応する。例えば「そなう」“備具供曰叔納”、「あがなう」“償曰阿喀納”、「かなう」“稱曰喀納”、「うらなう」“卜曰午喇納”、「うしなう」“矢[9]曰午石納”、「やしなう」“畜曰牙石納”などがそれにあたる。

もう一つは地名をおさめる「訳地」に含まれる項目で、本来なら「ラ」音が期待される箇所に“納”が誤用される例である。例えば、「むら」“縣曰木納”、「あかひら」“赤平曰阿喀許納”、「とまりむら」“泊村曰獨買木納”、「たから」“高良曰答喀納”、「うらそえ」“浦添曰武納昔”などがそれにあたる。「ナ」を表すために用いられる音訳漢字には他に“那”があるが、“那”には「ラ」への誤用は一例のみ(力曰即喀那)で、誤用例が“納”に集中し、しかも語中・語尾にしか出現しない。

このように“納”が「ナウ」という動詞の語尾に使われる例と、「ラ」を表す地名に表れる例には、明確な棲み分けがみられるのである。この原因には三つの可能性が考えられる。

(1) 漢語の“納”という発音が na ～ la の範囲を含む不安定な音であった。

(2) 動詞と地名の音訳漢字を付した者が異なる。

(3) 上記地名の琉球語音はそもそも「ナ」と発音されていた。

1.3. の編纂の過程を考慮すると、(2) が最も蓋然性が高い。李鼎元は自ら「こまかく琉球の山川と風俗を採訪した」と述べており、地名に関しては漢人が自ら記述した可能性がある。だが動詞や難読漢字については高度な琉球語の能力が要求される。これは、李鼎元が採録したとは考えられず、やはり複数の琉球人によって採録されたと考えるのが妥当である。

また、「訳地」のみに観られる音訳漢字の特徴がある。ハ行ア段音は「訳地」では“發”が用いられる一方、他の箇所には主に“法”が用いられる。この現象と、ラ音の誤用が地名に集中することを考慮すると、やはり「訳地」は異なる人物の手による可能性がある。丁鋒(2008)等の論考では「訳地」のn音とl音の混同から『琉球訳』の音訳漢字の基礎方言を李鼎元の出身地である羅江方言と結論づけるが、仮にこれが妥当だとしても、それは地名関連語彙にとどまる。

3.6. ハ行、バ行に対する音訳漢字

『おもろさうし』ではハ行のイ段「ヒ」とエ段「ヘ」が混同する例が多く、『仲里旧記』(1703年頃)、『女官御双紙』(1709年頃)、『混効験集』(1711年頃)、『琉球国由来記』(1713年)など18世紀以前の資料ではすでにハ行音の転呼が生じていることが知られる。では、『琉球訳』ではどのようになっているか確認しよう。

3.6.1. 語頭のハ行短母音

以下はハ行短母音に関する用例である。

琉球訳	訓	中古音	南方官話	現代首里
鼻曰法拏	はな	法(非母)、發(非母)、凡(奉母)	[faʔ]	/hana/
火曰許	ひ	許(暁母)、虚(暁母)、僻(幇母)	[hy]	/hwii/
冬曰父由	ふゆ	父(奉母・非母)、福(非母)、服(奉母)	[fu]	/huju/
蛇曰許比	へび	許(暁母)、非(非母)	[hy]	/hwiibu/
星曰佛什	ほし	父(奉母・非母)、佛(奉母)、乎(匣母)、福(非母)	[fu]	/husi/

ハ行ア段音に対しては、主に“法”が使われる。“發”も用いられて

いるが、主に地名に用いられる。“凡”は、「はべる」“侍曰凡必禄”の用例のみで、これは“凡”の鼻音韻尾[n]は“必”を有声音化する役割を果たしているものと思われる。

「ヒ」、「ヘ」に対する音訳漢字には中古暁母/*h/や匣母/*ɦ/の狭母音字が、その他に対しては非組(/*f/など唇歯音子音)が主に選ばれる傾向が看取できる。

ハ行イ段音に対しては、中古の喉音声母に由来する音訳漢字が使用されている。ハ行音イ段音に対して唇音[p]の音訳漢字“僻”を使う例が一つある。これは“跪(ひざまづき)曰僻那(ママ)麻之記”の「ひ」に対して用いられている。

ハ行ウ段音とオ段音は共通の音訳漢字を使う例が極めて多い。例えば、「ほね」“骸曰父你”と「ふね」“舟艘(中略)舠船曰父你”が同じ音訳漢字で示されている。これは「フ」と「ホ」が同音で、「フ」になっていることを示すものである。だが、音訳漢字の“福”は主に「フ」に用いられ、「ホ」に用いられることは稀である。

また母音に関して言えば、「ヒ」と「ヘ」との間で音訳漢字“許”が、「フ」と「ホ」との間で音訳漢字“父”が共用され、三母音化の痕跡が見られる。

3.6.2.「訳音」のハ行イ段音

「訳音」も以下のように「訳訓」と同じ傾向がみられる。

琉球訳	音	中古音	南方官話
陂碑皮悲披疲卑罷・・・被費倶読若<u>虚</u>	<u>ヒ</u>	虚(暁母)	[hy]
賓濱頻・・・倶読若<u>訓</u>	<u>ヒン</u>	訓(暁母)	[hyn]
飈標杓鑣・・・倶読若<u>許約</u>	<u>ヒョウ</u>	許(暁母)	[hy]

3.6.3.「訳訓」のハ行連母音・長母音

以下は連母音に由来する語の用例だが、ハ行短母音と同じ傾向が観られる。

琉球訳	訓	中古音	南方官話	現代首里
秀曰許獨禄	ひいでる	許 (曉母)	[hy]	なし
防風曰泊父	ばうふう	父 (奉母)	[fu]	なし
秉憲曰非巾	へいけん	非 (非母)	[fi]	なし
鳳凰曰火我	ほうわう	火 (曉母)	[hɔ]	/huuoo/

3.6.4. ハ行拗音

ハ行拗音も喉音に由来する音訳漢字を使用している。

琉球訳	訓	中古音	南方官話	現代首里
一百曰夏古	ひゃく	夏 (匣母)	[hiaʔ]	/hjaku/

3.6.5. ハ行拗長音

ハ行拗長音は一例のみだが、他のハ行音とは異なる音訳漢字の用法をみせる。

琉球訳	訓	中古音	南方官話	現代首里
雹曰薄	ひょう	薄 (並母)	[pɔʔ]	なし

上記では[p]音を表す音訳漢字“薄”が使われている。音訳漢字に“薄”を使う用例は、提示語が“鎛曰薄”という用例が一例あり、これは音読みを表す。“雹”の漢音は「ハク」、呉音は「ボク」であるが、音符は“包”であることから「ボウ」と誤読される可能性のある語である。これは推測であるが、「ひょう」は沖縄でなじみのない現象であり、読み方が分からなかった故に、“雹”を「ボウ」と読んで“薄”の音訳漢字を当てた可能性もある。

3.6.6. バ行音

一方、濁音のバ行音では、両唇破裂音系統の音訳漢字が選ばれる。

琉球訳	訓	中古音	南方官話	現代首里
辭詞言語曰古獨八	ことば	八 (幇母)、 巴 (幇母)、把 (幇母)	[paʔ]	/kutuba/
噫曰阿骨必	あくび	必 (幇母)	[piʔ]	/ʔakubi/
鈍曰宜不石	にぶし	不 (幇母)	[puʔ]	なし

別鼈蔑韈読若筆即	べつ	必 (幇母)、 筆 (幇母)、比 (幇母)	[piʔ]	/biçi/
萎曰石不木	しぼむ	不 (幇母)、	[puʔ]	なし

バ行音に対しては両唇破裂音のうちでもとりわけ無声無気音の幇母字 [*p]、中古における有声破裂音である並母 [*b] が多用される傾向が見られる。これらはいずれも無声無気音 [p] で読まれた可能性が高いと思われる。これは聴覚印象において漢語の不帯気音の方が帯気音より、琉球語の有声音に近似して聞こえていたことによると考えられる。これは音訳漢字を付した者が琉球人ならその傾向は強くなるであろう。

母音に関して言えば、「ビ」と「ベ」との間で音訳漢字「必」が、「ブ」と「ボ」との間で音訳漢字「不」が共用され、三母音化の痕跡が見られる。

3.6.7. バ行連母音・長母音

以下は連母音に由来する語に関する用例である。

	琉球訳	訓	中古音	南方官話	現代首里
開音	防風曰泊父	ばうふう	泊 (並母)	[pɔʔ]	なし
合音	峯又曰泊	ほう	泊 (並母)	[pɔʔ]	なし

“ 泊 ” は連母音専用の音訳漢字だが、開合を区別していない。

3.6.8. バ行拗長音

以下は現代首里方言でバ行拗長音となる語に関する用例である。

	琉球訳	訓	中古音	南方官話	現代首里
開音	屏風曰比約不	びゃうぶ	比約 (影母薬韻)	[pi][iɔʔ]	/bjoobu/
合音	廟曰比有	べう	比有 (云母有韻)	[pi][iɛu]	/bjuu/

バ行ウ段拗長音には、歴史的仮名遣いにより開合の違いを音訳漢字で表現している。開音に対しては “ 約 ”、合音に対しては “ 有 ” という異なる音訳漢字が使う。一方他の例をみると、“ 豹 ” の項目のような例外もあるものの、使い分けがなされているようである。こうした開音と合音の使い分けから、これらの音訳漢字は歴史的仮名遣いも一定程度考慮されているように思われる。

	琉球訳	訓	中古音	南方官話	首里
開音	楊梅曰約拜	やうばい	約 (影母薬韻)	[iɔʔ]	なし
開音	屏風曰比約不	びゃうぶ	約 (影母薬韻)	[iɔʔ]	/bjoobu/
合音	豹曰許約	へう	約 (影母薬韻)	[iɔʔ]	なし
合音	廟曰比有	べう	有 (云母有韻)	[iɛu]	/bjuu/
合音	邑曰有	ゆう	有 (云母有韻)	[iɛu]	なし

3.7. マ行に対する音訳漢字

3.7.1. マ行短母音

以下はマ行短母音に対する用例である。

琉球訳	訓	中古音	南方官話	首里
碗曰麥介衣	まかい	馬 (明母)、麻 (明母)	[maʔ]	/makai/
耳曰米米	みみ	米 (明母)、密 (明母)	[mi]	/mimi/
筵曰木石禄	むしろ	木 (明母)、母 (明母)、不[10](幇母)	[mɔʔ]	/musiru/
目曰米	め	米 (明母)、眉 (明母)、毎 (明母)	[mi]	/mii/
素原元以曰木獨	もと	木 (明母)、母 (明母)	[mɔʔ]	/mutu/

マ行音字に対しては、明母 /*m/ が独占的に使用されている。「ム」、「モ」に由来する琉球語に対しては、ともに " 母 " という音訳漢字が使われ、両音が合流して「ム」になっていることが分かる。また「ミ」、「メ」に関しても " 米 " という音訳漢字が共用されているが、「メ」に対して " 米 " を用いることはむしろ例外的で、" 眉 "、" 毎 " の音訳漢字が独占的に使われる傾向が見られる。例えば " 米 (こめ): 古眉 "、" 婦 (よめ): 由眉 "、" 飯 (めし): 毎十 " がそれである。因みに " 眉 "、" 毎 " の南方官話は [moɛi] である。よって、マ行はイ段とエ段に音訳漢字の使い分けが見られ、完全に三母音化が完成しているとは言い難い。

3.7.2. マ行連母音・長母音

以下はマ行連母音に由来する語に関する用例である。

琉球訳	訓	中古音	南方官話	首里
想惟思念曰武木	おもう	木(明母)	[mɔʔ]	/ʔumujuɴ/

長音に対応する“木”は主にマ行ウ段音の「ム」とオ段音の「モ」を示すために用いられるため、“想惟思念曰武木”での“木”は長音を示すものではないと思われる。

3.7.3. マ行拗音

以下はマ行拗音に関する用例である。

琉球訳	訓	中古音	南方官話	現代首里
看脉曰米牙古	みゃく	米(明母)牙(麻母)	[mi][ia]	なし

マ行拗音は、“米牙”という二つの音訳漢字を使って表現している。因みにダ行拗音も同じように二つの音訳漢字を使って一拍を表している。

3.8. ヤ行に対する音訳漢字

3.8.1. ヤ行短母音

以下はヤ行短母音に対する用例である。

琉球訳	訓	中古音	南方官話	首里
日本曰亞馬吐	やまと	牙(疑母麻韻)	[ia]	/'jamatu/
雪曰由及	ゆき	由(以母尤韻)	[iɛu]	/'juci/
夜曰由禄	よる	由(以母尤韻)	[iɛu]	/'juru/

ヤ行に対しては北方方言および南方官話の発音で、ゼロ声母で発音する音訳漢字が選ばれている。そして「ユ」と「ヨ」が同じ音訳漢字“由”が使われていることから、両音は合流して同音で発音されていたと思われる。

3.8.2. ヤ行連母音・長母音

以下はヤ行連母音に関する用例である。

琉球訳	訓	中古音	南方官話	首里
夕又曰由比 邑曰有	ゆうべ ゆう	由(以母尤韻) 有(以母有韻)	[iɛu] [iɛu]	なし なし

ヤ行長音はヤ行ウ段とオ段短母音と同じ発音の音訳漢字を使用しており、ここでも長音を示している訳ではない。

3.9. ラ行

3.9.1. ラ行短母音

以下はラ行に対する例である。

琉球訳	訓	中古音	南方官話	首里
宇宙霄曰蘇喇	そら	喇(来母)	[laʔ]	/sura/
釐曰力	り	力(来母)	[liɪʔ]	/ri/
春曰法禄	はる	禄(来母)	[luʔ]	/hwaru/
余予吾儂曰瓦力	われ	力(来母)	[liɪʔ]	なし
懐曰父獨古禄	ふところ	禄(来母)	[luʔ]	なし

「リ」と「レ」に対して同じ音訳漢字の“力”が使われ、「ル」と「ロ」に対して同じ“禄”が使われている。これによりラ行音は三母音になっていたものとみなしうる。またラ行音は漢語系語彙では語頭に現れることがあるが、琉球語系語彙には語中・語尾にしか使われない。

3.9.2. ラ行連母音・長母音

以下はラ行に対する例である。

	琉球訳	訓	中古音	南方官話	首里
	禮曰力	れい	力(来母職韻)	[liɪʔ]	/rii/
開音	廻廊曰怪羅	くゎいらう	羅(来母歌韻)	[lɔ]	なし

ラ行連母音の「レイ」に対しては短母音の「レ」と同じ音訳漢字が使われ、短母音と連母音を区別していない。ただ、ラ行連音の「ラウ」に対しては、音訳漢字“羅”が使われ、短母音の「ル」は「ロ」音とは異なる音訳漢字が使われている。ここからラ行オ段長音は他の音と区別されていることが分かる。

3.9.3. ラ行拗音長音

以下はラ行拗長音に対する例である。

琉球訳	訓	中古音	南方官話	首里
隆勲曰六宮	りゅうくん	六(来母屋韻)	[liɔʔ]	なし

3.10. ワ行に対する音訳漢字

3.10.1. ワ行短母音

以下はワ行短母音に対する例である。

琉球訳	訓	中古音	南方官話	首里
泡曰阿瓦	あわ	瓦(疑母)	[ua]	/awa/
井曰一	ゐ	一(影母)	[ɪʔ]	/kaa/
膛肥暕腴曰古一禄	こゑる	一(影母)	[ɪʔ]	/kwiijuɴ/
惜曰武石木	をしむ	武(微母)	[u]	なし

「ワ」には音訳漢字“瓦”が独占的に使用されている。「ユ」「ヨ」に由来する琉球語に対して、ともに「由」という音訳漢字が共用されており、「ユ」、「ヨ」は合流し、「ユ」になっていることが看取される。そして、「ヰ」と「ヱ」には「イ」と同じ音訳漢字が使われ、「ヲ」には「ウ」(<「オ」)と同じ音訳漢字が使われているため、これらは合流していることが分かる。

3.10.2. ワ行連母音・長母音

以下はワ行長音に対する用例である。

琉球訳	訓	中古音	南方官話	首里
鳳凰曰火我	ほうわう	我(疑母)	[hɔ] [ɣʷo]	/huuoo/

ワ行連母音に由来する語には音訳漢字“我”が使われる。“我”は歴史的仮名遣いの「わう」に対する音訳漢字としても使われ、これらはワ行長音と同音になっていたと思われる。

4.『琉球訳』の音声と語彙・語法

4.1.『琉球訳』に反映した漢文訓読語

丁鋒 (2008)、石崎博志 (2002) にあるように、音訳漢字の音声は琉球語の首里方言の音声体系を反映している。しかし『琉球訳』の音訳漢字に表れる語彙は一部を除いて琉球語を反映しているとは言い難い。『琉球訳』に反映する語彙自体は『おもろさうし』をはじめとする言語資料や現代琉球方言に見られる琉球語とは異なる。

例えば、首里方言の動詞の終止形は、「読む」は「ユムン」、「来る」は「チューン」という形をとり、丁寧体も、それぞれ「ユマビーン」、「チャービーン」となる。形容詞においても、「赤い」は「アカサン」、「短い」は「インチャサン」となり、「～サン」という語尾になる。『琉球訳』に示される動詞の終止形は、音訳漢字 "中" を用いて又音として「～チュン」という語尾を表現しているものもあるが、その多くは下にみるように本土方言と同じ形式をとっている。

琉球訳	訓	現代首里
寒曰熬木石	さむし	/hwiisaɴ/
來曰及答禄	きたる	/cuuɴ/
看覽察瞻闐相聒曰米禄	みる	/nuuɴ/
欣歡慆喜曰由禄古不	よろこぶ	/hukujuɴ/
短曰陰夾煞亦曰米日喀石	いんかさ (みじかし)	/ʔiɴcasaɴ/
紅曰古力乃亦曰匣加中	くれない (あかちゅん)	/ʔakasaɴ/

では何故『琉球訳』と銘打った書物に琉球語語彙の反映があまり見られないのか。第 10 章に示すように琉球における文体の変遷を考えると、本土語彙が反映する可能性としては、候文などの文体が反映しているか、あるいは漢文訓読の読み方が記されているかのどちらか、あるいは両方である。そこで『琉球訳』の語彙をみると、候文特有の表現を記している例は殆どみられないが、漢文訓読語はよくみられる。

琉球訳	音訳漢字の発音	漢文訓読
云曰曰以瓦古	イワク	いわく

忝曰喀答日及那石	カタジキナシ	かたじけなし
敢曰愛的	アイティ	あえて
即曰息那瓦直	シナワチ	すなわち
須曰席比喀喇古	シビカラク	すべからく
然曰石喀禄	シカル	しかる
將方曰麻煞	マサ	まさ(に)
而曰石哥石的	シカシティ	しかして

上記の音訳漢字はいずれも漢文訓読の訓み方に従って注音されている。これは第10章3.3.にあるように、琉球の知識層は漢文訓読を幼少期から訓練しており、それが反映されたものと考えられる。

4.2.『琉球訳』の漢文訓読法の話者

『琉球訳』の編纂実務に携わった者が首里四公子だった場合、彼らが合音訓読(島開合)で漢文を読み下していたことになる。しかし、比嘉春潮(1971b)、伊波普猷(1975b)など後の時代の証言では、合音訓読は久米村の者たちの作法であったという。果たして『琉球訳』編纂の実務に携わった者は、首里の者だったのか、久米村の者だったのか。李鼎元の証言どおりなら、『琉球訳』には首里の者たちの漢文訓読作法が反映されたことになる。つまり、『琉球訳』は18世紀当時、首里においても合音訓読、つまり琉球語の発音で漢文訓読を行っていたことを示す現存する唯一の言語資料と位置づけられる。そして比嘉春潮、伊波普猷の証言は、明治時代以降、その状況に変化があったことを意味する。

おわりに

本章で明らかにしたことをまとめよう。まず『琉球訳』は一部に先行資料からの引用があるものの、多くは1800年当時の琉球語を反映する。そして李鼎元の記述を考慮すると、漢語を母語とする者によって編纂されたのではなく、首里四公子ら漢語に熟知する琉球語話者によって編纂された可能性が高い。そして、音訳漢字には入声字が多いが、閩語や呉語の特徴が観られないこと、日母字が有声破擦音に近い発音で読まれること、また何より琉球王国内の琉球人によって編纂された可能性から、音訳漢字の基礎音系は南方官話系の音系に近いと思われる。ただ団音 (軟口蓋音声母や喉音声母) の狭母音で破擦音化が観られ、北方漢語的な要素もある。

一方『琉球訳』に記された琉球語は、マ行音でエ段とイ段が分けられる傾向が観られるものの、短母音の三母音化がほぼ完了した状況がみられる。そして、カ行イ段音は口蓋化・破擦音化していることや、連母音が長母音化している状況から、現代の首里方言にかなり近似する音声体系を反映する。そして､その琉球語は音声こそ琉球語音を反映するが、多くの漢文訓読語を含む。漢文訓読語の存在は、『琉球訳』が琉球語話者によって編纂されたという説を補強するものと思われる。

『琉球訳』に反映された訓読作法は、1800 年前後に首里四公子が合音訓読、つまり琉球語の発音に従って漢文を訓読していたことを物語る。その後、19 世紀半ばに伊波普猷はその訓読法が島開合として「冷笑」の対象になったことを述べている[11]。ここに地域言語を見下す心性の萌芽がある。

---

1 本書の先行研究には丁鋒 (2008) の研究があるが､基礎方言や結論が大きく異なる。
2 石崎博志 (2001b) 参照。
3 原文は「著作球雅一部以足、此以官音訳球語也」。
4 因みに陳彭年『大宋重修廣韻』収録されている入声の割合は全体の約 18％に過ぎない。
5 天理大学本のみならず、赤木文庫本などでも同様である。
6 室町時代の日本語で、アウ・カウ・サウや、キャウ・シャウ・チャウなどが長音化した場合の母音を開音、オウ・コウ・ケウなどが長音化した場合の母音を合音という。
7 他に “ 使者曰石蝦 (ししゃ)” の例もある。
8 提示語に挙げられる “ 汾洛潞 ” の諸字はいずれも河川の名称であり、本来は「かわのな」と読むべきであろう。
9 “ 失 ” は誤字。
10 これは字形の相似による “ 木 ” の誤字であると考えられる。
11 本書第 10 章参照。「中には之 (訓読 − 筆者注) を琉球語の音韻法則によって、オ列エ列をウ列イ列にしたり、ウ列イ列を口蓋化したりして読む人もあったが、それには島開合といつて、冷笑してゐた。」

第1部
第5章
アグノエル語彙

はじめに

本章はシャルル・アグノエル (Moïse-Charles Haguenauer 以下「ア氏」と略称) による琉球諸方言の記述 (以下「アグノエル語彙」と総称) について考察する。ア氏は 1930 年 3 月から約 2 ヶ月間の滞在で、沖縄の民俗、言語、歴史に関する調査メモを 1 冊の手帳と 6 冊のノートに残した。これらは現在コレージュ・ド・フランス (Collège de France) の図書館に収蔵されている。その内容は以下である。

手帳：旅日記[1]

ノート 1：糸満 103 p (以下「糸満ノート」)

ノート 2：玉城－知念－久高 62 p. (以下「玉城・知念・久高ノート」)

ノート 3：今帰仁－辺土名 (以下「今帰仁・辺土名ノート」)

ノート 4：瀬嵩－名護－恩納など 20 p. (以下「瀬嵩・名護・恩納ノート」)

ノート 5：首里 62p. (以下「首里ノート」)

ノート 6：糸満+久高+那覇+首里+運天の言語+チェンバレンの補足・修正[2] 113p. (以下「言語ノート」)

これらをパトリック・ベイヴェール (Patrick Beillevaire) 氏が翻刻、詳細な訳注とともに Beillevaire(2010) をまとめている。管見の限りアグノエルの記した琉球諸語に関する研究は、Beillevaire(2010) の翻刻および石崎博志 (2011a); 同 (2011b); 同 (2013b) において首里方言や久高方言を扱ったのみである。琉球列島の言語で、歴史を遡ることが可能な地点は首里、宮古[3]、八重山[4]などの地域のみで、それ以外の地域は文献資料では殆ど残されておらず、これまで20世紀前半生まれと現代の比較しかできなかった。しかし、首里や那覇以外の最古の言語資料であるアグノエル語彙によって、19世紀後半生まれの言語と現代の言語を比較することが可能となり、沖縄の言語史に新たな知見を加えることが期待される。本章ではまず、ア氏の歩んだ道のりをまとめ、彼が描いた各地の方言の特徴の一端を示すことで、その全体像の把握につとめる。

1. アグノエルの事績

ア氏の経歴は、Beillevaire(2010)、森田孟進(2000)、榎一雄(1978)、Frank(1977)、Hérail(1977)に述べられている。これらを総合してア氏の足跡をたどろう。

ア氏は1896年10月29日、バス＝ノルマンディ地方のカン(Caen)に生を受ける。カンの高等学校に学んだ頃から日本語に興味を抱き、1914年に第一次世界大戦で戦地に赴いた時には、リュックサックにドイツで出版された日本語文法書[5]をしのばせていたという。従軍後、パリ大学、パリ東洋語学校に学ぶ。ア氏はアンリ・マスペロ(Henri Maspero)、ポール・ペリオ(Paul Pelliot)、マルセル・グラネ(Marcel Granet)、アントワーヌ・メイエ(Antoine Meillet)、マルセル・モース(Marcel Mauce)、シルヴァン・レヴィ(Sylvain Lévi)など綺羅、星の如き東洋学者・言語学者に師事している。その後1924年(大正13年)、東京神田にある日仏学館の第一回寄宿生として来日し、8年間滞在する。東京ではアヴァス(Havas)通信社の特派員として活躍し、そのかたわら東京外国語大学の前身である東京外国語学校で教鞭を執る。この間、伊波普猷との交流によって、沖縄に関する情報を数多く得ていたと考えられる。1930年3月4日、大阪から台南丸に乗り、奄美大島を経由して来沖する。沖縄での調査は来日から6年を経過した時期に行われており、それ以前にも森鷗外の『高瀬舟』や志賀直哉の『夜の光』などを翻訳していることから、この時点で日本語にかなり熟達していたと思われる。さらにチェンバレン(1895)も参照していることから、琉球語に関する知識も一定の水準に達していたと考えられる。それはチェンバレン (1895) の誤りを指摘している点からもうかがえる。

沖縄滞在期間は尚泰の四男・尚順に何度も接遇されており、首里にある尚家の書斎なども訪れている。そして、尚順からは首里の上流階級の言語についても教えを受けている。その他、真境名安興 (1875-1933)、新垣孫一 (1884-1972)、島袋源一郎 (1885-1942) などもア氏の調査に随行し、情報提供に重要な役割を果たしている。如上の彼の略歴や調査環境から、当時、調査者として極めて恵まれた状況にあったと言える。帰国後、1932 年から 1953 年まで国立東洋現代語学校 (パリ東洋語学校) で日本語を教授し、1933 年から 1953 年までは国立高等研究院の宗教科学科においては助教授のちに研究主任、1953 年から 1969 年にはソルボンヌの日本語日本文化講座の教授の職にあった。1959 年には、彼の後継者であるベルナール・フランク (Bernard Frank) のもと、のちに 1973 年にコレージュ・ド・フランスとなる日本学高等研究所を設立した。彼の主な論考は、*Études choisies de Charles Haguenaue*r (『シャルル・アグノエル選集』) シリーズとして 4 冊にまとめられている [6]。

2. ア氏の調査日程と調査地点

2.1. ア氏の調査日程

Beillevaire(2010) によるとア氏の沖縄調査の日程は以下のようになっている [7]。

3 月 1 日　台南丸で大阪を出発。

3 月 3 日　名瀬（奄美大島)。

3 月 4 日　那覇到着。

3 月 5 日　首里。尚家の邸宅、百名氏に会う。

3 月 6 日　部屋の整理。

3 月 7 日　糸満の最初の訪問。

3 月 8 日　那覇、波の上宮、辻遊郭訪問。

3 月 9 日　糸満調査。

3 月 10 日　那覇。

3 月 11 日 -15 日　糸満調査。

3 月 16 日 -17 日　那覇。

3 月 18 日　糸満の最後の訪問。

3 月 19 日　首里、太田市長、尚順侯に謁見。

3 月 20 日　舞台鑑賞。

3 月 22 日　玉城へ出発。

3 月 23 日　富里に戻り、その後、知念に出発。

3 月 25 日　斎場御嶽訪問、久高島滞在[8]。

3 月 26 日　与那原、大里に戻る。鉄道で那覇に戻る[9]。

3 月 27 日　首里。≪尚家、年中。盆踊り＋言語　比嘉さん≫

3 月 28 日　首里。≪尚家　ミトゥンチ　邸宅 (ユタ) ≫

3 月 29 日　午後 1 時二人の老人。ユタ。暦について再調査。

3 月 30 日　那覇。

3 月 31 日　那覇。

4 月 1 日[10]　車で名護へ出発。≪名護。言語。風習 (今帰仁) ≫。

4 月 2 日　運天、今泊、仲宗根で就寝。

4 月 3 日　大神祭。辺土名。

4 月 4 日　東。

4 月 5 日　久志 (天仁屋)、瀬嵩。

4 月 6 日　名護。

4 月 7 日 -10 日　名護、恩納、金武、読谷。

4 月 10 日　那覇に戻る。

4 月 11 日　最後の首里訪問。

4 月 12 日　台南丸で大阪に出発。

ア氏は沖縄本島の殆どの地域に足を運んでおり、話者を呼び寄せたという記録もないことから、現地に赴いて調査したと思われる。当時は人里離れた地域から人を呼び寄せて調査するということが交通や通信環境などから現実的ではなかったと想像する。

2.2. ア氏の調査地点

ア氏の方言調査は沖縄本島全域にわたる。「旅日記」およびノートの第１～５冊では断片的に調査メモが記録され、第６冊の「言語ノート」では語彙の全体がまとめられている。ア氏が記録した地点は糸満、久高、那覇、名護、奥、運天、今帰仁、今泊、辺土名、塩屋、天仁屋、東、名嘉真、金武、読谷、伊芸、嘉陽、瀬嵩、首里、伊江島である。首里、伊江島などは発音に関する散発的な情報しか得られないが、それ以外は多寡に相違があるものの一定の語彙数が得られる。各地の方言音に対して、日本語あるいは仏語による対訳を付している地点は、糸満、久高、那覇、名護、今帰仁、奥、運天、今泊、辺土名、塩屋、天仁屋、東である。一方、方言音のみが記され、対訳のない地点は名嘉真、金武、読谷、伊芸、嘉陽、瀬嵩である。

3. 記述の体裁

本章では、ア氏と筆者を含む後人の記述を区別するため、以下のように書き分ける。ア氏の原文にある記述は**太字**、それ以外の記述は通常の太さとする。そしてア氏による当該方言の発音表記は***太字の斜体***とする。久高方言において、「紙」を habi と記した項目を例にみてみよう。

habi　**kami, papier** (紙)　[habi]

太字の斜体で記される ***habi*** はア氏による久高島語彙の表音、太字の **kami** は久高島語彙に対するア氏による日本語訳、太字の **papier** はア氏によるフランス語訳である。(紙) は石崎によるフランス語 **papier** の日本語訳であり、[habi] は現代方言調査報告による記述である。また、上記の例にはないが、Beillevaire(2010) でベイヴェール氏によって括弧書き [　] で加筆されているフランス語訳は通常の太さとし、本章でも [　] を用いる。

4. ア氏の音声記述

ア氏はチェンバレンの語彙集を基礎として、方言音をローマ字で、各種記号を駆使しつつ記述している。ここで注意を払うべきは、ア氏の記述が音声に関するもののみで、音韻にまで立ち入ったものではないということである。ア氏が調査した1930年当時は、プラハ学派(プラーグ学派)によって構造主義音韻論に関する論文が数多く発表されていた時期であるが、音韻論的解釈に基づいた方言記述はいまだなされていない。しかし、筆者はこれがアグノエル資料のデメリットとはとらえない。音韻論的解釈による記述は、時に本来存在したかもしれない発音の区別が記述されないこともあるからである。ア氏の詳細で精度の高い音声記述は、むしろ多くの情報を与えてくれると思われる。では、方言調査全体の表記傾向を以下に略述しよう。

(1) 母音の上に ¯ 印を付したものは長母音、˘ 印を付したものは短母音である。

e.g. ***ā***、***ī***、***ă***、***ĭ***

(2) 子音の上の ˇ 印は、多く口蓋化を示している。これは類似する子音相互の区別をつけるためである。e.g. *ši* [ɕi]、*č* [tɕi]

(3) 子音の下や左の点は、付していないものとの微妙な差異があることを示している。e.g. ḅ、ḍ、·*š*、*s* 、*ṛ*

(4) 帯気音の記号に「/」「ᑐ」等を使用している。奥方言の記述ではハ行音の [p] 音について「***p***⁄ は ***p***ᑐ ではないが仏語の ***p*** よりはソフトである」と記し、その違いに言及している。

(5) ( ) やローマ字下部に子音や母音が書かれているもの、また (1) の長母音と短母音の記号が両方用いられているものは、両音が使われることを示している。

e.g. ***b (v) (bilabial)***、***r (d)***、***f (p)***、

(6) 注意を要する箇所に二重下線を記している。e.g. ***ndji*** *出* ***(ndjiyung)***

以上の表音方法が概ねすべての地点で適用されるが、記号のもつ意味合いは方言により異なる可能性があることに留意する必要がある。

5. ア氏による各方言記述の概要

ここから各方言の概要説明に入る。ア氏による各方言記述は、散発的に記述されている箇所とまとめて書かれている箇所がある。各地点の記

述については、この両者をまとめて論じる。ア氏による方言記述は膨大なため、本書ではその全てを扱うことができない。よって本章ではア氏が特に注目をしていたハ行音、カ行音を中心とする例を挙げ、論述する[11]。以下に挙げる地点はア氏が調査を行ったと思しき順序に従う。

ア氏は「言語ノート」でしばしば省略記号「〃」を用いている。この記号はノートの左側に記述した地点の語形と同じであることを示していると思われる。また、「〃」ではなく「｜」という記号も用いており、これは未調査の印である可能性もある。こうした記号を用いて記述された語彙をもとに当該方言を考察する際には、慎重なる必要があろう。

5.1. 琉球弧の音声の概略

Beillevaire(2010:49-51) には琉球弧の方言の概略が記されている。これは老人や俳優たちへの質問から得たものである。その箇所をここに訳出しよう。

「沖永良部 (島)、粟国、喜界 (島) では h は脱落する。(奄美) 大島では k は h に変化する[12]。

a i u ｝那覇、喜界、永良部
ē ō ｝(口蓋化)[13]

a i u
(ĕ) (ŏ) (まれ)
ē ō　　｝大島、宮古、八重山[14]
(?)
ø

リエゾン：首里では音便により ***aran-d̲are***[15]
Toru(通る) > ***turung*** (八重山) > ***tuyung*** (沖縄) > ***tuzum*** (宮古)[16]
沖縄では ***ya - yi - yu - ye - yo*** 列は揃っている[17]

'ya　　***'yu***　　***'yo***
'ýa

(喜界島では鼻音)[18]

そして、鼻音化によって取って代えられている[19]。

dž, dz は鹿児島では存在する。一方、琉球においては未調査[20]。

ča, či, ču, če, čo

(中略)[21]

チェンバレンの琉球の文法の言葉は上品で古典的である[22]

那覇、泊＝アドネ。フランス語による記述[23]

1844年に来琉したフォルカードは1万の琉球語彙を集めた。(この語彙集の)所在は不明。ベッテルハイム以前の、彼の3年にわたる日記がある[24]。

(中略)

フォルカードの日記はミッション・カトリックから出版されている。リヨンのムジャン・ルソー、1885年4月24日から11月まで[25]。

ベッテルハイムは聖書を琉球語のカタカナで翻訳した。(東洋文庫発行。一部の写本はベルリンにある)。彼の手書きの日記はアメリカにあり、ベッテルハイムの家族が所有している[26]。」

以上の記述では、奄美大島から八重山にかけて短母音が三母音化していること、鹿児島県南部の島嶼地域ではカ音が喉音 [ha] になる現象がみられること、そして、沖縄、八重山、宮古では動詞の基本語尾が異なっていることが記されている。これらからア氏が沖縄の諸方言をより広い範囲でとらえようとしていたことが分かる。そして、フォルカードが1万もの語彙を記録していたことに言及しているが、残念ながら現存は確認されていない。

5.2. 糸満

ア氏は3月7日に初めて糸満を訪れている。「旅日記」の3月7日には「学校に通う子供たちは日本語の授業を説明する時に方言を話す[27]。」と記している。糸満の言語調査は3月15日に行っている[28]。当時76歳のノロである国吉牛さんの名前がみえる[29]が、彼女が調査に協力したかは不明である。調査方法など周辺的事柄も記されていない。糸満方言はア氏の原本では「言語ノート」の冒頭に列挙されている。語数は650語近くあり、ア氏の調査資料のなかでは最多である。ローマ字で表音された方言語彙に対してア氏による日本語やフランス語の語釈が記されている。ア氏が調査した他の地域とは異なり、動詞の自他の別や、一部の副詞や助詞の情報も得られる。以下にア氏による糸満方言の記述の一部を紹介しよう。以下の「現代糸満」は、平山等 (1966) は無標、名嘉真三成 (1992) には * 印、高良宣孝氏 (琉球大学) の調査には ** 印を付して示す。

ア氏表音	ア氏語釈	筆者語釈	現代糸満
hàna	**花**	花	[hana]
šiki	**月**	月（タ行ウ段）	[ʃiki]/[tʃi ki]*
šimi	**tsume ongle (爪)**	爪（タ行ウ段）	[ʃimi]/[ʃimi]*
šina	**tsuma code (綱)**	綱（タ行ウ段）	[ʃina]/[tʃiina]*
·šukuīng	**作る**	作る（タ行ウ段）	[sukuiŋ]
si ĭ̄	**chichi(le lait le sein)** (母乳)	乳（タ行イ段）	[tʃi:]*
ṣikasang	**chikai**	近い（タ行イ段）	[tɕikasaŋ]**
nu ·ši	**inochi**	命（タ行イ段）	[nɯtɕi]**
su	**suki**	鋤	なし
saki	**l'awamori**	酒 (泡盛)	[saki]*
sa (usa)	**茶**	茶	[tɕa:] ([sa:])**
saku	**客**	客	[tɕakɯ]**
kiri	**brouillard**	霧	[kiri]*
king	**kimono**	着物	[kiŋ]
tumaing		とまる（自動詞）	[tɯmaiŋ]**
tumīng		とめる（他動詞）	なし
tīr(d)a	**soleil**	太陽	[ti:ra]*
tira(tera)	**寺**	寺	[tiɾa]**
nī	**根**	根	[ni:]**
ni (pas ñi)	に (**ñi** ではない)	に（助詞）	なし
ṛaki	**竹**	竹	[raki]/[daki]*

takasang		高い	[takasaŋ]**
ē	**indigo**	藍（インディゴ）	なし
ī	**image**	絵	[iː]**

ハ行音は ***p*** ではなく、***h*** で記される。「カ」は [ka] で、カ行音イ段音も口蓋化・破擦音化せず、***ki*** で記されている。これは1915年に発行された糸満町人(1915)の記述[30]とも一致する。ア氏は「言語ノート」に「糸満は首里の言葉よりも日本語により近い[31]」と記している。これはハ行音が喉音で、カ行音が口蓋化していないことをみて述べたものと思われる。一方、タ行ア段拗音「茶」とカ行ア段拗音「客」がそれぞれ ***sa***、***saku*** と摩擦音で記されている。

タ行ウ段音は ***ši*** と表記されており、サ行ウ段音 ***su*** とは区別されている。***ši*** は現代語で [ʃɨ] となっているため、[ʃɨ] や [ɕi] であったと考えられる。例外的に「作る」が ***·šu*** で記述されるが、これは現代語 [sukuiŋ] との比較でも当時の状況を忠実に書き記している。タ行イ段音は ***si*** や ***·ši*** で書かれており、一部タ行ウ段音との合流がみられる。「乳」を ***sī̆*** と記しているが、***ī̆*** の記号は長母音、短母音どちらでも発音されることを示しているものと思われる。また標準語のダ行音を示す [d] が ***r*** で表れる。

ナ行エ段音とイ段音に区別があり、ナ行エ段音は長音の ***nī***、イ段音は非口蓋化の ***ni*** となっている。これはア氏が「***ñi*** ではない」と敢えて言い添えていることからも分かる。

このようにア氏が記した糸満方言はタ行音、歯系摩擦音に特徴がみられるが、これは現代の古い世代に引き継がれている。しかし、この発音も現代では使われなくなりつつある[32]。

5.3. 久高

ア氏の原文ノートでは、6冊目に久高を含む方言記録をまとめており、Beillevaire(2010:161-163) では '9. Vocabulaire recueilli à Kudaka' (「久高で収集した語彙」) に翻刻されている。収録されている久高島語彙は226語である。ア氏の久高島滞在は1930年3月25日から3月26日までである[33]。この間に方言調査が行われているはずであるが、残念ながら方言話者などの情報は記されていない[34]。現代久高方言は方言研 (1980)、福治・加治工 (2012) を参照した。

ア氏表音	ア氏語釈	筆者語釈	方言研	福治・加治工
piru, piruma	**hiru**	昼	なし	[piruma]
fana	**花**	花	なし	[ᵖɸana]
f(p)ana	**nez**	鼻	[ᵖɸana]	[ᵖɸana]
pung	**fune 舟**	舟	なし	[p'uŋ](p'= 無気音)
fung	**hone, os**	骨	[p'uŋ]	[ᵖɸuŋ]
hari	**kaze**	風	[hari	[hari]
hā	**井**	井	[ha:]	[ha:]
kā	**kawa, peau, écorce**	皮，肌	[ha:]	[ha:]
hī	**木**	木	[çi]	[çi:]
kuči	**口**	口	[k'ut'ʃi]	[kutʃi]
kumi	**米**	米	[ɸumi]	[ɸumi]
chī	**chichi**	乳	[tʃi]	[tʃi:]
čimu	**foie**	肝 (肝臓)	[tʃimu]	[tʃimu]
čiri	**kiri, brouillard**	霧	[čiri]	[kiri]
šū	**kyō, aujourd'hui**	今日	[ʃu:]	[ʃu:]
tiki	**月**	月	[tiki]	[tiki]
tira	**kao**	顔	[t'ira]	[tira]
saki	**saké**	酒	なし	[raki]
sā	**ta 田**	田圃	[ᵗθa]	[ra:]
čā	**shita 舌**	舌	[t'ʃa:]	[tʃa:]
sī, tsī	**手**	手	[ᵗθi:]	[θi:]
tui, sŭi	**tori, oiseau**	鳥	[ᵗθui]	[θui]
găi	**crabe**	蟹	なし	[gai]
gutu	**otto, mari**	夫	[gut'u]	[gutu]
gung (wūng à Shuri)(首里では ***wūng***)	**住 être, résider**	いる、住む	なし	[guŋ]
marusang	**rond**	丸い	なし	[maruraŋ]

ア氏はハ行音を ***p*** あるいは ***f*** で記している。ア氏が ***p*** で記した発音は多くの現代久高方言の方言調査報告では 両唇破裂音 [p] となっており、

f で記した発音は弱い両唇破裂音から両唇摩擦音の間の音 [ᵖɸ] となっている。「井」、「紙」のように「カ」が ***ha*** で記される。

ア氏の破擦音には ***ch*** と ***č*** の 2 種があり、***ch*** に対応する現代方言はいずれも [tʃ] と表記されるが、***č*** についても同様に [tʃ] と表記されることも多い。

現代久高方言では、標準語のサ行・タ行の一部 (サ行のイ段、タ行のイ段・ウ段) を除く子音が観察されている。この音声の表記は各方言調査報告で様々に試みられている。平山等 (1966) ではこの音声に対し [ra] と記し、福治・加治工 (2012) も「特殊な音声 [ra] はスァと表記し、[θi] はスィ、[θu] はスゥ、[θe] はスェ、[θo] はスォと表記した。」としている。方言研 (1980) においては、/ʰθ/ と表記されている。また、筆者は無声歯茎側面摩擦音 [ɬ] であると考えている。ア氏は、この発音に対応する音を ***s*** と記述し、***š*** とは区別をしている。ア氏が ***s*** と記述している音に対する現代音は、福治・加治工 (2012) では概ねア段は [r]、ウ段・イ段は [θ] となっており、***š*** と記述している音声は、[ʃ] と記述されている。

現代久高方言には標準語の [ka] 音が一部 [ha] 音で記される現象がみられるが、これはア氏の記録も、概ね同様である。ただ、ア氏が ***ka*** と ***ha*** の最小対立として記した「皮」対「川」、「亀」対「甕」は現代方言では区別を失っている。また、首里方言で軟口蓋音で発音される「木」も現代久高方言と同様、喉音化している。

また標準語でカ行ア段になっている語が ***gǎi*** (蟹)、***garǎsā*** (烏)、***gàssang*** (軽い) のように濁音化して ***ga*** で記されている。また、首里方言で語頭に /ʔu/ があらわれる「雄」「夫」「住む」「疲れる」に ***g*** 音が現れる。ア氏は「住む」に ***gūng (wūng à Shuri)*** (首里では ***wūng***)、「疲れる」に ***gutatūng (wutayūng, Shuri)*** と明記していることから、この現象について意識的であったことがうかがえる。

上記のように小さな違いもあるが、概ね基本的枠組みは現代音と変わらない。

5.4. 首里

ア氏は3月5日、19日、27日、28日、4月11日とたびたび首里を訪れている。首里の言語記述は他の地点と異なり語彙が列挙されていない。この背景にはチェンバレン(1985)の存在がある。ア氏は首里方言の発音方法にもっぱら注意を払っている。Beillevaire(2010:279-282)には翻刻および口腔内の調音状況が図示されているが、以下にその箇所を訳出する。同時にア氏のイラストを掲げる。

「***ad̳u***：dはとても低く、舌は上の歯の舌に軽く触れる[35]。

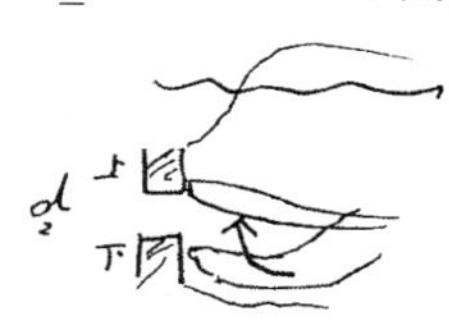

dz：(軽い)dのように上に接触し、上下の歯の間で少しつぶれる。フランス語のdzほどはっきりしていない[36]。

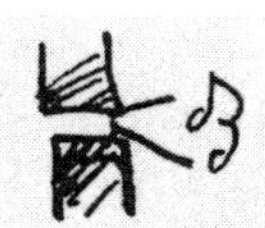

r：殆ど接触しない[37]。

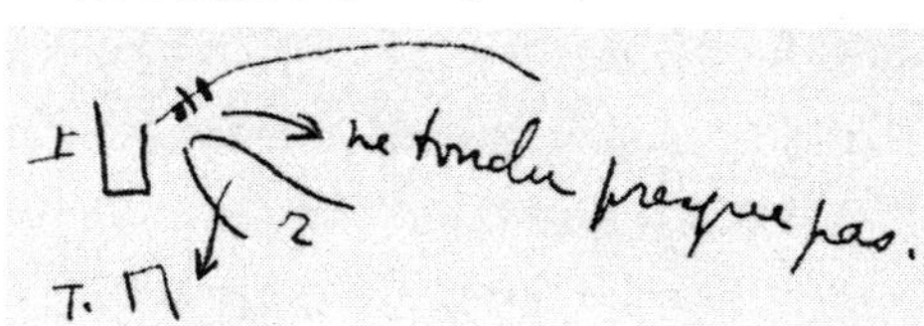

k：

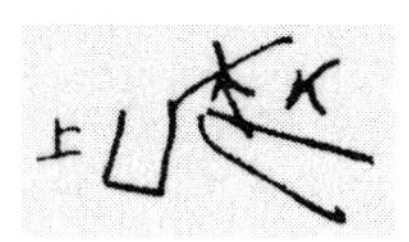

b：フランス語と同じ[38]。

č：

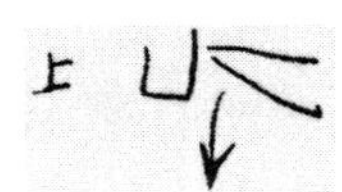

kwī：両方の唇は oui における w のように丸くはならない[39]。

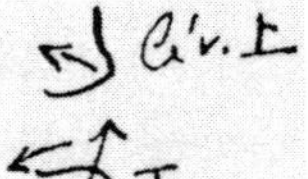

kwà：とても短い a (très bref a) > kkwà

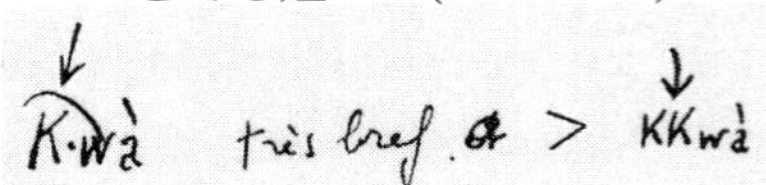

ši：[40]

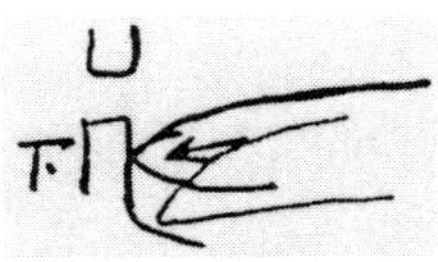

si：[41]

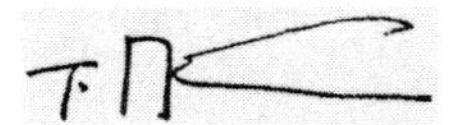

n：[42]

ng：n を保持し、“g” の響きは聞こえない[43]。

dj：[44]

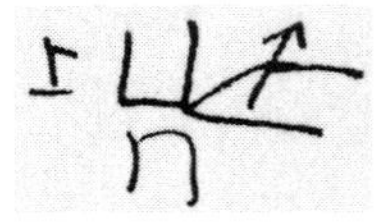

ts：[45]

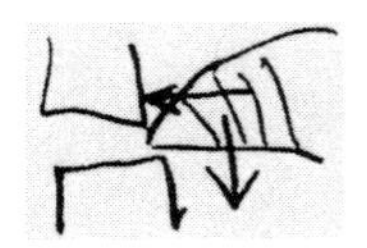

チェンバレンは区別していない[46]。 {
agari= 東
agai= 日の出
}

Nkayung 向＝ n と k の間は分けられていない。

チェンバレンは区別していない

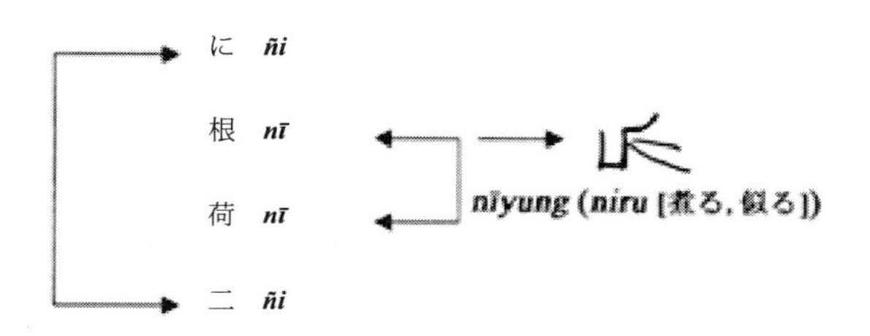

mune (poitrine)= ***ǹ̲ni***(胸 = ***ine: ǹi***(稲：***ǹi***)

n̲d̲j̲i̲ 出 (***ndjiyung***) ＝ ***d̲ très léger***(d はとても軽い)

上 {
wi(oi)：半強母音 wi
wī(チェンバレンが ww と書いているもの？) 上のものよりずっと柔らかい。つまりフランス語の huit の üi である。
}

yi：

下 チェンバレンは ***yi***=[良い] と ***yyi***=[絵] を区別している。だが、これらは同じである。

Yinu 同、***yiyung*** 得：同じである。私はチェンバレンがなぜ y と yy を区別したのかわからない。

それらに違いがあるなら、我が老人たちは保存しているはずだが？
z (s) : 漢語語彙の残念における (***z*** の) 発音と同じ。

チェンバレンはなぜ ***Shuri*** を主里と書くのか？
チェンバレンは ***pāpā*** を祖母に当てているが、首里では稀で、***hāmē*** という。祖父は ***usumē***、祖母は ***mmē (!nmē)*** である [47]。
[那覇では] ***h, f*** は単に母音の調音によって開きが異なるのみである。聴覚的にはひは ***fi***、へは ***fē*** よりも ***hē*** により近い [48]。
首里：***fē (fuē)***= 南
niši ＝北
iri ＝西
agari ＝東
[首里では] ***fā***：少し閉じるが、両方の唇は接触しない [49]
hā：開いてそして息が出る
funi：舟」

以上の説明をもとにア氏の表音を IPA で書き表すと、以下のようになろう。

r：[ɾ]、***k***：[k]、***b***：[b]、***č***：[tɕ]、***ši***：[si]、***si***：[ɕi]、***dj***：[dʒ]、***ts***：[ts]、***ng***：[ŋ]、***ñi***：[ɲi]、***nī***：[ni]、***nī***：[ni:]、***ñi***：[ɲi]、***fā***：[ɸa:]、***fi***：[ɸi:]、***fe***：[ɸe:]、***hā***：[ha:]、***he***：[he:]、***wi***：[wi]、***wī***：[ʔɥɪ]、***yi***：[i]、***z(s)***: [z]

agari：[agaɾi]、***ugai***：[ugaj]、***Nkayung***：[ŋkajuŋ]、***ndji*** [ndʒijuŋ]、***ǹ̠ni***、***ǹi*** ***funi***[ɸuni]

ただ、***ši*** と ***si*** は、ローマ字表音とイラストとが顛倒しているものと思われる。正しくは、***ši***：[ɕi] と ***si***：[si] であり、「言語ノート」における記述も概ねこのように対応する。

5.5. 那覇

ア氏は那覇を拠点に調査を行っていたため、那覇での滞在は 3 月 4 日、6 日、8 日、10 日、16 日、17 日、26 日、30 日、31 日、4 月 10 日、12

日と沖縄滞在中最も長いものとなっている。那覇方言は「言語ノート」に記されており、方言語彙に対するア氏によるフランス語や日本語の語釈も併記されている。那覇方言については、「チェンバレンと同じものは記していない[50]」と記すように、多くの語彙は省略されている。また、首里方言の語形を随時括弧書きで記すことから、ア氏がその違いを意識していることが見てとれる。語数は95語程度。現代那覇方言は内間直仁・野原三義 (2006) を参照した。

ア氏表音	ア氏語釈	筆者語釈	現代那覇
hwā	**feuille(Shūri id.)**	葉 (首里同様)	[ɸa:]
hā	**dent**	歯	[ha:]
haru	春	春	なし
fī	火	火	[çi:]
hidjai	左	左	[çidʒai]
chū	**kyō aujourd'hui**	今日	[tʃu:]
fisa, fišă (首)	**jambe**	足 (ひざ)	[çisa]
kadji, kazi (首)	**kaze**	風	[kadʒi]
ṛū	**corps**	体	[ru:]
tīṛa	**soleil**	太陽	[ti:ra]
tira	寺	寺	[tira]
fēsang	**hayai**	はやい	[ɸe:saɴ]
uṛuručing	**odoroku**	驚く	[ʔururutʃuɴ]
ačung	**aruku**	歩く	[ʔatʃtʃun]

ハ行音は ***hw***、***f*** で記される。5.4 首里にあるように、母音のみの違いで子音の違いではない。よって IPA で示すと hwa[ɸa]、「フ」fu[ɸu] となろう。「カ」が ***ha*** で表れる現象は観られない。「今日」***chū***(「今日」首里は ***kyō*** と記述) にあるように、カ行イ段拗音は口蓋化・破擦音化している一方、木 (乙類) は ***kī*** と記述されている。首里方言との違いを強調するのは、サ行ア段音、ザ行イ段音を含む「足 (ひざ)」と「風」である。前者の場合、首里方言が口蓋化し、後者の場合、首里方言が破擦音化していない。共通語の [d] が ***ṛ*** で記され、[d] に近似した音であるとされる。

基本的枠組みは現代音と大きな違いがないと思われる。

5.6. 名護

ア氏は島袋源一郎氏の随行により、4 月 1 日に自動車で 8 時間半かけて名護へ向かっている。名護方言に関する記述は、三カ所にある。「瀬嵩・名護・恩納ノート」では主にハ行音と「カ」のみを抜粋し[51]、「言語ノート」では言語親族呼称をまとめ[52]、また「言語ノート」の他の箇所では[53]語彙全体を列挙している。ハ行音とカ行音を特に抜粋していることから、ア氏は特にこの現象に注目していたことが分かる。下表の「現代名護」は中本正智 (1976:302-304) を参照。

ア氏表音	ア氏語釈	筆者語釈	現代名護
paru	**haru**	春	なし
pani	**hane**	羽	[pani]
piru	**hiru**	昼	[pʔiru]
pataki	**hatake**	畑	[pata:ki]
pu	**ho**	穂	[pu:]
paru	**haru 原**	原	なし
paši	**hashi**	箸	なし
hama	**kama**	鎌	[hama:]
hara	**kara 殻**	殻	なし
hara	**から (teniwoha)**	から (てにをは)	なし

「言語ノート」には以下の語彙が記されている。現代名護方言は名護市 (2006) と名護市仲尾次の話者に基づく名嘉真三成 (1992) を参照し、後者には * を付す。

ア氏表音	ア氏語釈	筆者語釈	現代名護
p'ā	**dent**	歯	パー [pa:]/[pa:]*
puni	**fune**	舟	プニ [puni]/[pʔuni]*
p'a(w)ū	**serpent**	蛇	パウ [pau]
p'uni (léger h)(軽い h) ***(p'uni bateau)***(p'uni 舟)	**hone**	骨 (船)	プニ [puni]/[puni]*

kabi	**kami**	紙	カビ [kabi]/[habi:]*
kī	**[ki]** 木	木 (乙類)	キー [ki:]/[ki:]*
kinu	**kimono**	衣 (甲類)	キヌ [k'inu:]/[kˀinu:]*
hwī	**kabe**	壁	[kubi]*
hamadu	**kamado**	竈	なし
ayung	**[aru]** 有	ある	アイン [aiŋ]
akusang	**akai**	赤い	[ˀahahaaɴ]*
arahang	**arai**	荒い	[ˀarahaaɴ]*
atsisung	**atsisung**	暑い	[ˀacihaaɴ]*

ハ行音は両唇破裂音 ***p*** 音で記されるほか、***p*** の帯気音も ***p'*** や ***p'*** で記述している。それは「骨」と「舟」で表記を変えていることからもうかがえる。これらの区別は喉頭化を表したものであろう。「壁」や「竈」にみられるように、カ音に ***h*** が使われている。カ行イ段音は甲類、乙類とも ***k*** で記されている。

5.7. 上運天

上運天方言は、原文では「言語ノート」に今帰仁方言と併記され、同一ページの左側は上運天方言、右側は今帰仁方言が列挙されている。上運天の語数は101語である。現代上運天方言は名護市(2006)を参照した。

ア氏表音	筆者語釈	現代上運天
p'ē	灰	なし
pēseng	はやい	なし
p'ai	はり	なし
čing	切る	なし
kī	木 (乙類)	キー [ki:]
kū	今日	クー [ku:]
hičō	月	ヒチュー [hitɕju:]
čimi	爪	なし
čimi	肝	チムー [tɕimu:]
hačung	書く	なし

habi	紙	ハビ [habi]
gai	蟹	なし
ʔʷū-ing	折る	なし
u-ing	おる	’ウィン [wiŋ]
akaseng	赤い	なし

「灰」、「はやい」、「はり」のようにハ行音は ***p***、***p’*** で記され、不帯気音と帯気音を区別している。これは現代琉球諸方言に観られる喉頭化の有無を示している。「紙」、「書く」のように「カ」が ***ha*** と喉音で記されており、軟口蓋音の喉音化が観られる。

「肝」などカ行イ段は ***č*** となっているが、「木」(乙類) は ***kī*** と軟口蓋音を保っている。タ行ウ段音が「月」では ***hičō***、「爪」では ***čimi*** となっている。「蟹」***gai*** のように、共通語の [n] が脱落する現象がみられる。現代語との比較が可能な語彙においては、ア氏が記述した発音と現代では大きな変化は観られない。

5.8. 今帰仁

今帰仁の風習に関する調査は 4 月 1 日に行われており、言語の調査もこの日に行われているものと思われる。今帰仁方言に関する記述は、ア行音のみを抜粋したものを「瀬嵩・名護・恩納ノート」を翻刻した Beillevaire(2010:212) に、方言全体を「言語ノート」に記している。現代今帰仁方言にもア行音の一部に喉音 [h] が現れる現象があり [54]、ア氏は特にこの現象に注目していたことが分かる。以下にその箇所を引用する。現代今帰仁方言は仲宗根政善 (1983) を参照した。

汗 ase：***hashi*** [suer] (汗)

板 ita：***hičā*** [planche] (板)

歩 aruku：***hačung*** [marcher] (歩く)

牛 usi：***husi*** [bœuf] (牛)

Okinawa (沖縄)：***Hučinā***

uta (歌)：***huta*** [chant] (歌)

→ 最後の母音を伸ばす傾向がある。**草 kusā [日本語 kusa 草], 冬**

puyū [日本語 fuyu, 冬], 雨 amī [日本語 ame, 雨][55]

→ そして、臼 **uši [日本語 usu, 臼]** のように他のどこでも長い母音は短くなる傾向がある。

一方、「言語ノート」における今帰仁方言は上運天方言と今帰仁方言が併記されている。一部の今帰仁方言は「〃」を使用し、上運天方言あるいは上運天方言に対する語釈を参照するようになっている。語数は42語で、「〃」を含めると93語になる。

ア氏今帰仁	筆者語釈	現代今帰仁
čit-čū	月	[sicuu]
p'ai	灰	[pee]
čimo	肝	[cimuu]
čilùng	切る	[ciɴ]
hami	甕	[hami]
humī	米	[himii]
hāmī	亀	[haamii]

ハ行音は ***p***、***p'*** で記され、無気音と有気音の違いを表している。「甕」、「亀」、「米」のように標準語の軟口蓋音が ***h*** で記され、軟口蓋音の喉音化する現象が観られる。カ行イ段、ウ段音はいずれも ***č*** と表記されている。全般的に現代との間に大きな違いはない。

5.9. 今泊

今泊の調査は４月２日に行われ、今泊方言は２箇所に記述されている。一つは Beillevaire(2010:176) に今泊の数え方を記し、もう一つは「言語ノート」に調査語彙全体を書き残している。前者は以下のように記されている。

「今泊では、11 日を ***tuka-čui***、21 日を ***hačika-čui*** という。この二つの数え方しか残っていない。これは宮古、八重山でも残っている。12、22 については数える習慣が失われている[56]。」

ア氏の語彙表にある今泊方言の語数は 15 語と稀少である。原文の「言語ノート」には、地名の下に「運天参照」と注記され、ア氏によるフランス語や日本語の語釈がある。ここでいう運天は、上運天を指すと思われる。現代今泊方言は名護市(2006)を、その他*印は石崎の調査[57]による。

ア氏表音	ア氏語釈	筆者語釈	現代今泊
aṟu	**talon**	かかと	[aru:]*
(h)akedja	**libellule**	トンボ	ハケジャ [hakedʒa]/[akidʑu]*
(h)ačung	**aruku**	歩く	[ha(t)cjuɴ]*
čitsčū	**月**	月	シッチュー [ɕittɕju:]/[tɕitɕi:]*
čīng	**切**	切る	[ciɴ]*
gajāng	**虫**	虫	[gaʑjaŋ]*
taberŭ	**papillon**	蝶	タベル [taberu]/[haberu]*
hàtā	**épaule**	肩	[hata:]*
kina	**corde, tsuna +**	綱	[tɕina:]*
kinu	**corue, tsuno**	角	チヌー [tɕinu:]
čimi	**tsume**	爪	[tɕimi]*
čumpē	**salive**	つば	[tɕimpe:]*
yurā	**branche**	枝	[jura:]*
tira	**soleil**	太陽	ティラ [tira]

「トンボ」、「歩く」の項目で、ア段音に喉音 ***h*** が表れる語形が括弧書きで記されている。タ行ウ段音の「綱」、「角」などには ***k*** で表記し、「爪」、「つば」については、***č*** を使用している。「肩」の例にあるように、標準語のカ音に ***ha*** 音が表れ、一方「蝶」の「ハ」に ***ta*** が使われている。「太陽」、「枝」の「ダ」が ***ra*** と記される。

5.10. 奥

奥の方言調査がいつ行われたのかは不明である。辺土名と距離が近いころから、辺土名とそれほど変わらない 4 月 3 日前後に行われたと推測される。奥方言語彙の全体は「言語ノート」に掲載されており、Beillevaire(2010:184) にはその前半部の影印が掲載されている。奥方言にはア氏によるフランス語や日本語の語釈が付されている。語数は 95 語である。現代奥方言は名護市 (2006) を参照した。

ア氏表音	ア氏語釈	筆者語釈	現代奥
p′ā	**dent**	歯	パー [p^{h}a:]
p′ā	**feuille**	葉	パー [pa:]
p′e	**cendre**	灰	ペー [pe:]
p′i	**feu**	火	ピー [pi:]
pidai	左	左	ピダイ [pidai]
pū	**voile**	帆	なし
p⊃uru	**w.c.**	トイレ	プルジ [purudʒi:]
p⊃abu	**hebi**	蛇	パブ [pabu]
čimu	**foie**	肝 (肝臓)	キム [kimu]
hī	木	木	ヒー [hi:]
sū	**aujourd'hui**	今日	スー [su:]
tu	人	人	トゥ [tu], t'u
hā	**peau**	皮	ハー [ha:]
habi	**papier**	紙	ハビ [habi]
ir̳u	**poisson**	魚	イル [ʔiru]
surahang	**beau**	美しい	なし
arahang	**arai**	荒い	なし
ačihang	**atsui**	暑い	なし
ugamung	**ogamu**	拝む	なし

ハ行音の表記には ***p*** 音が使われるが、3つの方法を使い分けている。「歯」、「火」、「灰」には ***p′***、「左」、「帆」は無標の ***p***、そして「トイレ」、「蛇」は ***p⊃*** で記している。ノート左葉に「***p′*** は ***p⊃*** ではないが、***p*** はフランス語よりやわらかい[58]。」と記されている。ただ、これらの表記が必ずしも現代奥方言の調査結果とは対応していない。

「皮」、「紙」など「カ」が ***ha*** と表記され、乙類の「木」も ***hi*** となっている。「肝」のようにカ行イ段音は ***č*** と口蓋化している。「今日」が ***sū*** となっており、カ行イ段拗音が ***s*** という子音であらわれる。これは現代奥方言と同じである。「魚」を表す ***ir̳u*** に ***r̳*** 音が記されている。ア氏も二重下線を引いているところから、特に注意していたことがうかがえる。これも現代奥方言の特徴であり、ア氏はこうした現象も的確に捉えていることが分かる。

5.11. 辺土名

辺土名調査は4月3日に行われている。辺土名方言はア氏の「言語ノート」に掲載され、***Hentona***(辺土名)という地名の下に(***ufudjima***)(大島)と書かれている。Beillevaire(2010:186)には大島出身の31歳のミヤグスク・カマドゥというノロの名前が記されている[59]。地名のHentonaの下にufudjimaとわざわざ記しているのは、ミヤグスク・カマドゥさんの出身地を意識したものである可能性がある。よって話者は彼女である可能性もある。この例から、他の地域の話者もノロなどの可能性がある。語数は61語である。現代辺土名方言は名護市(2006)と中本正智(1976)を参照し、後者には*を付す。

ア氏表音	ア氏語釈	筆者語釈	現代辺土名
fā	**feuille**	葉	ファー [ɸa:]
čičū	**月**	月	チチュー [tʃitʃu:]
tsimi	**ongle**	爪	[tʃˀimi]*
čimu	**foie**	肝(肝臓)	なし
tsū	**aujoud'hui**	今日	スー [su:]
hā	**井**	井	なし
habi	**papier**	紙	ハビ [habi]
hī	**木**	木	ヒー [hi:]
siba	**舌**	舌	シバ [ʃiba]
gai	**crabe**	蟹	なし
arahang	**arai**	荒い	なし
ačihang	**chaud**	暑い	なし
numing	**nomu**	飲む	なし
ugaming	**ogamu**	拝む	なし

「葉」、「灰」、「星」など、ハ行音は***f***で記される。「井」、「紙」、「木」などカ行音が***h***で記されるものもある。「肝」、「月」に観られるように、

カ行イ段音は口蓋化・破擦音化して *č* となっている。「蟹」のように [n] の脱落が観られる。現代と比較しうる語彙については、ア氏の表音と現代には大きな逕庭はない。ただ「今日」の語が破擦音から摩擦音になっていることが指摘されるのみである。

5.12. 塩屋

塩屋の語彙は「言語ノート」に掲載されている。原書には ***Shiwoya*** と書かれるが、その下に ***Taminato*** と書かれ、~~***Taminato***~~ と取り消し線が引かれている。因みに塩屋は田港の北西側に隣接している。語数は 48 語と稀少である。現代語は名護市 (2006)、塩屋誌 (2003) を参照。

ア氏表音	ア氏語釈	筆者語釈	名護市 (2006)	塩屋誌 (2003)
fā	**feuille**	葉	なし	ファ [ɸa]
pī	**火**	火	ヒー [ɸi]	ピー [pi:]
pisa	**足**	足	ヒサ [ɸisa]	なし
puši	**étoile**	星	なし	なし
fabu	**hebi**	蛇	なし	ファブ [ɸa:bu]
hini	**fune**	舟	なし	なし
čikkū	**月**	月	チキ [tɕiki]、 チキー [tɕiki:]	なし
kimu	**foie**	肝 (肝臓)	チム [tɕimu]	なし
tsū	**人**	人	なし	チュ [tɕju]
gài	**crabe**	蟹	なし	なし
habi	**kami**	紙	カビ [kabi]	ハビ [habi]
hī	**木**	木 (乙類)	キー [ki:]	ヒー [hi:]
tsurasang	**beau**	美しい	なし	なし
yumung	**yomu**	読む	なし	なし

ア氏はハ行音、カ行音を中心に語彙の記述を行っている。ハ行ア段音は ***fa***、イ段音は ***pi***、ウ段音は ***fu, hu***、オ段音は ***pu*** となっており、ウ段音とオ段音を子音で弁別する傾向がある。「灰」は「軽い帯気音 [60]」と記されている。カ行音は主に ***h*** が使われる、例外的に「米」に ***kumi*** と

いう軟口蓋音の語形が表れる。カ行イ段音は口蓋化・破擦音化せず ***ki*** や ***hi*** 音で表れる。

二つの現代塩屋方言の記述では、カ行音の喉音化に違いがある。名護市 (2006) の話者は大正 5 年生まれの伊波守幸さんだが、ア氏の記述は名護市 (2006) より塩屋誌 (2003) の記録に近いものとなっている。

5.13. 東

ア氏は 4 月 4 日に東村の字川田を訪れている。東の記述は「言語ノート」に記されている。「今帰仁・名護・辺土名ノート」を翻刻した Beillevaire(2010:192) の 6.Higashi-mura の項には、「奥本さん、69 歳[61]」という記述がある。語数は 92 語である。現代東方言は名護市 (2006) を参考にした。

ア氏表音	ア氏語釈	筆者語釈	現代東（川田）
fā	**feuille**	葉	ファー [ɸa:]
fănă	**nez**	鼻	ファナ [ɸana]
pī	**火**	火	ピー [pi:]
fū	**voile**	帆	なし
fai	**hari**	はり	なし
kimu	**foie**	肝 (肝臓)	なし
čikū	**月**	月	チクー [tɕiku:]
čimi	**tsume**	爪	なし
tira	**soleil**	太陽	ティダ [tida]
gài	**crabe**	蟹	なし
hā	**peau**	皮	ハー [ha:]
hī	**木**	木	ヒー [hi:]
hušī	**ushiro**	後ろ	フシー [huɕi:]
čiba	**舌**	舌	シベ [ɕibe]
atsisaing	**chaud**	暑い	なし

ハ行音は ***p*** と ***f*** で記され、「火」、「ふく」、「左」、「歯」は ***p*** で、「葉」、「帆」、「蛇」、「鼻」は ***f*** で記される。「井」、「紙」、「木」にあるように、カ行音が喉音の ***h*** で記される。カ行イ段音は口蓋化・破擦音化していない。「うしろ」に観られるように、ア行音に ***h*** 音が現れる現象がみられる。「蟹」

には [n] の脱落、そして「太陽」に [d] の /[r]/ への変化の現象が観られる。

5.14. 天仁屋

Beillevaire(2010: 1, 41)、「旅日記」と「今帰仁・名護・辺土名ノート」には天仁屋までのアクセスが書かれており、4 月 5 日に東村をくりぶねで出発し、1 時間かけて天仁屋の久志村を訪れていることが分かる[62]。天仁屋方言は、ア氏の「言語ノート」に列挙されている。語数は 49 語である。現代天仁屋方言は名護市 (2006) を参考にした。

ア氏表音	ア氏語釈	筆者語釈	現代天仁屋
hā	なし	歯	パー [pa:]
hwā	**feuille**	葉	パー [pa:]
hana	**nez, fleur**	鼻、花	パナー [pana:]
faya	**colonne**	柱	なし
hī	**火**	火	ピー [pi:]
pushi	**étoile**	星	なし
puni	**bateau**	舟	プニ [puni]
fū	**voile**	帆	なし
u čičū	**月**	月	シチー [ɕitɕi:]
kabi	**papier**	紙	カビ [kabi]
kamā	**kamado**	竈	なし
hami	**kame**	甕	なし
kī	**木**	木 (乙類)	キー [ki:]
arasang	なし	荒い	なし

ア氏はハ行音、カ行音を中心に語彙の記述を行っている。ハ行音は ***hw***、***f***、***p*** が混在している状況である。カ行音も ***h*** の語 (「甕」) と、***k*** 音の語 (「竈」) の語が混在している。屋取りの言語[63]と、今帰仁の方言が混在した状況であろうか。

現代天仁屋方言のハ行音は [p] 音を有しているが、ア氏の記した天仁屋方言は喉音、両唇摩擦音、両唇破裂音が用いられている。この点については、現代方言の調査の状況を精査する必要があろう。

5.15. 嘉陽

嘉陽方言の語彙は、ア氏の「言語ノート」の末尾に、瀬嵩方言と併記して書かれている。同一ページの左側が嘉陽方言、右側が瀬嵩方言となっている。嘉陽は語数59語である。現代嘉陽方言は名護市(2006)を参考にした。

嘉陽	現代嘉陽方言	瀬嵩	筆者語釈
pū	なし	〃 **p'u h leger**	帆
puru	なし	**purū**	ふる
pŭši	なし	**pŭšī**	星
p'ā 外	なし	**pŭhā**	ほか
kabēru	ハベール [habe:ru]	**habēru**	蝶々
kinu	キヌー [kinu:]	**kinu**	着物
kī-ung 切	なし	**kī-ung**	切る
kyū	クー [ku:]	**kyū**	今日
čū	ʔチュー [ʔtɕju:]	**čū**	人
akatuṅ(g)ki	なし	**akačiči**	暁
kjurahang	なし	**kjurahang**	美しい
arasung	なし	**arasung**	荒い
ačuhang	なし	**ačuhang**	暑い
akkyung	なし	**ačung**	あける

嘉陽方言の「蝶」(首里 /haberu/) は､「ハ」に ***k*** 音が表れる。「他(外)」(首里 /fuka/) においては､嘉陽方言は第二音節の ka 音が喉音化している。カ行イ段音は口蓋化していない。

5.16. 瀬嵩

瀬嵩は4月5日に訪れている。瀬嵩方言は「言語ノート」の末尾に嘉陽方言と併記され、同一ページの左側に嘉陽方言、右側に瀬嵩方言が記録される。瀬嵩方言には所々「〃」記号が使われており、左の嘉陽方言を参照するようになっている。

「今帰仁・名護・辺土名ノート」を翻刻した Beillevaire(2010:200) では、

瀬嵩では汀間から来た 70 歳の金城カマドというウクディ (カミンチュ) の女性の名前、また、一人は瀬嵩、一人は宇富良村の二人の根神 (ニーガミ) の女性の存在が記されている [64]。瀬嵩は 32 語である。現代瀬嵩方言は名護市 (2006) を参考にした。

嘉陽	瀬嵩	筆者語釈	現代瀬嵩
pū	***" p'u h leger***	帆	なし
pŭši	***pŭšī***	星	なし
p'ā 外	***pŭhā***	他	なし
kinu	***kinu***	着物	キヌー [kinu:]
kyū	***kyū***	今日	クー [ku:]
čū	***čū***	人	チュー [tɕju:]
kabēru	***habēru***	蝶々	ハベール [habe:ru]
akatuṅ(g)ki	***akačiči***	暁	なし
kī-ung 切	***kī-ung***	切る	なし
kjurahang	***kjurahang***	美しい	なし
arasung	***arasung***	荒い	なし
ačuhang	***ačuhang***	暑い	なし
puru	***purū***	ふる	プン [pun]
akkyung	***ačung***	あける	なし

瀬嵩方言の「蝶」(首里 /haberu/) は ***h*** となっている。「他 (外)」(首里 /fuka/) においては、第二音節の ka 音が脱落する現象はみられない。カ行イ段音は口蓋化していない。嘉陽方言に比べ、瀬嵩方言は第 2 拍を長音にする傾向がみられる。

5.17. 伊江島

伊江島方言は、「瀬嵩・名護・恩納ノート」にメモ書きされている。以下のようにナ行ア段音の有声舌音化、サ行ア段音の変化、ナ行ア段音の拗音化など、子音の変化が記されている。

ra→da

sa→ša

na→nya

ši→si

これらを列挙したあと、ア氏は「言葉は首里の方言の影響を受けるが、<p>音は保存している[65]」と記している。名護市(2006:289)にも「現代日本語のハ行音は、伊江島方言においては明確なp音です」と明記されている。また同書p.288には「首里士族特有の発音である「スィ」[si]・「ズィ」・「ツィ」があり、「シ」[ʃi]と「スィ」[si]、「ジ」[dʒi]と「ズィ」[dzi]、「チ」[tʃi]と「ツィ」[tsi]が区別されます」とあり、ア氏の「首里の方言の影響を受ける」という指摘も、伊江島方言のこの区別を意識したものと考えられる。

5.18. 名嘉真

名嘉真の地名は、原文では***Nakima***(ママ)と記される。Beillevaire(2010:217)はこれを名嘉真と同定している。本章ではそれに従う。名嘉真方言は恩納方言と併記されており、同一ページにおいて左側が名嘉真方言、右側が恩納方言の語彙が列挙されている。名嘉真は恩納の直前に訪れたと予想されるため、4月7日から10日の間に調査が行われたのであろう。仏語や日本語による語釈はなく、方言語彙のみが列挙される。Beillevaire(2010:217-219)に原文の影印が掲載されている。語数は111語である。現代名嘉真方言は名護市(2006)を参考にした。

ア氏表音	筆者語釈	現代名嘉真
hana	鼻	ハナ [hana]
huni	舟	フニ [huni]
huni	骨	フニ [huni]
čiči	月	チチ [tɕitɕi]
(k)čimu	肝	なし
čing	衣	チヌー [tɕinu:]
(w)ūtŭ	夫	’ウトゥ [ʔutu]
kumi	米	クミ [kumi]
fidari	左	なし

čiĩng	着る	キルン [kiruŋ]
ndjung	見る	ンージュン [ndʒun]
midji	水	ミジ [midʒi]
akasang	赤い	なし
arasang	荒い	なし

ハ行ア段音は ***h*** 音、イ段・ウ段音は ***f*** 音であり、***p*** 音は記述されていない。「肝」***(k)čimu***、「月」***čiči*** のようにカ行イ段音は破擦音化・口蓋化している。「太陽」***tira*** とあり、***d*** 音が ***r*** 音になる例がある。屋取りの言葉である可能性がある。

5.19. 恩納

ア氏が恩納を訪れたのは4月7日から10日の間である。Beillevaire(2010:197) に恩納の情報提供者は「教師、12、15 年前[66]」と書かれている。彼女の就業開始年齢や在職年数は不明だが、若くとも当時 40 代以上であったと想像される。

恩納方言は名嘉真方言と併記して書かれている。同一ページの左側が名嘉真方言で、右側が恩納方言である。恩納方言で「〃」と省略されている項目は、左の名嘉真方言を参照するようになっている。恩納の語彙表においては、一部だが 70-80 歳の古老の発音も括弧書き ( ) で併記されている[67]。その殆どはハ行音を含む項目である。項目に対する仏語や日本語の語釈はなく、方言語彙が列挙されるのみである。Beillevaire(2010: 217-219) に原文の影印が掲載される。以下に例を挙げるが、参照のため名嘉真方言も挙げる。現代恩納方言は名護市 (2006) を参考にした。

名嘉真	恩納	筆者語釈	現代恩納
hana	***〃 (p'ana)***	鼻	パナ [pana]
huni	***funi(pûni)***	舟	プーニ [pu:ni]
huni	***funi***	骨	フニ [huni]
čiči	〃	月	チチ [tɕitɕi]

(k)čimu	〃	肝	ツムー [tsumu:]
čing	***činu***	衣	チヌー [tɕinu:]
(w)ūtŭ	***wŭtŭ***	夫	ウトゥ [utu]
kumi	〃	米	クミー [kumi:]
fidari	〃	左	なし
čiīng	***či-ung***	着る	なし
ndjung	〃	見る	ンーディン [nndiŋ]
midji	〃	水	ミズ [midzu]
akasang	〃	赤い	なし
arasang	***arasang***	荒い	なし

ハ行音は***f***あるいは、括弧書きで***p***が記述されている。「鼻」、「花」には帯気音を表す***[']***のマークが記されるが、「墓」にはみられない。「月」***čiči***に観られるように、カ行イ段音は破擦音化・口蓋化しているが、「肝」***(k)čimu***のように非口蓋化した音も併記されている語もある。「太陽」***tira***などに、[d]が***r***になる例がある。ア氏の形容詞「荒い」は***arasang***となる。現在の字恩納は「〜ハン」を基本とするが、恩納村全体では「〜サン」と「〜ハン」の語尾が入り交じる。

5.20. 金武

金武調査は4月7日から10日の間に行われているようだが、具体的な日付については不明である。金武方言は主に語彙表に記されているが、「池」の項目が久志、名護、本部と比較して書かれている。これは「池」というカ行イ段音を含む語において、恩納と金武ではカ行イ段音が破擦音化・口蓋化し、久志、名護、本部ではそうなっていないことが示される[68]。

「言語ノート」では、金武方言は読谷方言と併記して書かれており、同一ページの左半分が金武、右半分が読谷となっている。所々に語彙を省略した記号があるが、金武方言の省略記号が、他の地域と同一語形であるがために省略されているのか、単に記述を省略しているだけなのかは不明である。

金武については語彙表の冒頭に「金武。一人の老人と二人の老女[69]」と協力者についての情報が記されている。1930年当時老人、老女なら1800年代後半以降の生まれであろうと思われる。語数は異音の表記を含めて160語程度。現代方言は名護市(2006)、岡村トヨ(1994)と池原弘(2004)を参照する。

ア氏表音	筆者語釈	名護市(2006)	岡村(1994)	池原(2004)
fā	葉	なし	ハー	ハー
fana	鼻	ハナ	なし	ハナ
fē	南	なし	ヘー	ヘー
čū tū	今日	スー	なし	なし
šīmu foie	肝	シームー	なし	シームー
šinu	衣(絹)	なし	シヌー、シーヌー	シヌー、シーヌー
šīčū, šītu	月	なし	シーチュ	シーチュ
vī	上	なし	なし	ウィー
tuppē	つば	なし	トゥッペ	トゥッペ(イ)
mmī	兄	なし	ンーミ	ンーミー
čăčă tātā	父	スー	なし	チャーチャー
ayung, a-ung	有る	なし	なし	アン
***šičing porter* 衣**	着る	なし	なし	シン
***čičung, šitung* 女**	きく	なし	なし	なし
šung, sung	来る	なし	なし	なし
fukasang	深い	なし	なし	フカーン

ハ行音は***f***あるいは***h***で記述される。カ行イ段音、カ行ウ段音に***š***で表れる。これは現代にも引き継がれる特徴である。「カ」は***ka***と記され、喉音の***h***は使われていない。「先」の語彙において、男女での発音の違いを示している。「池」、「下」、「月」、「きく」、「先」、「月」などの用例で、***čū***と***tu***、***či***と***ti***が併用されている例がある。父が「ターター」という語形で表れる。基本的な状況は現代と同じである。

5.21. 読谷

読谷調査は4月7日から10日の間に行われているようだが、具体的な日付については不明である。読谷方言は金武方言と併記して書かれており、同一ページの左半分が金武、右半分が読谷となっている。読谷方言で「〃」記号があるものは、左の金武方言を参照することになっている。読谷については、金武同様、語彙集の冒頭に「読谷　女性39歳[70]」と話者の情報が記されている。話者の情報として年齢が明記されているのは、読谷のみである。恐らく、39歳という比較的若年のため、敢えて注記をしたものと思われる。ア氏が調査した金武の話者(1891年生まれ)と、現在の調査報告で残されている話者の年齢に大きな差がないことには注意すべきであろう。ノートの体裁上、金武方言を参照することになっているため、実際に記入されている語数は70語と多くない。

ア氏表音	筆者語釈
čing	衣(絹)
čiīng	着る
wī	上
hē	南
fukaseang	深い
učinā	沖縄
šičū	月
hana	鼻
čičung	きく
čimpē	つば
***čung* 來**	来る
appī	兄
ang	有る
tāri(noble)*　*čača(* 平民 *)	父

「蛇」は ***habu***、「南」は ***hē*** となるなど、ハ行音は ***h*** で書かれる。カ音は ***ka*** 音で書かれ、喉音化していない。カ行イ段音は口蓋化・破擦音化している。形容詞の情報は明記されていないが、金武を参照することを前

提とすれば、金武と同じということになる。「父」は士族的な ***tari*** と平民的な ***čača*** の2語を記述している。屋取りの言葉か。

5.22. 伊芸

伊芸方言は Beillevaire(2010:224-225) に原文ノートの影印が掲載されている。ア氏による仏語や日本語の語釈はなく、方言語彙が列挙されているのみである。語数59語である。ア氏は伊芸の語彙を記したページで、「違いのあるものだけしか記述していない[71]」と記している。現代伊芸方言は名護市 (2006) を参照した。

ア氏表音	筆者語釈	現代伊芸
hā	葉	ハー [ha:]
hwā	歯	ハー [ha:]
hama	浜	なし
čimu	肝	シームー [ɕi:mu:]、チームー [tɕi:mu:]
čiīng	切る	なし
kī	木 (乙類)	キー [ki:]
kama	鎌	なし
kā	井	なし
kwiung	くれる	なし
uyung uing	織る	なし
guruang, hēsang	はやい	なし
arasang	荒い	なし
atsisang	暑い	なし

「歯」は ***hwa***、「葉」は ***ha*** のようにハ行音は [h] や [ɸ] で表れる。「井」は ***kā***、「木 (乙類)」は ***kī*** であり、カ音は ***k*** 音で表れる。「肝」***čimu*** などカ行イ段音は破擦音化・口蓋化している。

おわりに

本章ではア氏が記述してきた糸満、久高、那覇、首里、運天、今帰仁、辺土名、東、塩屋、天仁屋、嘉陽、瀬嵩、名護、伊江島、名嘉真、恩納、金武、伊芸、読谷、伊芸、奥の概要の記述と、現代との比較を試みた。ア氏の調査は当該地点の最古層の言葉を記録したものであるが、その記述は極めて正確で、収録語彙の多寡を問わず、各地点の音特徴を的確にとらえている。この点はアグノエル語彙が、単に古い資料であるにとどまらぬ価値を有していることの証左である。

現代の方言調査報告には、調査されてはいるが未だ刊行されてない地点も多い。論拠の追跡可能性から、現代語の報告は刊行されているもののみを掲載した。よって、筆者の遺漏も含め、比較できない数多くの語彙がある。

全体を通して、ア氏に言語の調査協力をした方々の情報は書かれていない。だがそれを伺わせる記述はある。ア氏は辺土名で Ufujima 出身のノロを調査しているが、辺土名の言語記録には、Hentona の下に Ufujima と書いている。これはノロを話者に対して言語調査を行った可能性を示唆するものである。殆どの地域でノロの名前や年齢を記す一方で、話者の素性については殆ど触れていないのは、ノロなどの民俗調査の協力者がとりもなおさず話者であったからかも知れない。当該地域で実名を挙げている方々の情報を敢えて記したのは、このためである。

言語そのものをみると、ア氏の記した 19 世紀後半生まれと思われる沖縄諸方言と、20 世紀前半生まれの人々の言語には、大きな差はない。ア氏の調査した地点の言語が、現在大きな変化を被っているとすれば、その変化は 20 世紀中頃生まれの人々から起こったということになろう。つまり、ア氏の調査した首里や那覇以外の地点における言語変化は、漸進的ものではなく、急激なものであったことが裏付けられる。だが、この結論をより確実なものにするためには、1950 年代以降の若年層の調査も必要となる。それにより方言が変化する状況をより詳細に把握する必要があろう。また、北部地域で首里方言と特徴が似ている地域がある。第 2 部で通時的に琉球語を観るが、こうした地点の言語が屋取りの言葉の反映であるとすれば、首里方言の歴史に新たな角度からアプローチすることも可能になろう。

1　carnet de route
2　Langage d'Itoman, Kudaka, Nafa, Shuri, Unten...Complété et corrigé Chamberlain
3　ネフスキー (1998) 参照。
4　宮良當壯 (1930) 参照。
5　具体的な書名は不明である。
6　アグノエルの論著目録は石崎博志 (2013) を参照。
7　Beillevaire(2010:p.41.fn.104) に以下のようにある。「4 月 1 日から 10 日の間で言及されている日付は 4 月 5 日のみである。「旅日記」の裏面になぐり書きされえている単語では、4 月 2 日に運天、今泊と仲宗根に宿泊に訪れ、3 日辺土名に向かう前に大神祭に参加し、それから 4 日に東に戻る。6 日には名護に戻り、7 日までいた。」
8　Beillevaire(2010: 140-149).
9　Beillevaire(2010:29) には「3 月 26 日夜。富里、玉城、久手堅、久高、与那原、大里、与那原から帰る。」とある。
10　Beillevaire(2010:164) に、1er avril 1930. Enquête faite avec Mr. Shimabukuro(de Nago) comme interprète.（1930 年 4 月 1 日。調査は (名護出身の) 島袋さんを通訳として行う。）とある。
11　各地点の語彙表を翻刻し、現代方言と比較し、現代方言までの変遷を考察した論考を随時発表する。手始めとして久高方言を扱った論考は石崎博志 (2013b) を参照。
12　À Erabu=l. Aller à Aguni 粟国 . À Kikai: h tombe. Ōshima：k>h
13　*a i u*　Nafa, Kikai, Erabu(那覇、喜界、永良部)
ē ō　(palat[al]isation)(口蓋化)
14　*a i u*
(ĕ) (ŏ) rares(まれ)
ē ō　Ōshima, Miyako, Yaeyama(大島、宮古、八重山)
(?)
ø
15　Liaison: aran-d̲are par euhonie à Shuri
16　Toru > turung (Yaeyama) > tuyung (Okinawa) > tuzum (Miyako)
17　ya - yi - yu - ye - yo série complète à Okinawa
18　(nasal à Kikai)
19　Puis remplacé par une nasalisation.
20　dž, dz：existe à Kagoshima ; à Lyūkyū pas étudié
21　Les Lyūkyū allaient chercher des kawara[tuiles] au Japon à l'époque de Heian[IXe-XIIe siècle] faites par de Coréens au Japon, cf. le『琉球の五偉人』[Ryūkyū no go ijin,cf. note 114], photo tuile(acheter ce livre à Lyūkyū)(琉球人たちは、平安時代に朝鮮人によって日本で作られた瓦を求めに日本に行った。『琉球の五偉人』参照。瓦の写真 (この本は琉球で購入)
22　Le langage de la grammaire de Lyūkyū de Chamberlain est jōhin[上品]distinguée] et classique.
23　Naha, Tomari=Adené[Adnet]. Tombe avec inscription en français.
24　Forcade, arrivé en 1844, rassembla 10 000 mots de Lyūkyū. On ne sait où il est [ce vocabulaire.] On a son nikki[journal] assez long(3 ans), avant Bettelheim.
25　Le journal de Forcade publié dans les Missions catholiques. Lyon, Mougin-Rusaud, 1885, [du] 24 avril [à] novembre.
26　Bettelheim traduisit la Bible en luchuan katakana(au Toyobunko[東洋文庫], imprimé; le manuscrit partiel à Berlin.) Son journal manuscrit est en Amérique, dans la famille de Bettelheim.
27　Beillevaire(2010:8).(Carnet de route 7.mars) Les mômes qui vont à l'école et parlent dialecte en s'expliquant leur leçon japonaise.
28　Beillevaire(2010:15)(Carnet de route 15 mars.) Début étude langage, Itoman.(言語調査の始め、糸満)

29 Beillevaire(2010:66).'Visite à noro ~~kuniyoshi~~ kuniši(姓) Ǔšì 牛 (名), 76 ans.'

30 「糸満概況 十、言語の特徴」「糸滿語は一種特別にして、縣下に有名なるのみならず、他府縣人にすらも一の趣味あるものとせり、固より総ての名詞に於て敢て首里、那覇と異なる所なきも言葉の音聲荒々しく常に高聲なる差のあるのみ、然れども其の發音の假名使いに於ては他と大いに異にして他の（チ）を（キ）とし（ツ）を（ク）とし（ヂ）を（ギ）と響かすが如き甚だ異にして且つ趣味あり、假令他にて斤、間、衣を皆（チン）と云ふも糸滿にては（キン）と稱ふるが如く又行くかを他にて（イツミ）と云ふも糸滿にては（イクミ）と云ふが如く、又義理を他にて（ヂリ）と發音するも糸滿にては（ギリ）と言ふが如し、而して糸滿人は如何なる場所、如何なる人の前にても遠慮なく堂々固有の糸滿語を使用するが故に其言葉の勢甚だ偉大にして如何なる所の人と雖も、糸滿人と接しては直ちに糸滿語に化せらるゝを常とす、彼の糸滿の分村たる具志頭村字港川及久米島の眞泊、八重山の登野城及石垣濱邊の住民等何れも糸満語に化せられつゝあり特に奇とするは八重山の鳩間島なり、此の地は夏季に於て八重山寄留、糸滿漁民の僅の間、柔魚釣に出稼のために此地の多くの者は糸滿語に類似することなり。」

31 Beillevaire (2010:60) 参照。'Itoman + proche de langue jap. que Shuri.' [Itoman, plus proche de [la] langue japonaise que Shuri]

32 糸満方言を調査した高良宣孝氏 (琉球大学) のご教示による。

33 Beillevaire (2010: 140-149) 参照。

34 久高島に関するアグノエルのノートは、久高島へのアクセス、島の西側の地形、満産祝いなどの生誕の儀式、ノロとカミンチュ、婚姻、死と洗骨、衣装など民俗に関する記述に費やされている。

35 le <u>d</u> est très bas, la langue touche légèrement le bas des dents supérieures.

36 touche les dents d'en haut comme le d (léger) et s'écrase un peu entre les dents. Pas aussi net que <u>dz</u> français.

37 ne touche presque pas.

38 comme en français

39 les lèvres ne sont pas arrondies comme pour <u>w</u> dans oui.

40 ši のイラストは矢印で舌の動きを表示している。図示通りなら [si] を表す。

41 si のイラストは矢印を使わないことで舌が動かないことを表示している。図示通りなら [ɕi] を表す。

42 イラストで調音点を、矢印で舌の動きを表示。

43 n tenue, on n'entend pas résonance "*g*".

44 イラストで調音点を、矢印で舌の動きを表示 [dʒ]。

45 イラストで調音点を、矢印で舌の動きを表示 [tɕi]。

46 Chamberlain n'a pas distingué

47 Pourquoi Chamberlain écrit-il Shuri 主里 ?
Chamberlain donne pāpā pour grand-mère : c'est rare à Shuri ; on dit hāmē. Pour grand-père : usumē. Grand-mère : mmē (!nmē)

48 [À Naha] h, f, simplement différence d'ouverture à cause [de l']articulation de la voyelle. À l'oreille ひ rend fi ; へ plus près de hē que de fē.

49 [À] Shuri. fā : un peu fermeture, mais les lèvres ne touchent pas
hā : ouverture et souffle
funi : bateau

50 原文は 'pas noté c'est la même chose que Chamberlain.'

51 Beillevaire(2010:212) 参照。

52 Beillevaire(2010:206) 参照。

53 Beillevaire(2010:207)。Beillevaire(2010) では grenier *kura* 以下の項目は省略されている。

54 仲宗根政善 (1983) による現代今帰仁方言の音声は以下である。汗 [hasii]、板 [hicaa]、牛 [husii]、歩く [ʔaqcuɴ]、沖縄 [hucinaa]、歌 [hutaa]

55 →tendance à allonger les voyelles finales, 草 *kusā* [jp.kusa herbe], 冬 puyū [jp.

fuyu,hivier], 雨 amī [jp.ame,pluie].
→et à en rendre courtes d'autre longue partout ailleurs: 臼 uši [jp.usu,meule]
Beillevaire(2010:9,212) 参照。

56　À Imadomari[今泊], on dit: *tuka-čui*=11e jour, *hačika-čui* ＝ 21e jour
[Il] ne reste que ces deux façons de compter; [elles] existent aussi à Miyako, Yaeyama. Pour 12, 22...on a perdu cette habitude de compter.

57　今泊の話者は 1936 年 4 月 5 日生まれ。女性。0-30 歳まで今泊在住。

58　p' pas p' mais p plus doux que le français.

59　Miyagusuku Kamadu, 31 ans. Malade du trachome. Elle est à Ōshima(古名 [komei, nom ancien] de Hentona, šima[île]=village).（ミヤグスク・カマドゥ、31 歳。トラコーマ (急性および慢性角結膜炎) の患者。彼女は大島 (辺土名の古名、šima(島) ＝村)

60　lègere aspiration

61　Mr.Okumoto[奥本],69 ans.

62　Arrivée à Kuši-son [久志村], aza Teniya[天仁屋]. Parti en kuribune de Higashi [東村] (trajet 1 heure).(字天仁屋の久志村に到着。東村をくりぶねで出発。(1 時間の道のり))

63　名護市 (2006)「屋取の方言」参照。天仁屋は士族数の多い地域に挙げられている。

64　Beillevaire(2010:200) には以下のようにある。Šidaki[Sedake 瀬嵩].Kanagušiku[金城] Kamadū, 70 ans, ukudi(kaminču), femme. La noro vient de Tīma.　Deux nīgami(une à Šidaki, une à Ufura[Ufura-mura 宇富良村 ou Upura, Ōura 大浦])

65　Langage influencé par Shuri, mais conserve le ≪ p ≫

66　L'institutrice, il y a douze, quinze ans.

67　「舟」の項目に '70-80 ans très 古 gens âges(?) pûni' とある。

68　ichi à Onna,Čin[Kin] iki à Kuši, Nago, Motobu. Beillevaire(2010: 211) 参照。

69　ts Cin(g). 1 vieux et 2 vieilles.

70　Yomitan. Femme 39 ans. Beillevaire(2010:220) 参照。

71　Je ne marque que ce qui est different. Beillevaire(2010:224) 参照。

第2部
第6章
ハ行音の変遷

はじめに

日本語のハ行音は時代が下るにつれ唇音が退化し、両唇破裂音 [p] から、両唇摩擦音 [ɸ] を経て、現代語の喉音 [h] へと変化した[1]。『日本書紀』、『万葉集』など上代資料において、ハ行音は両唇音の [p] や唇歯音の [f] を示す万葉仮名で記述され、『日葡辞書』では両唇摩擦音 [ɸ] を表す /F/ でハ行音を記述している。そしてハ行音が現代では喉音 [h] で発音されることはよく知られるところである。

文献資料以外に上代日本語の語頭のハ行音が [p] であった根拠の一つとして、琉球弧の各地に残存する [p] 音の存在が挙げられる。現に石垣島、宮古島、沖縄本島北部など多くの地点でハ行音が [p] で発音されている。だが、現代の首里や那覇の方言は [p] ではなく、喉音 [h] あるいは一部が両唇摩擦音 [ɸ] で発音されている。本章は、琉球語のハ行音が歴史的文献でどのように記述されているかを示すことで、ハ行音の唇音弱化の変遷を論じる。そして、いつハ行音が [p] を失い、[ɸ] を経て現代首里方言のような喉音 [h] が音声体系全体を占めるほどに変化したのか、また一部の語彙で観られる [h] と [ɸ] との対立がどのように記述されてきたのかについて明らかにする。

また、日本語では語中・語尾におけるハ行音も唇音弱化し、[p] が [w] に変化する、いわゆるハ行転呼の現象がみられる。この現象も琉球語の多くの地域で観られるが、現代首里方言のア段音は、さらに [w] も脱落して長音になる現象が観られる。例えば、歴史的仮名遣いで「かは」と表記される「川」は、現代首里方言ではカー (/kaa/ [ka:]) となる。こうした語中・語尾のハ行音の表記も確認したい。

また第 5 章で述べたように、アグノエル資料や現代の沖縄北部方言や喜界島方言、久高島方言などでカ行ア段音が喉音 [ha] になる喉音化の現象が報告されているが、この現象が歴史的文献でどのように描かれているのかも考察する。こうした特徴をもつ地点はいずれもハ行音を [p] ないしは [ɸ] で発音する。一方で現代首里方言や那覇方言のようにハ行音を [h] で読む地点にはカ音を喉音のハ [ha] で読む現象は観察されない。このカ行ア段音の現象とハ行音を同時に論じるのは、ハ行音を [p] や [ɸ] で読むことと、「カ」が喉音の [ha] となる現象が関連していると考えられるからである [2]。では、以下に考察に用いる資料について説明しよう。

1. 所拠文献と分析対象項目

本章以降では、成立年代が明確な文献を優先的に使用する [3]。以下の諸本である。

1501 年『海東諸国紀』「語音翻訳」

1535 年 (嘉靖十四年) 陳侃、高澄編『使琉球録』付録「夷語」「夷字」

1531-1623 年『おもろさうし』(巻 1:1531, 巻 2:1613, 巻 3-:1623)

1711 年『混効験集』

1721 年 (康熙六十年) 徐葆光編『中山伝信録』

1764 年 (乾隆二十九年) 潘相編『琉球入学見聞録』「土音」「字母」「誦聲」

1800 年 (嘉慶五年) 李鼎元編『琉球訳』

1818 年『漂海始末』

1818 年 Herbert John Clifford “A Vocabulary of the Language spoken at the Great Loo-Choo lsland” Basil Hall *“Account of a Voyage of DiscoveIy to the West Coast of Corea and the Great Loo-choolsland”* 所収

1851 年 Bernard Jean Bettelheim *“English-Loochooan Dictionary”*

1880 年 沖縄県庁編『沖縄対話』

1895 年 Basil Hall Chamberlain *"Essay in aid of a grammar and dictionary of the Luchuan Language"*

1930 年 Charles Haguenauer *"Okinawa1930. Notes ethnographiques de Charles Haguenauer."*

1932 年 伊波普猷『琉球語大辞典〔草稿〕』

1963 年 国立国語研究所『沖縄語辞典』

上記の資料に関しては、原則として記載された内容の全てを考察対象とするが、序論で述べたように漢語資料については特別な扱いをする。漢語資料については新たに付けられた項目を考察対象とし、前の資料から引き写した項目に関しては参考にとどめる。また、原文中における誤字や音訳漢字と琉球語が同定できない、あるいは未確定ものは、ひとまず考察対象から除外し、他に参照できる用例が存在しない時に考察する。よって漢語資料の主な考察対象は、陳侃『使琉球録』「夷語」(1535)、蕭崇業『使琉球録』(1579)、徐葆光『中山伝信録』「琉語」(1721)、『琉球入学見聞録』(1764)、および『琉球訳』(1800) の各書における新出項目と変更項目である。

漢語資料の場合、漢字が直接発音を表さないため、様々な障碍が生じる。原則的に異なる音訳漢字が使われていれば、異なる琉球語音を表現しているとみなす。だが、異なる音訳漢字が同じ琉球語音を示す場合もある。その際、音訳漢字の中古音や基礎方言の音価が同じか近似するものは同音とみなす。琉球語の発音が同音か否か判断する時の基準を優先度の高い順序に列挙すると以下のようになる。

(1) 異なる由来をもつ語に対して同じ音訳漢字が使われているか否か。

(2) 音訳漢字の中古音での音韻位置が同じ、あるいは近似するか否か。

(3) 音訳漢字の基礎方言の音価が同音、あるいは近似音になるか否か。

(1) の場合、ある二つの語に対し、同じ音訳漢字が使われていれば、それらは同じ発音である可能性が高い。(2) の場合、ある二つの音訳漢字が中古音で同じ範疇に入る場合、現代方言では多くの方言で同音になるため、同音か否かを判断する際に大いに参考になる。また後の歴史的変化で同音になるものもそれに含める。そして (3) は音価推定の際に用いるが、最終的な手段として位置づける。参照する音価として現代音を採用することがやむを得ない場合もあるためである。また清代の官話の発音は現代の標準語のように正誤を明確に判定できるような体系をなすのではなく、地域や話し手によって多くの変異が存在することに留意する必要がある[4]。なお、琉球語と外国語は音声体系が異なるため、対音資料に示される音価は、そのまま琉球語の音価になるとは限らず、近似値にならざるを得ない。こうした問題に関しては、当該言語内の体系を鑑み、最も近い音声を選んでいるかも考慮する。

以下に時代の古い資料から順に具体例を示すが、紙幅の都合上、全ての用例を列挙できないため、継承関係に配慮しながら先行資料や後続資料と比較が可能な用例を優先して挙げる。

2. 申叔舟 (1501)『海東諸国紀』「語音翻訳」

まず琉球語を記したもっとも早期の資料に属する『海東諸国紀』「語音翻訳」をみよう。分析にあたっては、語頭にハ行音がくる項目と語中・語尾にハ行音がくる項目を分ける。これは一般にハ行音の歴史では単語内での位置によって変化の状況が異なるからである。以下は、提示語とハングル、そしてハングル転写と現代首里方言の対照表である。下線は分析対象の音節を示している。

2.1. 語頭のハ行音

提示語（訓）	ハングル	ハングル転写	現代首里
牙歯（は）	파	p'a	/haa/
鼻（はな）	파나	p'ana	/hana/
花（はな）	파라	p'ara	/hana/
晴了（はれ）	파리	p'aritioi	/hari/
春（はる）	파루	p'aru	/haru/
袴兒（はかま）	파가마	p'akama	/hakama/
蛇（はぶ）	파무[5]	p'amu	/habu/

柱（はしら）	파냐	p'anya	/haaja/
足（ひざ）	픠샤	p'isya	/hwiʂja/
火盆（ひばち）	픠판지	p’iphaci	/hwiiruu/
白日（ひる）	픠루	p’iru	/hwiru/
蒜（ひる）	픠루	p’ɯiru	/hwiru/
晌午（ひるま）	필마	p’irma	/hwiru/
一（ひとつ）	부디ᄃ	puticɐ	/hwituçi/
下雨（あめふって）	아믜푼뎌	amɯip’uttyəi	/hudi/
下雪（ゆきふり）	유기푸리	yukip’uri	/hujuɴ/
冬（ふゆ）	푸유	p’uyu	/huju/
筆（ふで）	푼디	p’unti	/hudi/
篩（ふるい）	푸뤼	p'urui	/sinoo/
箒（はうき）	파오기	p’aoki	/hooci/

琉球語のハ行音は主に両唇音の激音ㅍ、つまり両唇帯気破裂音(無声有気音)[pʰ]を示すハングルで記されている。語頭においては、激音を使う傾向が観られる。“下雨”、“下雪”の琉球語は一語ではないため、動詞の「降る」に当たる箇所は語頭と見なしうる。このハングルが示す琉球語の音声には二つの可能性があり、[p]か[ɸ]を表している。当時の朝鮮語も現代朝鮮語と同様、[f]音を示す音声も、それに相当するハングルも存在しなかった。現代朝鮮語は外来語の[f]音を表現する際に激音[pʰ]を使用することが多いため、上記の激音が琉球語の[f]音を表現している可能性は排除できない。もちろん琉球語の[p]を示す可能性もあるが、ハングルの表音能力の限界により、この挙例だけでは判断ができない。

2.2. 語中・語尾のハ行音

提示語（訓）	ハングル	ハングル転写	現代首里
淡（あはさ）	아바샤	apasya	なし
大路（うふみち）	오부미지	opumici	/ʔuhwisaɴ/
醎（しほからい）	시바가나사	sipakanasa	/sipukarasaɴ/

瓦（かはら）	카라	k’ara	/kaara/
今日（けふ）	쿄오	k’yoo	/cuu/
塩（ましほ）	마시오	masio	/maasu/
油（あぶら）	아부라	apura	/anda/
飯（うばん）	옴바리	omp’ari	/ʔɴbagiimee/
鍋兒（なべ）	나븨	nap'ɯi	/nabi/

語中・語尾のハ行音にはハングルの [p] で表現するものと、[o] で示す例がある。語中においては平音 (無声無気音) のハングル [p] が使われる傾向がみられる。現代語と比較して、“油”、“飯”、“鍋兒”のようにリエゾン (連声) でバ行音 [b] になるものもあるが、“大路”や“淡”のように歴史的仮名遣いでハ行音のものや、“醎”のように [p] で読むと思われるものも混在している。“醎”の用例は母音に誤りがある可能性があるが、“淡”と“大路”の用例は [p] ないし [b]、あるいは近似音として [β] を表している。そして、“瓦”に対しては、[pa] や [wa] といった音ではない。ハングルの表記では長母音ではないものの、現代首里方言の /kaara/ ような長音に近い発音を意図していると思われる。長音ではないとしても、少なくとも“瓦”という語についてはすでに語中の [p] も [w] も弱化していたことを示している。『おもろさうし』においても、[w] の脱落は「縄」を表す「な」などごく僅かであり、この例は [w] 脱落のもっとも早い例といえよう。一方で、“今日”と“塩”の項目はハ行転呼している様子が窺える。

2.3.「語音翻訳」まとめ

本資料のみをみると当時の琉球語のハ行音は、[p] であったと判断されるかも知れない。しかし、当時の朝鮮語は中期朝鮮語に属し、ハングルも現代朝鮮語同様に [f] 音と [p] を区別することができないため、琉球語のハ行音が [p] であったという決定的な証拠にはならない。よって、以下 3. 以降の漢語資料の記述と併せて考える必要がある。

なお、「語音翻訳」には琉球語の「カ」の喉音化現象は観られない。

3. 陳侃 (1535)『使琉球録』「夷字」「夷語」

次に漢語資料である陳侃『使琉球録』「夷語」を見てみよう[6]。

3.1.「夷字」

「夷字附」は「いろは」を示した仮名に漢字を当てたものである。括弧 ( ) 内はその音訳漢字である。

い (以)、ろ (路)、は (罷)、に (尼)、ほ (布)、へ (比)、と (度)、ち (知)、り (利)、ぬ (奴)、る (而)、を (倭)、わ (哇)、か (加)、よ (有)、た (他)、れ (呂)、そ (蘇)、つ (子)、ね (尼)、な (那)、ら (剌)、む (武)、う (烏)、ゐ (倚)、の (怒)、お (窩)、く (古)、や (牙)、ま (末)、け (去)、ふ (不)、こ (孤)、え (依)、て (的)、あ (悪)、さ (沙)、き (其)、ゆ (又)、め (未)、み (美)、し (實)、ゑ (泄)、ひ (亦)、も (毋)、せ (世)、す (是)。

とりあえずは基礎方言を措定せずに、中古音との対応から琉球語のハ行音を考えてみたい。以下は平仮名に対する音訳漢字の対照表である。

ハ行音

仮名	は	ひ	ふ	へ	ほ
音訳漢字	罷	庇	不	比	布
中古音	並母	幇母	非母	幇母	幇母

ハ行音は両唇音に由来をもつ幇母、並母、非母の漢字が当てられている。

マ行音

仮名	ま	み	む	め	も
音訳漢字	末	美	武	未	毋
中古音	明母末韻	明母旨韻	微母麌韻	微母未韻	明母虞韻

マ行音をみると、“武”、“未”といった中古における微母字が鼻音を示す音訳漢字として示されている。微母字を鼻音で発音する地域は現代方言では南方の呉語、贛語、客家語、粤語、閩東語に限られるため、「夷字」の基礎音系は北京官話や南方官話ではない。そこでハ行音に対する音価を考えると、幇母は、中古音や南方方言を含むほぼ全ての現代

方言で両唇破裂音 [p] で読まれるグループである。並母は中古音では有声破裂音の [b] であったが、後期中古音以降は無声化して平声は帯気音の [p^h]、仄声は不帯気音 [p] となっているが、“罷”は不帯気音 [p] で発音されるものである。また、非母は中古音では唇歯摩擦音 [f] を示すが、“不”の発音は、多くの方言で両唇破裂音の [p] を示すことが多いため、「陳侃」の時代では両唇破裂音 [p] であったと考えられる。よって「は」、「ひ」、「ふ」、「へ」、「ほ」の各仮名に対しては、いずれも無声不帯気両唇破裂音声母 [p] をもつ発音が選ばれているといえる。これらの語は歴史的にも地理的にもほぼ両唇音で読まれ、さらにこの時代の多くの方言では声母に唇歯摩擦音 [f] を有していたと考えられるため、琉球語の [p] を表現していたと考えられる。

3.2.「夷語」の語頭のハ行音

「陳侃」の「夷語」に反映されたハ行音はすでに第1部第1章で論じているため、ここでは重複を避けるが、結論としては、「陳侃」で新たに加えられた項目のハ行音は両唇音声母 [p] をもつ音訳漢字を使用している。よって、「夷語」に記された琉球語のハ行音は [p] を有していたと認められる。以下は「日訳」にない挙例である。

提示語（訓）	音訳漢字	中古音	現代首里
御橋（はし）	扒只（ママ）	扒（幇母）	/hasi/
盤（はち）	扒只	扒（幇母）	なし
晝（ひる）	皮禄	皮（並母）	/hwiru/
鬍子（ひげ）	品其	品（滂母）	/hwige/
冷（ひやさ）	辟牙撒	辟（幇母）	/hwiisaɴ/
寒	辟角禄撒	辟（幇母）	/hwizurusaɴ/
電	波得那	波（幇母）	/hudii/
報名（ほうめい）	包名	包（幇母）	なし

上記にみるように、音訳漢字には幇母、つまり両唇不帯気破裂音 [p] を使用する傾向が観られる。これは「語音翻訳」が主に帯気音を好んで使っていたことと些か状況が異なる。「夷語」では琉球語のハ行音に対

して唇音の破裂成分が強い漢字を選ぶ傾向が観られることは、この時期の琉球語がより呼気を伴う両唇摩擦音 [ɸ] よりも、両唇破裂音の [p] に近かったことを物語る。

3.3.「夷語」の語中・語尾のハ行音

以下は語中・語尾にハ行音がくるものの用例である。右端は「日訳」の用例である。

提示語（訓）	音訳漢字	中古音	現代首里	日訳
瓦（かはら）	嗑哇喇	哇（影母）	/kaara/	嗑哇喇
河（かは）	嗑哇	哇（影母）	/kaa/	嗑哇
蘇木（すはう）	司哇	哇（影母）	なし	司哇
皮（かは）	嗑哇	哇（影母）	/kaa/	嗑哇

「語音翻訳」では語中のハ行音の一部は [p] 音を失う前の段階で、[p] 音を示す例もあったが、陳侃の「夷語」においては、[p] を使用する例は観られない。音訳漢字“哇”は影母の合口字であるため、[wa] に近い音で読まれたと思われる。だが、上記の挙例は「日訳」と全く同一の音訳漢字が使われている。よって、これらの例は「日訳」の用例をそのまま流用した可能性があり、これを当時の琉球語の反映とするのは危険である。また語料が少なく、「語音翻訳」と比較するための同一語の記述がないため、全ての語中・語尾のハ行音が弱化していたかは不明である。

3.4. ア段音に軟口蓋音があらわれる現象

以下の例はア段音に軟口蓋音が使われる例である。

提示語（訓）	音訳漢字	中古音	現代首里
雨（あめ）	嗑乜	嗑（渓母）	/ʔami/
熱（あつさ）	嗑子撒	嗑（渓母）	/ʔacisaɴ/

現代琉球語においては、今帰仁方言にア段音に喉音 [h] があらわれる現象が観られる。この用例で用いられる音訳漢字“嗑”は喉音ではなく帯気軟口蓋音 [k^h] であるが、注目に値する用例と思われる。

3.5. 陳侃「夷字」「夷語」まとめ

陳侃『使琉球録』では「夷字」、「夷語」ともにハ行音を [p] の音訳漢字で記述している。16 世紀初頭は多くの漢語方言で [p] と [f] 音が弁別可能な状況であったと思われる。よってこれらが示す琉球語のハ行音は、これが全ての音節全体がそうであったかは不明だが、両唇摩擦音の [ɸ] ではなく、両唇音破裂音の [p] であったと思われる。少なくとも [p] 音が少数であったという状況ではなかろう。この結果は本章 2. 1 で論じた 1501 年のハングル資料「語音翻訳」当時にもハ行音が [p] であった可能性を裏付ける。

一方、語中においては、ハ行転呼が観られるが、継承の可能性のある語を除くと語料が少なく、全ての語中・語尾のハ行音が弱化していたかは分からない。

なお、この資料には琉球語の「カ」の喉音化現象は観られない。

4. 蕭崇業 (1579)

4.1. 語頭のハ行音

蕭崇業『使琉球録』の「夷語」は先行資料から多くを継承している。しかし、ハ行音を考える時に注目に値する用例がある。それは“鼻”、“花瓶”を意味する以下の用例に“抛”という無声両唇破裂帯気音 [pʰ] の滂母字が使われていることである。これは「鼻」や「花」の琉球語が [p] で発音されることを示している。

提示語	音訳漢字	中古音	現代首里
齒（<u>は</u>）	<u>扒</u>	扒（幇母）	/haa/
鼻（<u>は</u>な）	<u>抛</u>拿	抛（滂母）	/hwana/
花瓶（<u>は</u>なびん）	<u>抛</u>拿	抛（滂母）	/hana/
脚（<u>ひ</u>ざ）	<u>匹</u>奢	匹（滂母）	/hwişja/
羊（<u>ひ</u>つじ）	<u>匹</u>托渣	匹（滂母）	/hwizaa/
跪（<u>ひ</u>ざまづき）	<u>匹</u>舍蠻資之	匹（滂母）	/hwisjamaɴci/
鞋	<u>皮</u>夜	皮（並母）	/huja/

「陳侃」、「琉訳」の“鼻”や“花”に関連する項目はすべて [f] 音を表している。これらは「日訳」と同一のため、日本語の反映である可能性は否定できない。一方、蕭崇業『使録』の「夷語」も単独の“花”は [f] 音を示す音訳漢字“法”を当てるが、“花瓶”の項目は音訳漢字が異なり、“拋”という無声両唇破裂帯気音 [pʰ] の滂母字が使われている。“花瓶”の項目は提示語の“瓶”に当たる部分が脱字となっているが、夏子陽『使琉球録』、徐葆光『伝信録』でそのまま継承され、潘相『見聞録』に至って“花瓶：花那炳”(はなびん) と変更されている。また“羊”の項目も「陳侃」の [f] 音を示す“非都知”から [p] を表す“匹”に、“脚”も「陳侃」の“脚 : 惡失”から蕭崇業の“脚 : 匹奢”に変更されている。そして「くつ」を表す“鞋”にやはり両唇音の音訳漢字“皮”が使われ、現代首里方言も「フヤ」という喉音になっていることから、これも [p] を示しているといえよう。そして「歯」を表す項目も両唇破裂音の音訳漢字“扒”が使われている。これは「陳侃」では喉音 [h] の音訳漢字“華”を使用していたことからの変更である。こうした複数の例が観られることから、1579 年時点でも当該語彙は [p] で発音されていたことになる。

4.2. 語中・語尾のハ行音

以下は「かわら (かはら)」の用例であるが、“瓦”は「陳侃」の用例と同一のもので、“瓦房”は「蕭崇業」で新たに付けられた項目である。“瓦房”の“瓦”の箇所を示す音訳漢字の前半部分は、音訳漢字“哇”が脱落しており、このまま読むと [kala] という発音になる。「語音翻訳」でも同じ語に同じ現象が観られ、この資料においても [w] が脱落しているため、これが単なる脱字や間違いである可能性は低いと思われる。

提示語	音訳漢字	現代首里
瓦（かはら）	喀哇喇	/kaara/
瓦房（かはらいえ）	嗑喇亦棄(ママ)牙	/kaara//jaa/

5.『おもろさうし』(巻 1:1531, 巻 2:1613, 巻 3-:1623)

5.1. 語頭のハ行音

『おもろさうし』は、ほとんど平仮名で書かれる。その平仮名は表音的仮名遣いで、音声を忠実にうつそうとしている[7]。1709 年 11 月に原本が焼失、翌年 7 月に再編され、「尚家本」と「安仁屋本」が作成された。本書では定本『おもろさうし』に拠る。『おもろさうし』におけるハ行音は、仮名の「はひふへほ」という仮名で書かれている。当時の仮名表記では、半濁音を表記する慣習がなかったため、たとえ当時両唇破裂音 [p] で発音していたとしても、それを証明することはできない。

5.2. 語中・語尾のハ行音

以下は語中の用例である。二つの表記がされるものは併記してある。

	表音	語釈	現代首里
ふ＞う	おうね	御船	/huni/
ゑ＞へ	こへ / こゑ	声	/kwii/
を＞ふ	あふなみ / あおなみ	青波	/ʔoo//nami/
	みのかは / みのかわ	鼓	なし
	まはへ / まはゑ / まはい	真南風	/mahwee/

高橋俊三 (1991) によると、語中・語尾のハ行音とワ行音・ア行音は混同している。なかには「声」のようにワ行音が期待されるところにハ行音が使われる例もある。

5.3.「カ」が喉音化する現象

『おもろさうし』には和語の「カ」が「ハ」で記される例が観られる。

	表音	語釈
か＞は	はねのしま[8]	金の島（かねのしま）
か＞は	ぬれはみや	濡れ髪の人（ぬれかみや）
か＞は	はゝら[9]	兵卒（はから）
か＞は	まはない	真貢物（まかない）

上記の「は」は、「か」の間違いとされることもあるが、現代琉球諸語や漢語資料の状況から、かつての首里方言に「カ」が喉音の「ハ」に

なる現象が存在したことを裏付けるものである。そしてこの現象は『おもろさうし』のハ行音がまだ [h] にはなっていなかったことを示唆する。

6.『混効験集』(1711)

6.1. 語頭のハ行音

『混効験集』も『おもろさうし』同様に項目語句は基本的に仮名で書かれる。よってハ行音の音価が [p]、[ɸ]、[h] のいずれかは把握できない。

6.2. 語中・語尾のハ行音

以下は語中のハ行音表記である。

項目語句	説明語句	現代首里
あはさ	淡きをいふ。塩かげんなどのあまきヲ云。	なし
あはさ	今日。	/kjuu/
きにふ	昨日。	/cinuu/
くはい	鍬之事。	/kwee/
おほね	大根の事。徒然草に大根を土おほねと云。	/ʔuhuni/

以上のように語中・語尾においてはハ行の仮名を使用している。音価は不明であるが、「ワ」や「ウ」を使っていない。ここからハ行転呼は起こってはいなかったとみられが、文章語の規範が反映された可能性もあるため、文字通りの発音かは不明である。

7. 徐葆光 (1721)『中山伝信録』

7.1.「字母」

『中山伝信録』「字母」には仮名の発音が記されている。いろは音の順に従い、片仮名と平仮名が併記され、片仮名には“眞”、平仮名には“草”と書かれる。そして各々の字母の下に、その発音が漢字で記されるが、ハ行音は以下のように書かれる。

仮名	発音説明	中古音	現代蘇州	現代首里
はハ	波讀如花	花（暁母）	[ho]	/haa/
ひヒ	北[10]讀如蜚	蜚（非母）	[fei]	/hii/
ふフ	不讀如夫	夫（非母）	[fu]	/huu/
へヘ	飛讀如揮	揮（暁母）	[huᴇ]	/hii/
ほホ	保讀如夫	夫（非母）	[fu]	/huu/

ここで問題となるのは、当時の琉球語音を表しているのは、“花、蜚、夫、揮、夫”なのか、あるいは“波、北(比)、不、飛、保”の方なのかである。“波讀如花”の意味からすると、当時の琉球語の発音を示すのは“花、蜚、夫、揮、夫”である。さらに『伝信録』では以下のように書かれる。

「琉球人は“春”を言う時に“花魯”という二音を使う。すなわち、ハロの二字を書いて、“春”の字とする。“色”は“伊魯”の二音を使い、イロの二字を使って書いて、“色”の字としている。[11]」

上記は実際の発音を示したものではなく、漢字表記と仮名表記の関係について述べたものであるが、ここで“春”を表す例に“花魯”という音訳漢字が使われている。よって「字母」にあらわれる“花、蜚、夫、揮、夫”が示す琉球語のハ行音は、[p]が弱化し、おおよそ[ɸ]、あるいは[h]に変化していたことを表している。上記の漢字を現代蘇州語で読むと、音価としては喉音[h]よりも両唇摩擦音[ɸ]に近いものになる。これは「語音翻訳」や「陳侃」とは異なる点である。またオ段音とウ段音に同じ音訳漢字が使われているため、両音は合流していた可能性がある。

7.2.「琉語」の語頭のハ行音

以下は先行資料からの継承がみられない項目である。第2章で論じたように、『伝信録』の新出項目は蘇州に近い言語を基礎としているため、比較項目として現代蘇州語を挙げた。

提示語（訓）	音訳漢字	中古音	現代蘇州	現代首里
花（はな）	豁那	豁（曉母）	[huaʔ]	/hana/
鼻（はな）	豁納	豁（曉母）	[huaʔ]	/hana/
葉（は）	豁	豁（曉母）	[huaʔ]	/hwa/
齒（は）	夸	夸（渓母）	[k^{h}o]	/ha/
戥子（はかり）	法介依	法（非母）	[faʔ]	/hakai/
褌子（はかま）	哈加馬	哈（曉母）	[hɑ]	/hakama/
日（ひ）	飛	飛（非母）	[fi]	/hwi/
臂（ひじ）	非之	非（非母）	[fi]	/hwizi/
羊（ひつじ）	皮着	皮（並母）	[bi]	/hwiizaa/
晝（ひる）	皮羅	皮（並母）	[bi]	/hwiru/
鍋蓋（ふた）	福大	福（非母）	[foʔ]	/huta/
掃箒（ほうき）	火氣	火（曉母）	[həu]	/hooci/
紙（かみ）	瞎皮	皮（並母）	[bi]	/kabi/
冬瓜（しぶい）	失布衣	布（幇母）	[pu]	/sibui/

ハ行ア段音には、喉音 [h] の音訳漢字“豁”、“哈”、唇歯摩擦音 [f] の音訳漢字“法”が使われる。イ段音は両唇破裂音 [p] の音訳漢字“皮”と唇歯摩擦音 [f] の音訳漢字“非”が混在している。ウ段音は唇歯摩擦音 [f] の“福”、オ段音は喉音 [h] の“火”が用いられる。

ハ行ア段音に使われる音訳漢字“豁”は現代蘇州語で [huaʔ] となるため、「花」、「鼻」、「葉」は現代首里方言のような「ハ」[ha] という音ではなく、「ファ」[ɸa] という音声だったと考えられる。一方、和語由来の“褌：哈加馬”の“哈”は [ha] という発音を示していたものと考えられる。そして、“葉”に対しては“豁”、“歯”には“夸”の音訳漢字を使い、両音を区別している。現代首里方言でもこの違いがあり、当時の音価はひとまずおくとして、その区別が 1716 年当時にもあった事実は注目に値する。

とりわけ注意をひくのは、[p] を表すハ行イ段音の項目である。このうち先行資料にない新出の項目は“羊：皮着 (ピージャ)”であり、これは明らかに当時に [p] を保持している語があったことを示している。

もう一つの“書：皮羅(ピル)”は、それ以前の資料で“書：必禄(ピル)”(琉球館訳語)、“書：皮禄(ピル)”(陳侃、夏子陽)などと書かれている。『伝信録』では、「ル」を表す音訳漢字が“禄”から“羅”に置き換わっているだけで、ピ音は依然として“皮”になっている。これは単に先行資料を書き写したものか、あるいは現実の発音を反映させて“皮”をそのまま残したものか、分からない。また、「シブイ」(冬瓜)を表す音訳漢字に両唇破裂音系の“布”が使われている。

なお、カ行ア段音を示す「紙」の項目で、喉音の音訳漢字“瞎”が使われている。これは蘇州語でも喉音声母[haʔ]であるため、当時の琉球語にカ行ア段音が喉音となっている現象を示す例が存在していることを表している。また、“歯”の項目で“夸”という帯気軟口蓋破裂音[kʰ]が使われる例も観られる。

7.3.「琉語」の語中・語尾のハ行音

以下は語中・語尾にハ行音を含むものの用例である。

提示語(訓)	音訳漢字	中古音	現代蘇州	現代首里
大(おほきさ)	五晦煞	晦(暁母)	[huᴇ]	/ʔuhwisaɴ/
多(おほさ)	屋火煞	火(曉母)	[həu]	/ʔuhusaɴ/
淡的(あはさ)	阿法煞	法(奉母)	[faʔ]	なし
園(には)	膩滑	滑(匣母)	[ɦuaʔ]	/naa/
鹽(ましほ)	麻蝦	蝦(暁母)	[ho]	/maasu/
皮(かは)	喀哇	哇(影母)	[o]	/kaa/
河(かは)	喀哇	哇(影母)	[o]	/kaa/
瓦(かはら)	喀哇喇	哇(影母)	[o]	/kaara/
大酔(よふ)	威帝	威(影母)	[uᴇ]	/’wiijuɴ/

以上のように、“大”、“多”、“淡的”といった形容詞に喉音[h]あるいは両唇摩擦音[ɸ]を声母にもつ音訳漢字が使われ、名詞“園”(には)と“鹽”(しほ)にも喉音が観られる。その他の用例については、“哇”、“威”など声母のつかない音訳漢字が使われ、これらは少なくともワ行音に変化していたものとみられる。当時も現代蘇州語と同じ発音なら、

[w] も脱落していた可能性もあるが、母音の広さが異なるため、やはり長母音よりも連母音に近い発音だったと思われる。

7.4.「カ」の喉音化

以下は「カ」に由来する語が喉音 [ha] で記述される用例である。

提示語（訓）	音訳漢字	中古音	現代蘇州	現代首里
髪	哈那子又喀拉齊	哈（暁母）	[ha]	/karazi/

用例は 1 例のみだが、現代首里方言で /karazi/ となる語に、喉音を示す音訳漢字“哈”が使われている。また軟口蓋音を示す“喀”の語形も併記されていることから、音声的な揺れもあったと思われる。また逆に、7.2 にあるように上記の“歯：夸”のように「ハ」に対して軟口蓋破裂有気音 [kʰ] を当てる例がある。

7.5.『中山伝信録』まとめ

『中山伝信録』は、ハ行ア段音、ウ段音、エ段音、オ段音で [p] が弱化して破裂音ではなくなっている状況が確認される。だが、ハ行イ段音は一部の語彙で [p] を保っていた、とみるのが穏当である。ハ行音の音価については、基礎方言を蘇州語と想定すると、多くは [ɸ] であり、[h] でなかったものと思われる。そしてカ行ア段音の一部が喉音化する現象は、ハ行音が [ɸ] であったことを裏付けるものと思われる。一方で“葉”と“歯”が両唇摩擦音と軟口蓋音として区別されている。

語中・語尾のハ行音は一部で [ɸ] といった発音がみられるが、ワ行音に変化している語もみられる。

また「カ」の喉音化の現象は 1 例のみだが観られ、その逆の「ハ」の軟口蓋音化の用例も一つだけ存在する。

8. 潘相 (1764)『琉球入学見聞録』

8.1.「字母」

『琉球入学見聞録』「字母」はそれに先立つ『琉球国志略』を参考に

書かれている[12]。これも「いろは」の順に従い、日本語の片仮名に対して漢字でその発音を示しているが、『伝信録』は中国で版行されたため、日本語の片仮名は用いられず、語形の類似する漢字を使っている。例えば、片仮名の「イ」は人偏の“亻”で、「ハ」は数字の“八”、「ヒ」は“匕”、「フ」は“一”、「ヘ」は“人”、「ホ」は“木”で代用している。そしてこれらに対する音訳漢字は以下である。

片仮名	ハ	ヒ	フ	ヘ	ホ
仮名の代用漢字	八	匕	一	人	木
音訳漢字	花	本音須誤作蜚	呼	揮	夫

音訳漢字の“花”、“須”、“呼”、“揮”、“夫”はいずれも両唇破裂音の [p] ではなく、これらの表現している音は [h] ないしは [ɸ] であると考えられる。

8.2.「土音」の語頭のハ行音

次に対訳形式の「土音」の項をみるが、この体裁は「陳侃」、『伝信録』と同様である。しかし、『伝信録』で両唇音声母をもつ音訳漢字は、『見聞録』では“花”、“滑”、“懐”に変更され、“哈”を使う例はない。第 3 章で論じたように、『見聞録』の新出項目は、南方官話を基礎に付けられている。よって清代の南方官話を表す宣教師資料から得られる音価を参考に供する。その音価はコブリン (2006) を参照した。

提示語（訓）	音訳漢字	中古音	南方官話	現代首里
橋（はし）	花失	花（曉母）	[hua]	/hasi/
磁盤（はじ）	花止	花（曉母）	[hua]	/haci/
親雲上	牌金	牌（並母）	[pai]	/peeciɴ/
筯（はし）	花失	花（曉母）	[hua]	/haasi//hasi/
春（はる）	花魯	花（曉母）	[hua]	/haru//hwaru/
戥子（はかり）	花喀依	花（曉母）	[hua]	/hakai/
匣（はこ）	滑谷	滑（曉母）	[huaʔ]	/haku/
鼻（はな）	花納	花（曉母）	[hua]	/hana/

灰（はい）	懐	懐（匣母）	[huai]	/hwee/
日（ひ）	虚	虚（曉母）	[hy]	/hwi/
左（ひだり）	虚答歴	虚（曉母）	[hy]	/hwizai/
東（ひがし）	熏哈失	熏（曉母）	[hy]	/agari/
冷	灰撒	灰（曉母）	[huɛi]	/hwiisaɴ/
晝（ひる）	虚魯	虚（曉母）	[hy]	/hwiru/
二十一（はつかいち）	瞎子喀止	瞎（曉母）	[hia]	なし
人（ひと）	虚毒	虚（曉母）	[hy]	/hwitu/
日本人（やまとひと）	亜馬吐虚毒	虚（曉母）	[hy]	/'jamatu//hwitu/
貧	薫述	薫（曉母）	[hun]	/hwiɴsuu/
副使（ふくし）	呼匙	呼（曉母）	[hu]	なし
師父	食芍亦云夫子	夫（非母）	[fu]	なし
鍋蓋（なべふた）	那倍弗答	弗（非母）	[fuʔ]	/nabi//huta/
舡（ふね）	弗你	弗（非母）	[fuʔ]	/huni/
筆（ふで）	弗的	弗（非母）	[fuʔ]	/hudi/
臍（へそ）	呼述	呼（曉母）	[hu]	/husu/
褥子（ふとん）	福冬	福（非母）	[fuʔ]	なし
星（ほし）	弗失	弗（非母）	[fuʔ]	/husi/
電	福礼	福（非母）	[fu]	/hudii/
刀（ほうちょう）	和竹	和（匣母）	[xuo]	/hoocaa/
荷包[13]	呼作	呼（曉母）	[hu]	なし
篷（ほ）	呼	呼（曉母）	[hu]	/huu/
喜歓（ほこらし）	福古喇煞	福（非母）	[fuʔ]	/hukurasjaɴ/

上記の如く『伝信録』との比較では現代漢語方言の多くで両唇破裂音 [p](“爬”、“八”)、唇歯摩擦音 [f](“法”)、u 介音のない喉音 (“豁”、“哈”) となっている音訳漢字が“花”に変えられている。“花”は暁母花韻合口字で、現代漢語方言では喉音声母をもち、声母と主母音との間に u 介音を含む [hu] や [xu] という発音から始まる。これは“懐”や“滑”に共通する特徴である。よって当時の琉球語としてはハ行ア段音に [ha] といった単母音の発音がなく、[hua](現代方言の音価に照らせば

[ɸa]) という発音しか存在しなかったと考えられる。

『見聞録』で両唇破裂音系の音訳漢字を使うのは“鍋(なべ):那倍”、“指(ゆび):威倍”などハ行濁音を示す時だが、唯一例外がある。琉球国の位階を表す“親雲上”には“牌”という歴史的にも現代漢語方言においても両唇破裂音 [p] で読まれる音訳漢字が使用される。この語は現在も慣用的に「ペーチン」また「ペークミー」と読まれる。

8.3.「土音」の語中・語尾のハ行音

以下は語中・語尾でハ行音がみられるものの用例である。

提示語(訓)	音訳漢字	中古音	南方官話	現代首里
祖(うふしゅ)	烏弗首	弗(非母)	[ufuʂu]	/ʔuhusjuu/
大(おほきさ)	烏灰撒	灰(暁母)	[huɛi]	/ʔuhwisaɴ/
淡(あはさ)	阿花煞	花(暁母)	[ahuasaʔ]	なし
園(には)	逆哇	哇(暁母)	[ɲiwa]	/naa/
河(かは)	哈哇	哇(暁母)	[hawa]	/kaa/
川(かは)	哈哇	哇(暁母)	[hawa]	/kaa/
瓦(かはら)	喀辣		[kala]	/kaara/
磚(しきかはら)	十吉哈拉		[halaʔ]	/kaara/
天河(てんかはら)	廳哈阿拉	阿(影母)	[t^{h}iŋhaalaʔ]	/tiɴgaara/
灰(はひ)	懐		[huai]	/hwee/
豆腐(とうふ)	拖福	福(非母)	[fuʔ]	/toohu/
大夫(たいふ)	帖夫	夫(非母)	[fu]	なし

上にみるように、“祖”、“大”、“淡”で喉音 [h] を示す音訳漢字“弗”、“灰”、“花”、が使われており、これらに対応する琉球語が語中においてもハ行音が [ɸ] の発音であったと考えられる。“園”、“河”、“川”の項目については、ハ行音がワ行音に変化していたと考えられる。とりわけ“園”は、前節の『伝信録』において喉音 [h] の音訳漢字が使われていたため、これが [w] と表記されている点が異なる。“瓦”と“天河”はそれとは異なり、半母音 [w] の成分がなく、[ka:ra] や [ha:ra] といった現代首里方言の形に近い発音になっている。因みに『おもろさうし』に

おいては、「川」の [w] は脱落していない。また、“灰”の項目も [p] や [ɸ] の成分はなくなり、長母音となっていることが分かる。

8.4.「カ」の喉音化

以下は「カ」に由来する語が喉音 [ha] で記述される用例である。

提示語（訓）	音訳漢字	中古音	南方官話	現代首里
江（かわら）	哈哇辣	哈（暁母）	[ha]	/kaa/
川（かわ）	哈哇	哈（暁母）	[ha]	/kaa/
河（かわ）	哈哇	哈（暁母）	[ha]	/kaa/
磚（しきかはら）	十吉哈拉	哈（暁母）	[ha]	/kaara/
上（かみ）	哈蜜	哈（暁母）	[ha]	/kami/
東（ひがし）	熏哈失	哈（暁母）	[ha]	なし
風爐（かぜろ）	哈子魯	哈（暁母）	[ha]	/kazi//ruu/
傘（かさ）	哈撒	哈（暁母）	[ha]	/kasa/

以上のように、これまでの資料のなかで最も用例数が多い。これは『伝信録』では１例のみしか観られなかったことと対照的である。

8.5.『琉球入学見聞録』まとめ

『琉球入学見聞録』の「字母」ではハ行音を [ɸ] で表しており、「土音」においても概ね同じ傾向がみられる。ただ、一部の語に関しては慣用的に [p] で読む語が残存していたことが分かる。

一方、語中・語尾に関しては、語によって状況が大きく異なり、子音の [ɸ] と半母音の [w] と、それらが脱落して長母音になった形が確認される。

また、カ行ア段音に由来する語が、喉音の [ha] で記述される例が、比較的多数観られる。この現象は『おもろさうし』、『伝信録』、クリフォード語彙にも観られ、さらに沖縄北部方言や久高島方言でも観られる。これらが『おもろさうし』にも観られることと、さらに琉球からの官生が多くは首里出身であったことを考え合わせると、首里の言葉にもこの現象があったことを物語る。

9. 李鼎元 (1800)『琉球訳』

次に李鼎元による漢琉発音辞書『琉球訳』をみる。本書は漢語資料のなかでも先行資料とは構成や内容が異なり、他資料からの継承がほぼみられず、編纂時の言語状況が反映されている。まず「訳音」のハ行音を確認し、そののち「訳訓」をみていこう。

9.1.「訳音」

「訳音」については、ハ行音は中古音における喉音声母の音訳漢字を使用して発音が表現されている。両唇破裂音声母をもつ音訳漢字は使われておらず、[p] は表現されていない。

提示語	音訳漢字	中古音	南方官話	現代首里
陂碑皮悲披疲・・・(ひ)	虚	虚（曉母）	[hiu]	/hwi/
賓濱頻・・・(ひん)	訓	訓（曉母）	[hiun]	/hwiɴ/
飈標杓鑣・・・(ひゃう)	許約	許（曉母）	[hiu]	なし

9.2.「訳訓」の語頭のハ行音

以下は語頭でハ行音がみられるものの用例である。

提示語	音訳漢字	中古音	南方官話	現代首里
鼻（はな）	法拿	法（非母）	[faʔ]	/hana/
火（ひ）	許	許（暁母）	[hiu]	/hi/
冬（ふゆ）	父由	父（奉母・非母）	[fu]	/huju/
蛇（へび）	許比	許（暁母）	[fu]	/habu/
星（ほし）	佛什	佛（奉母）	[fo]	/husi/

ハ行ア段音の「ハ」に対しては、主に“法”が使われる。ここから琉球語のハ行ア段音は両唇摩擦音 [ɸ] に近いものだったと考えられる。“發”も用いられているが、とりわけ地名に用いられている (地名には“法”は 1 例も用いられていない)。これとラの誤用が地名に集中していることと考え合わせると、異なる人物によって音訳漢字が選ばれている可能性を示唆するものである。“凡”ははべる“侍曰凡必禄”の用例のみで、これは“凡”の鼻音韻尾 [n] は“必”を有声音化する役割を果

たしているものと思われる。

「ヒ」、「ヘ」に対する音訳漢字には中古音の喉音に属する暁母・匣母字の狭母音が、その他に対しては唇歯摩擦音の非母、敷母、奉母が主に選ばれる傾向が看取できる。ハ行イ段音の「ヒ」に対しては、中古の喉音声母に由来する音訳漢字が使用されている。“許”は喉音の [h] を示すが、実際には [ç] に近い発音の漢字を選んだ可能性もある。現代首里方言のヒ音は、「火」[hwii] となっている。また、ハ行イ段音に対して“跪曰僻那麻之記”という両唇音声母“僻”を持つ例も 1 例見られる。この語は、遡って「蕭崇業」においても、両唇破裂音 [p] の音訳漢字でも示されている。

ハ行ウ段音のフ音とオ段音の「ホ」は共通の音訳漢字を使う例が極めて多い。例えば、「ほね」“骸曰父你”と「ふね」“舟艘粃舠 曰父你”が同じ音訳漢字で示されている。これは「フ」と「ホ」が同音で、「フ」になっていることを示すものである。だが、音訳漢字の“福”は主に「フ」に用いられ、「ホ」に用いられることは稀である。これは両唇摩擦音の [ɸ] を表すと思われる。

このように、『琉球訳』においては 1 例のみ [p] が使われるものの、その他の用例は [p] が使われていないことは明らかである。

9.3.「訳訓」の語中・語尾のハ行音

以下は語中・語尾でハ行音がみられるものの用例である。

提示語（訓）	音訳漢字	中古音	南方官話	現代首里
江河川（かは）	喀瓦	瓦（微母）	[kawa]	/kaa/
磚瓦（かはら）	喀瓦羅瓦	瓦（疑母）	[kawarawa]	/kaara/
厖大恢洪宏浩巨（おほさ）	烏一	烏（影母）	[ui]	/ʔuhwisaɴ/
灰（はひ）	孩	孩（咍韻）	[huai]	/hwee/
大門（おほもん）	午甫	甫（非母）	[ufu]	/ʔuhu/
祖	武甫日	甫（非母）	[wufuziʔ]	/ʔuhuza/
多（おほさ）	屋火煞	火（暁母）	[wuʔhuɘsaʔ]	/ʔuhusaɴ/

“大門”、“多”、“祖”の項目で琉球語の両唇摩擦音 [ɸ] を示す音訳

漢字“甫”、“火”が使われている。そして、「かわ」や「かわら」を表す項目では、発音が [kawa] や [kawara] になっており、現代首里方言のような [w] が脱落して長音になっている状況は観られない。これは「語音翻訳」や『見聞録』で「瓦」が [kaara] と脱落していた状況とは異なる。一方で「大きい」、「はい(灰)」を表す項目はかつての唇音の形跡は全く観られず、「大きい」は首里方言で見られる喉音の /hwi/ は書かれていない。恐らく、これは『琉球訳』が反映する言語の位相が異なることに起因すると思われる(本書第 4 章参照)。

10.『漂海始末』(1818)

『漂海始末』は漢字で書かれた語彙(漢人による漢語ではなく、和習のする漢語)に対して、ハングルで琉球語の音声が記されている。

10.1. 語頭のハ行音

以下は語頭でハ行音がみられるものの用例である。

提示語(訓)	ハングル	ハングル転写	現代首里
船(ふね)	호늬	hunɯi	/huni/
箸(はし)	하시	hasi	/hasi/
富人	호귀인	hukuiin	なし
福(ふ)	호	hu	なし
甘藷(かんしょ)	한우슈	hanusju	/kaɴda/
筆(ふで)	호듸	hutɯi	/fudi/
簪	ᅀᅵ 화	zihoa	/ziihwa/
豆腐(とうふ)	두호	tuhu	/toofu/

多くは喉音 [h] を示すハングルㅎが使われているが、これが琉球語の [hu]を表すのか、[ɸu]を表すのかは不明である。因みに同年のクリフォード語彙は喉音 [h] を使っているため、喉音に近いと考えられる。

一方、両唇破裂音 [p] の系列のハングルが使用されている例もあるが、いずれも提示語と発音が対応せず、何らかの誤記である可能性が高い。

提示語	ハングル	ハングル転写	首里
鼻（はな）	픠이	p'ii	/hana/
無	비 부랑	pipurang	なし

1501年の「語音翻訳」と「漂海始末」はハングル資料であることは共通しているが、ハ行音の表記は大きく異なり、前者は[pʰ]、後者は[h]と時代の変化を反映する。

10.2. 語中・語尾のハ行音

以下は語中・語尾でハ行音がみられるものの用例である。

提示語（訓）	ハングル	ハングル転写	首里
橘[14]（くねんぼ）	군희보	kunhɯipu	/kunibu/

こちらは“橘”は沖縄では「九年母」と表記される柑橘類であるが、これは有声両唇破裂音の[bu]を表しているものと思われる。

10.3.「カ」が喉音化する現象

なお、カ行ア段音の“甘藷”が/hansjo/と喉音で表されている。

提示語（訓）	ハングル	ハングル転写	現代首里
甘藷（かんしょ）	한쇼	hansjo	/kaɴda/

11. Herbert John Clifford(1818)*"A Vocabulary of the Language spoken at the Great Loo-Choo Island"*

ここから琉球語をローマ字で記したクリフォード語彙を分析する。

11.1. 語頭のハ行音

以下は語頭でハ行音がみられるものの用例である。琉球語の原文表記は太字斜体で示し、考察対象の音節は下線で示す。

English	Loo-Choo	筆者語釈	現代首里
Teeth	***Há***	歯（は）	/haa/
Snake	***Háboo***	蛇（はぶ）	/hwiibu//hwiibaa/
Batterfly	***Habároo***	蝶	/habiru/
Leaf	***wha***	葉（は）	/hwaa/
Flower	***Fánna***	花（はな）	/hana/
Nose	***Hónna***	鼻（はな）	/hana/
Cheeks	***Hoo***	頬（ほほ）	/huu/
Sail	***Foo***	帆（ほ）	/huu/
Goat	***Feéja***	山羊（ひつじ）	/hwiizaa/
Stars	***Foóshee***	星（ほし）	/husi/
Pencil	***Hoódee***	筆（ふで）	/hudi/

クリフォードの記述においては、ハ行音は概ねＨとＦで記述されており、Ｐは地名の「那覇」や「北京」を表す時に用いられている。「鼻」と「花」、「歯」と「葉」、「頬」と「帆」の間でＨとＦのミニマル・ペアが存在する。

11.2. 語中・語尾のハ行音

以下は語中・語尾でハ行音がみられるものの用例である。

English	Loo-Choo	筆者語釈	現代首里
Skin	***ka***	皮（かは）	/kaa/
Today	***A'choo***	今日（けふ）	/cuu/
Yesterday	***Cheénoo***	昨日（きのふ）	/cinuu/
Big	***Weésa***	大きい（おほきい）	/ʔuhwisaɴ/
Well	***Meézee ka***	井戸（かは）	/kaa/

これらではみな唇音の要素がなくなっている。

11.3.「カ」が喉音化する例

English	Loo-Choo	筆者語釈	現代首里

Button	***hoga'nnee***	黄金（こがね）	/kugani/
Empty	***ha'rashoong***	からせる	なし
	ha'ckkeeboocoo	掛久保（地名）	/kakibuku/

11.4「ハ」が軟口蓋音化する例

一方、「ハ」が軟口蓋音 [k] で表記される例も少数ながら観られる。

English	Loo-Choo	筆者語釈	現代首里
Eight	***kwat'chee***	8（はち）	/haci/

この例は聞き違いの可能性もあるが、クリフォードの聴覚印象では当時の「カ」は比較的揺れのある音であったと考えられる。

12. Bernard Jean Bettelheim(1851)*"English-Loochooan Dictionary"*

以下にベッテルハイムの琉球語記述について分析をする。以下のベッテルハイムの記述は、大英図書館本を翻刻した伊波和正 (1996a) から抽出した。

12.1. 語頭のハ行音

以下は語頭でハ行音がみられるものの用例である。

英語	Loo-Choo	筆者語釈	現代首里
leaf	***fā***	葉（は）	/hwaa/
tooth	***hā***	歯（は）	/haa/
nose	***hána***	鼻（はな）	/hana/
flower	***hana***	花（はな）	/hana/
snake	***habu***	蛇（はぶ）	/habu/
beard	***fidji***	ヒゲ（ひげ）	/hwizi/
elbow	***fídji***	肘（ひじ）	/hwizikee/
moxa	***fūtsi***	蓬	/huuçi/
navel	***fússu***	臍（へそ）	/husu/
forehead	***fittché***	頬（ほほ）	/huu//huuẓira/

ハ行ア段音は *h* あるいは *f* で、イ段音、ウ段音は *f* で記述している。「葉」と「花」の子音の違いも書き分けられ、ミニマル・ペアが存在している。「花」と「鼻」については母音のアクセント記号の有無が異なるが、これが音色の違いを反映しているかは不明である。

また、ハ行音の語中・語尾に有声唇歯摩擦音 [v] が現れることを指摘している。これはベッテルハイムの記述の鋭敏さを物語っている。

英語	Loo-Choo	筆者語釈	現代首里
millet	***ava***	粟（あは）	/ʔawa/
lentil	***fira māmi gva***	ヒラマメ	/maami//gwa/
	ivaku	イハク（「曰」く）	
	sinavatchi	スナハチ（則）	
	kunshiva	クンシハ（「君子」は）	

12.2.「カ」が喉音化する例

英語	Loo-Choo	筆者語釈	現代首里
sweat	***assi, assi hayúng***	汗をかく	/kacun/

以上のように「カ」が喉音の *h* で記される例も観られる。

12.3. 語中・語尾のハ行音

以下は語中・語尾でハ行音がみられるものの用例である。

英語	Loo-Choo	筆者語釈	現代首里
skin	***ka***	皮（かは）	/kaa/
well	***kā***	井戸（かは）	/kaa/
today	***chū***	今日（けふ）	/cuu/
yesterday	***chinyū, chinū***	昨日（きのふ）	/cinuu/
large	***uffissang***	大きい（おほきい）	/ʔuhwisaɴ/

「大きい」を表す語が *f* を使い、両唇摩擦音を保持する。その一方で、首里方言で1拍で1語をなす語で、長母音になっている語に関しては、[w] が脱落する傾向が観られる。これは現代首里と同じ体系である。

13.『沖縄対話』(1880)

沖縄県学務課編『沖縄対話』は 1880 年（明治 13）12 月に発行した共通語と首里方言の対訳資料である。日本語に対応する「首里方言」の発音を片仮名で記している。部分的に歴史的仮名遣いが用いられるが、拗音や促音、長音で読む語の片仮名に傍線を引いている。

13.1. 語頭のハ行音

当時は清音と濁音と半濁音を表記の上で区別していたと考えられる。以下では、清音は「フ」、濁音は「ザ」、半濁音には「ピ」が使われているが、現在と同様に濁点は “ ゛”、半濁点は “ ゜” が使われている。

日本語	首里	現代首里
其外ノ	ウヌフカヌ	/huka/
雑費ヲ	ザツピ。	なし
引キマスレバ	ヒチーネー。	/hwicuɴ/

ハ行音をみると、清音に半濁点が使われている例は見当たらない。よってこの資料では [p] を表現していないことが分かる。

13.2. 語中・語尾のハ行音

下記中央の「首里方言」の欄における下線は、原文で傍線として記されている。この原文にもとから存在する傍線は、文字通りの読み方をしないことに注意を促す意図で付けられている。

日本語	首里方言	現代首里
買ヒマシタ	カフヤビタ	/koojuɴ/
大坂	ウフザカ	なし

これらが表記通り読まれたのか、長音で読まれたのかは明確ではないが、傍線は全体的に何らかの音便を考慮して付けられており、これらも長音で読まれたものと考えられる。

14. Basil Hall Chamberlain(1895)*"Essay in aid of a grammar and dictionary of the Luchuan Language"*

チェンバレンは琉球語をローマ字で記している。テキストはチェンバレン (1895) を底本とした。チェンバレンは *f* と *h* について、で以下のように説明している (p.26)。

「31.– 琉球語は日本語同様、*f* は純粋な唇音である (英語のような唇歯音ではない)。また、*h* はまさしく英語と同じように発音され、*f* と *h* の二つの文字は、いずれもかつての *p* を表すということで、密接にかかわっている [15]。」

このように *f* と *h* が関連するとしつつも、両音を弁別する姿勢が観られる。現に、具体例においては、両音を区別しながら以下のように記述している。

14.1. 語頭のハ行音

以下は語頭でハ行音がみられるものの用例である。

English	Luchuan	筆者語釈	現代首里
a grandmother,-vulg.	***Pāpā***	祖母	/paapaa/
the designation of any gentleman over thirty-seven years of age	***Pēching***	親雲上	/peeciɴ/
leaf	***Fā***	葉（は）	/ha/
the south wind	***Fē-kazi***	南風	/kazi/
fire, light	***Fī***	火（ひ）	/hwii/
the left(hand)	***Fijai***	左（ひだり）	/hwizai/
outside, elsewhere	***Fuka***	外（ほか）	/huka/
a tooth	***Hā***	歯（は）	/ha/
a flower	***Hana***	花（はな）	/hana/
the nose	***Hana***	鼻（はな）	/hana/
the spring season; more often faru	***Haru***	春（はる）	/haru//hwaru/
a vessel, a ship	***Huni***	舟（ふね）	/huni/
a bone	***Huni***	骨（ほね）	/huni/

以上のようにハ行音はP、F、Hで記述されている。Pで示される用例は2つのみで、Pēchingは“written 親雲上”と漢字も記述されている。また、チェンバレンは「葉」と「歯」の発音をFとHで使い分け、ミニマル・ペアが存在している。これは両唇摩擦音[ɸ]と喉音[h]の違いを表現しているものと思われる。これはクリフォード語彙、ベッテルハイム語彙と同様である。

14.2. 語中・語尾のハ行音

以下は語中・語尾でハ行音がみられるものの用例である。

Luchuan	語釈	筆者語釈	現代首里
Kā	a well	井戸（かは）	/kaa/
Kā	the bark of a tree	皮（かは）	/kaa/
Kāra	a tile	瓦（かはら）	/kaara/
Fē	ashes	灰（はひ）	/hwee/
Fē	a fly	蝿（はへ）	/hwee/
Ufushang	numerous	多い（おほい）	/ʔuhusaɴ/
Ufu-tchu	an adult	大人	/uhuqcu/

「多い」を表す語が両唇摩擦音を保持する一方で、1拍で一語をなす語に関しては[w]が脱落している状況が観られる。これは現代首里方言と同じである。

15. Charles Haguenauer(1930)

では1930年に沖縄を訪れたシャルル・アグノエル（Charles Haguenauer）のノートをみてみよう。首里方言に関する記述は、首里に関するノートの最後の4頁が費やされている。p.282には首里方言の「南」の発音について以下のように記述をしている。

「首里：*fē (fuē)*= 南

[首里では] 葉 *fā*：少し閉じるが、両方の唇は接触しない[16]。

歯 *hā*：開いてそして息が出る

funi：舟」

これらをIPAで示すと「南」は、無声両唇摩擦音[ɸee]、「歯」の項は「*hā*: 開き、気音」で[haa]となる。しかし、これらは具体的にどの語を指しているか分からない。また、アグノエルは以下のように那覇についても記している。

「*h, f* は単に母音の調音によって開きが異なるのみである。聴覚的にはひは *fi*、へは *fē* よりも *hē* により近い[17]。」

ここから首里は両唇摩擦音[ɸ]、那覇は喉音の[h]と異なる印象をもっていたことが分かる。以下の那覇方言の記録もそれを反映している。

15.1 那覇方言の語頭のハ行音

以下は語頭でハ行音がみられるものの用例である。

ア氏表音	ア氏語釈	筆者語釈	現代那覇
hwā	feuille (Shūri id.) (葉(首里同様))	葉(は)	/hwaa/
hā	dent (歯)	歯(は)	/haa/
haru	春	春(はる)	/haru/
fī	火	火(ひ)	/fi/
hidjai	左	左(ひだり)	/hwizai/
***fisa, fišă* (首)**	jambe (足)	足(ひざ)	/hwiʂja/
fēsang	hayai	はやい	/hweesaɴ/

ハ行音は *hw*、*f* で記される。母音のみの違いで子音の違いではない。ただ、「葉」は *hwa*、「歯」は *ha* と書き分けられており、これは[ɸa]と[ha]の違いを表現しているものと思われる。

15.2 那覇方言の語中・語尾のハ行音

以下は語中・語尾でハ行音がみられるものの用例である。

ア氏表音	ア氏語釈	筆者語釈	現代那覇
nāhwá	Nawa	那覇(なは)	[naɸa]
nā	niwa et campagnnard	庭(には)	[na:]
chū	kyō aujourd'hui	今日(けふ)	[tʃu:]

1拍で1語をなす語に関しては多く[w]が脱落している状況が観られる。これは現代首里と同じである。

なお、「カ」が喉音[h]で表れる現象は観られない。

16. 伊波普猷(1932)『琉球語大辞典(草稿)』[18]

伊波普猷『琉球語大辞典(草稿)』のハ行音に対する表記をみてみよう。これまでの記録とは異なり、母音の広狭による発音の微細な違いを反映させていることや、オノマトペなども盛り込んでいるため、多様な記述がみられる。

16.1. 語頭のハ行音

以下は語頭でハ行音がみられるものの用例である。

表音	語釈	現代首里
ハー	歯。感動詞。	/haa/
ひー	火。火事。屁。	/hwii/
ひヂャイ	左。	/hwizai/
ふェー	蝿。灰。	/hwee/
ふシ	星。	/husi/
ホー	獣類を追ひ立てる声。女陰。他方。遠方。	/hoo/

ハ行音は喉音で記されている。その一方で、以下のように「パ」、「ピ」、「プ」、「ペ」、「ポ」の見出しがあり、「パ」には両唇破裂音[p]で表音される例も1例挙げられている。

表音	伊波語釈	現代首里
パイシュン	礼拝する。おじぎする。	なし
fi:	日―今日の日などの日。	/hwii/
fi:dʒa:	山羊。	/hwiizaa/
fiʃa	足。	/hwişja/

プープー	顔をふくらしてゐる形容。	なし
fu:tsi	蓬。艾。	/fuuçibaa/
funi	船。骨。	/huni/
ペーペー	汚いもの（小児語）。	なし
fo:tu	鳩。	/hootu/

パ行音で記されるのは動詞の「パイシュン」とオノマトペである。ローマ字の *f* で表音されている音は狭い母音の時に用いられているが、ア段音など広い母音は喉音 [h] であったと考えられる。

16.2 語中・語尾のハ行音

以下は語中・語尾でハ行音がみられるものの用例である。

表音	語釈	歴史的仮名遣い	現代首里
カー	井戸。皮。	かは	/kaa/
カーラ	川。	かは	/kaara/
ナー	縄	なは	/naa/
ウふ	「大なる」といふ意を表はす接頭語。	おほ	/ʔuhwisaɴ/
ウフサン	多い	おほ	/ʔuhusaɴ/

17.『沖縄語辞典』(1963)

『沖縄語辞典』p.36 には *h* 音の表記について以下のように書かれている。

「*u* および *w* の前で [ɸ]，i および *j* の前で [ç]，その他の場合に [h] である。(中略)「ハ (ha)」は単語によって *hwa*([ɸa]) または *ha*([ha]) に，ただし「ハイ *(hai)*「ハエ *(hae)*」と「ホー *(hoo)*」<開音」はそれぞれ *hwee*([ɸe:]) と *hoo*([ho:]) に対応する。「拗音」(「ヒャ」「ヒュ」「ヒョ」) は首里方言でも唇音性をもたない。」

そして、以下の例を挙げている

表音	意味	IPA
hwaa	葉	[ɸa:]
haa	歯	[ha:]
hana	花	[hana]
hana	鼻	[hana]

そして、以下のように述べる。

「「ハ」に対応するものには，*haQka* ～ *hwaQka*(薄荷)，*hani* ～ *hwani*(羽) のように両様の形のあるものもあり，また，若い世代には「ハ」の場合はもちろん「ヒ」「へ」の場合にも唇音性を失う傾向が見られるようである。」

つまり、若年層は上記の挙例でいうと「薄荷」は /haQka/、羽は /hani/ と喉音で発音される。現代の若年層の状況は不明であるが、20 世紀半ば生まれはすでに両唇摩擦音の [ɸ] は失われている可能性が高い。

なお､現代首里方言にも「カ」が喉音になっていると思しき例がある。

表音	意味	IPA
hakijuN	（首に）掛ける	[hakijuN]

おわりに

以上､歴史資料においてハ行音がどのように記されてきたかをみたが、琉球語のハ行音は 1579 年までは [p] で発音されており、[p] から [ɸ] への変化は 1721 年の『伝信録』編纂時までには始まったものと考えられる。残念ながら『おもろさうし』のハ行音が [p] か [ɸ] か [h] のいずれで読まれたのか仮名文字を使っているため確証が得られない。だが現代方言や歴史的資料でカ行ア段音の「カ」が喉音 [ha] になる現象が見られるとき、ハ行音は喉音 [ha] ではなく、両唇破裂音の [p] や両唇摩擦音の [ɸ] になる傾向がある。このことを考慮すると、「カ」が [ha] になる現象がみられる『おもろさうし』は少なくとも､喉音 [h] ではなかったと考えられる。さらに同時代の「陳侃」(1535) と「蕭崇業」(1579) が [p] を示していることを考慮すると、[p] の可能性が高いと思われる。

また、その後も一部の口語語彙は [p] を慣用的に使用しているが、『琉球訳』(1800) の状況から文章を読んだり、漢文を読み下したりする場面では多く [ɸ] を使っていたと考えられる。その後の欧人によって記述された琉球語のハ行音は、一部の語彙で [ɸ] と [h] の区別がされており、その後、その区別は [h] へと変化する様子がうかがえる。

これらの用例をまとめると以下のようになる。以下、~~諾其~~のように取り消し線を引いているのは、誤った音訳漢字である。なお、「陳侃」の“花”と“鼻”は「日訳」にも見られる項目で[19]、継承された可能性のあるものである。

	歯(牙)	**葉**	**花**	**鼻**	[ka]>[ha]
語音翻訳 (1501)	파 [p^{h}a]	なし	파라 [p^{h}ara]	파나 [p^{h}ana]	無
陳侃 (1535)	華[20]	戹	法拿	花那	無
『おもろさうし』	なし	なし	なし	なし	有
蕭崇業 (1579)	扒 [pa]	戹	抛拿 [p^{h}ao na]	抛拿 [p^{h}ao na]	無
伝信録 (1721)	夸 [k^{h}o]	豁 [huaʔ]	豁那 [huaʔ na]	豁納 [huaʔ naʔ]	有
見聞録 (1764)	なし	なし	花那 [huaʔ na]	花納 [huaʔ naʔ]	有
琉球訳 (1800)	なし	なし	法那 [faʔ na]	法拿 [faʔ na]	無
漂海始末 (1818)	なし	なし	なし	~~파이 [p^{h}ii]~~	有
Clifford(1818)	*ha*	なし	*Honna*	*Fánna, hana*	有
Bettelheim(1851)	*Ha*	*Fa*	*hana*	*hána*	無
Chamberlain(1895)	*Hā*	*Fā*	*Hana*	*Hana*	無
Haguenauer(1930)	*hā*	*hwā*	なし	なし	無
伊波普猷 (1932)	ハー	なし	ハナ	ハナ	無
沖縄語辞典 (1963)	/haa/	/hwaa/	/hana/	/hana/	無
現代首里 (1963 ~)	haa	haa	hana	hana	無

歴史的文献が首里の言語を反映すると仮定すると、概ね両唇帯気破裂音 [p] >両唇摩擦音 [ɸ] >喉音 [h] と変遷し、現代ではオノマトペや特定の語彙で [p] が残存するといえる。ただ、“葉”と“歯”の項目において、

『伝信録』では音訳漢字に区別が反映され、19世紀以降の資料でも両唇摩擦音 [ɸ] と喉音 [h] のミニマル・ペアが確認される。一方“花”と“鼻”については一貫して同音であったと考えられる。“葉”と“歯”は古い時代の名残ではなく、同音衝突を避ける局所的な異化現象と考えられる。

そしてカ行ア段音が喉音になる現象は、特に『おもろさうし』、『伝信録』とクリフォードで顕著に観られるが、ハ行音が [h] に移行するのに伴い、少なくなったものと思われる。

1　渡辺実 (1997) 参照。
2　柳田征司 (1989)、『沖縄語辞典』(1963) 参照。
3　以下は継承性が強い資料である、これらの成立年は明確だが主要な考察対象から除外し、参考程度にとどめる。
1561年 (嘉靖四十年) 郭汝霖編『使琉球録』「夷語附」
1579年 (萬暦七年) 蕭崇業・謝傑編『使琉球録』付録「夷語」「夷字」
1596年 (萬暦二四年) 劉孔當編『海篇心鏡』「夷語音釋」
1606年 (萬暦三十四年) 夏子陽・王士禎編『使琉球録』付録「夷語」「夷字」
1664年 (康熙三年) 張學禮著『中山紀略』
4　木津祐子 (2012)、石崎博志 (2013) 参照。
5　斗早の誤りか。
6　陳侃「夷語」と「琉球館訳語」の先後関係については本書第1章を参照。
7　高橋俊三 (2011) 参照。
8　仲吉本・田島本にみられる。
9　<三の九>に「はから」あり。
10　“北”は字形の類似による“比”の誤字であろう。
11　琉人呼春爲花魯二音、則合書八口二字卽爲春字也。色爲伊魯二音則合書イ口二字、卽爲色字也。
12　『国家図書館蔵琉球資料匯編 (中)』所収『琉球國志略』p.854-856 参照。
13　巾着袋のようなもの。
14　『おもろさうし』には「くねんぼ」(九年母) の語がある。
15　31.− In Luchuan, as in Japanese, *f* is a pure labial − not the English labio-dental; *h* is pronounced exactly as in English, and the two letters *f* and *h* are closely related, both representing an earlier p.
16　*[À] Shuri.*　*fā : un peu fermeture, mais les lèvres ne touchent pas*
hā : ouverture et souffle
funi : bateau
17　*[À Naha] h, f, simplement différence d'ouverture à cause [de l']articulation de la voyelle. À l'oreille ひ rend fi ; へ plus près de hē que de fē.*
18　該当箇所は『伊波普猷全集』11から抽出した。
19　詳細は第1章を参照。
20　「日訳」は“牙 : 法”に作り、音訳漢字は [f] を表す。

第2部
第7章
カ行イ段音の変遷

はじめに

本章では琉球語の口蓋化・破擦音化の変遷を論じる。現代首里方言の口蓋化は実に多様である。代表的なものではカ行イ段音の「キ」[ki] が「チ」[tɕi] に変化し、タ行イ段音の「チ」[tɕi] と同音になっている現象 (例えば、きばれよ (気張れよ)> ちばりよー) が挙げられる。上代特殊仮名遣いの反映であるかはひとまずおくが、現代首里方言においては、木 [ki:] のように軟口蓋音を保つ語もある [1]。その他の口蓋化の事例としては、『おもろさうし』に母音 [i] に後続する音声が変化する例があり [2]、現代首里方言でも「明日」、「今」、「板」、「左」、「舌」、「下」といった語に口蓋化が起こる。本章では主に歴史的文献におけるカ行イ段音の口蓋化・破擦音化を中心に論じつつ、その他の語においても口蓋化の有無を確認する。

本章で使用する文献は、第 6 章で使用した資料に準じ、成立年代が明確なものを優先する。

1. 申叔舟 (1501)『海東諸国紀』「語音翻訳」

まず『海東諸国紀』「語音翻訳」(1501) からみてみよう。この資料は漢語に対する琉球語音をハングルで記している。以下は、提示語とハングル、そしてハングル転写と現代首里方言の対照表である。

1.1. カ行イ段音とエ段音

以下はカ行イ段音・エ段音・ウ段拗音の用例である。

提示語（訓）	ハングル	ハングル転写	現代首里
下雪（ゆきふる）	유기	yuki	なし
秋（あき）	아기	aki	なし
今日（きょう）	쿄오	k'yoo	/cuu/
昨日（きのう）	기리우	kiriu	/cinuu/
酒（さけ）	사긔	sakɯi	/saki/

上記の下線の音節に対しては、いずれも軟口蓋音ㄱ [k] あるいはㅋ [kʰ] のハングルを使用しており、破擦音のハングルは使われていない。

1.2. タ行イ段音とタ行ウ段音

以下はタ行イ段音とウ段音に関する用例である。

提示語（訓）	ハングル	ハングル転写	現代首里
大路（おほみち）	오부미지	opumici	/uhwu//mici/
火盆（ひばち）	피팓지	p'ip'atci	なし
面（つら）	즈라	cura	/tsira/

タ行イ段音やウ段音に対しては破擦音 [tɕ] を示すハングル“ㅈ”で表音されている。ここから当時の琉球語のカ行イ段音とタ行イ段音には音声的に区別があり、またカ行イ段音は破擦音化していないことが分かる。

1.3. その他の口蓋化を示す用例

以下は現代首里方言で口蓋化する語に関する用例である。

提示語（訓）	ハングル	ハングル転写	現代首里
山底（やました）	사노시쟈	sanosicja	/sica/
舌頭（した）	시쟈	sicya	/sica/
明日（あした）	아쟈	acya	/aca/
醤（みそ）	미쇼	misyo	/'ɴsu/

上にみるように、タ行ア段音に由来する語を中心に口蓋化・破擦音化がみられる。“山底”、“舌頭”は口蓋化した音節の前に母音 [i] が使われており、この母音が口蓋化の要因となっている。“明日”に関して

は、[i] に後続していないが、もともと有していた [si] 音は既に後続する [tɕia] に合流してしまったものと考えられる。これらは琉球語の口蓋化現象を観察できる最も古い用例である。因みに『おもろさうし』においても「明日」は「あちや」と記述されている。上表最後の“醤”は「みそ」を表す語で、現代首里方言では口蓋化していないが、上のハングル表記ではサ行オ段音にも口蓋化が観られる。しかし、後述するようにこの語はのちに必ずしも口蓋化した発音で記録されておらず、表記の正確性に疑問が残る項目でもある。

2. 陳侃 (1535)『使琉球録』「夷語」

2.1.「夷字」

陳侃『使琉球録』「夷字」を見てみよう[3]。まず「夷字附」は「いろは」を示した仮名に漢字を当てたものである。以下は仮名と音訳漢字とその中古音の対照である。

仮名	音訳漢字	中古音
き	其	群母
ち	知	知母

カ行イ段音とタ行イ段音をみると、それぞれ異なる音訳漢字を使用している。その音訳漢字の中古音は、“知”が知母、“其”が群母である。よって“其”は軟口蓋音系の発音に属し、中古以降福建を除く多くの方言でそり舌音あるいは破擦音に変化した知母の“知”とは由来が異なっている。このことは両音を区別しようとする意図の表れである。

2.2.「夷語」

次に「夷語」を見てみよう。「夷語」は漢語の提示語に対し、割注で琉球語音を漢字で表している。第 1 部第 1 章で詳述したように、「陳侃」の「夷語」は「日訳」の影響を受けている。以下の分析対象は「日訳」に存在せず、「陳侃」に存在する項目である。

2.2.1. カ行音

以下はカ行イ段音・エ段音に関する用例である。

提示語（訓）	音訳漢字	中古音	現代首里
霧（きり）	氣力	氣（渓母）	/ciri/
筝（たけ）	達急	急（見母）	/daki/
甘蔗（をぎ）	翁急	急（見母）	/'uuzi/
麒麟（きりん）	其粦	其（群母）	/cirin/
棊子（きし）	乞是	乞（渓母）	なし
琉球人（おきなわ ひと）	倭急拿必周	急（見母）	/ʔucinaa//hwitu/
買賣（あきない）	亞及耐	及（群母）	/ʔacinee/

上のようにカ行イ段音に対する音訳漢字“氣”、“急”、“其”、“乞”、“及”はいずれも団音、つまり中古音では軟口蓋音([k] 系統の音)に由来する。

2.2.2 タ行音

以下はタ行イ段音に関する用例である。

提示語（訓）	音訳漢字	中古音	現代首里
御路（みち）	密集	集（従母）	/mici/
言語（くち）	谷只	只（章母）	/kuci/

タ行イ段音に対して使われる音訳漢字“集”、“只”は中古音では破擦音およびそり舌音の、やはり軟口蓋音とは発音が異なっている。両者は混用されることなく使い分けられているため、「夷語」においてはカ行イ段音とタ行イ段音の発音は分けられていたと考えられる。

ただ現代首里方言では異なった発音である“筝”と“甘蔗”との間に同じ音訳漢字が使用されていることは注目に値する。現代では、上代音の甲類／乙類の反映とも論じられる琉球語のカ行イ段音の [k] 音がこの時代には分けられていなかった可能性を示唆するものである。ただ上代音の甲類／乙類の再構音は近接しているため、漢語話者には書き分けられなかった可能性も存することは言い添えておきたい。

2.2.3. その他の口蓋化の項目

次に、現代首里方言で口蓋化している語の用例をみてみよう。

提示語（訓）	音訳漢字	中古音	現代首里
明日（あした）	阿者	者（章母）	/aca/

現代首里方言で口蓋化している「あした」という 3 拍の語は、"阿者"という二字の音訳漢字で表現されている。これは、「あ」(阿)+「ちゃ」(者)と対応すると考えられ、この語は「明日」の意の琉球語が、口蓋化して現代首里とかなり近似した発音であったことを物語る。これは「語音翻訳」と同様である。

2.3. 陳侃「夷字」、「夷語」まとめ

「陳侃」の「夷字」と「夷語」はともにカ行音イ段音とタ行イ段音を明確に区別している。その一方で"明日"の項目において、口蓋化現象が観られる。

3.『おもろさうし』(巻 1:1531, 巻 2:1613, 巻 3-:1623)

『おもろさうし』のカ行イ段音の口蓋化は高橋俊三 (1991) に詳述されている。『おもろさうし』におけるカ行音は、多くは仮名の「か、き、く、け、こ」を以て記されている。

3.1. カ行音

以下はカ行イ段音に関する用例である。

表音	語釈	現代首里
きこゑ大きみきや (1-1)	聞得大君	/cihwizin/
おきなわ	沖縄	/ʔucinaa/

カ行イ段音ではいずれも「き」という仮名で書かれている。

3.2. カ行拗音

以下はカ行ウ段拗音の用例だが、「きよ」音が「ちよ」音となっている例がある。

表音	語釈	現代首里
ちよわめ (5-52)	来給う	なし
きよらさ (14-1)	清らさ	/curasaɴ/
ちよらのはな (3-51)	清らの花	/cura//nu//hwana/
はちやのさいく	接ぎや	なし

上記の「ちよわめ」はカ変動詞の連用形「き」に「おわる」が付いたもので、類例は「第一の一」、「第一の十三」、「第二の四三」、「第五の七四」、「第七の四五」、「第九の一」、「第十六の十九」、「第二一の一四」などにもみえる。

高橋俊三 (1991) は、「キがチに口蓋化する時期よりも少し前に、キャ・キョ (キュ) がチャ・チュに口蓋化したことを意味しているのではなかろうか」としている。また間宮厚司 (2001) は、『おもろさうし』は実際に詠唱されていた実際の発声音を記したものとしている。しからばカ行イ段音が「キ」になっていないことも当時の発音状況を反映したものと思われる。

3.3. その他の口蓋化

カ行音以外の口蓋化については、高橋俊三 (1982) に網羅されている。そこから抜粋して表にしたのが以下である。

表音	語釈	現代首里
ひぢやり (8-76)	左	/hizjai/
あちや (14-14)	明日	/aca/
いみや / みや (17-7)	今	/naa/
まちゆ (5-36)	真糸	/ma//icu/

「語音翻訳」や「陳侃」では散発的にしかなかった口蓋化がかなりあることが分かる。

4.『混効験集』(1711)

仮名資料として 1711 年に成立した琉和辞書『混効験集』[4] をみてみよう。

4.1. カ行音

以下はカ行イ段音の用例である。

項目語句	説明語句	意味	現代首里
きにふ	昨日	きのう	/cinuu/
きもちやさ	肝いたさなり。痛腸の心也。	心痛	/cimu//ʔicasaɴ/
反詞きよげ	清毛。	清ら毛[5]	なし
きだいこね	胡蘿蔔	きだいこね	/cideekuni/

以上のように、カ行イ段音は仮名の「き」で記されている。「きよげ」という用例にも口蓋化は観られない。これはカ行イ段拗音で口蓋化の状況がみられた『おもろさうし』の状況とは異なる。

4.2. タ行音

以下はタ行イ段音に関する用例である。

項目語句	説明語句	意味	現代首里
ちやけ	即刻といふ事なり。	すぐ。	/caa/
ちびちび	達微々々。	すこしずつ。	なし
ちゞよゐ	千鳥。	ちどり	/cizui/

4.1 と **4.2** からカ行イ段音とタ行イ段音は混同がなく、区別されていることがわかる。

4.3. その他の口蓋化の例

現代首里方言や『おもろさうし』で口蓋化したものについては、以下の例がある。

	項目語句	説明語句	意味	現代首里
た＞ち	あちや	明日	あした	/aca/
か＞き	むきやま	鍋の事	み＋かま	/'ɴcama/

「あちや」は以前の資料でも観られる口蓋化である。「むきやま」は「か

ま」に「御」が先立つ形式で、「御」の [mi] の母音が「かま」の発音に影響を与えたものである。

5. 徐葆光 (1721)『中山伝信録』

5.1.「字母」

では『伝信録』の「字母」のカ行イ段音とタ行イ段音をみてみよう。「字母」は、片仮名と平仮名が併記され、片仮名には“眞”、平仮名には“草”と書かれる。そして、各々の字母の下に、その発音が書かれるが、カ行音は以下のように書かれる。

仮名	発音説明	中古音	現代蘇州	現代首里
かカ	加讀如喀	喀（渓母）	[kʰɒʔ]	/haa/
きキ	其讀如基	基（見母）	[tɕi]	/hii/
くク	可讀如姑	姑（見母）	[kəu]	/huu/
けケ	計讀如其	其（群母）	[dʑi]	/hii/
こコ	科讀如庫	庫（渓母）	[kʰu]	/huu/

以下はタ行音である。

仮名	発音説明	中古音	現代蘇州	現代首里
たタ	太讀如達	達（定母）	[daʔ]	/taa/
ちチ	知讀如痴	痴（徹母）	[tsʰɥ]	/cii/
つツ	律[6]讀如即	即（精母）	[tsiɪʔ]	/cuu/
てテ	天讀如梯	梯（定母）	[tʰi]	/tii/
とト	登讀如都	都（端母）	[təu]	/tuu/

以上のように「字母」のカ行イ段音とタ行イ段音は、異なる音訳漢字を使用している。カ行イ段音の音訳漢字の中古音“基”は見母で軟口蓋音 */k/ 系統の発音である。一方、タ行イ段音の“痴”は徹母 */ʈ/ だが、当時はそり舌音系統 [tʂ] の破擦音の音訳漢字を使用している。それぞれの漢語音の音価はおくとして、音訳漢字に棲み分けがみられる。

5.2.「琉語」

漢語に対する琉球語音を漢字で示した「琉語」ではどうなっているかみてみよう。

5.2.1. カ行音

以下はカ行イ段音に関する用例である。

提示語（訓）	音訳漢字	中古音	現代蘇州	現代首里
木（き）	鷄	雞（見母）	[tɕi]	/kii/
朝（あかつき）	阿噶子吉	吉（見母）	[tɕiɪʔ]	/akaçici/
秋（あき）	阿紀	紀（見母）	[tɕi]	なし
掃箒（ほうき）	火氣	氣（渓母）	[tɕʰi]	/hooci/

以上のようにカ行イ段音は見母 */k/ や渓母 */kʰ/ など軟口蓋音の音訳漢字を使用している。第 2 章でも論じたが、当時の蘇州語は現代のような破擦音ではなく、軟口蓋音だったと考えられる。

5.2.2. タ行音

以下はタ行イ段音に関する用例である。

提示語	音訳漢字	現代首里	中古音韻位置	現代蘇州
地（ぢ）	池	/zi/	池（澄母支韻）	[zɥ]
奶（ちち）	齊	/cii/	齊（従母齊韻）	[zi]
東（こち）	窟之	/kuci/	之（章母之韻）	[sɥ]

「キ」と「チ」に対する音訳漢字の使用傾向をみると、両者には棲み分けがされており、例外はない。よって両者に音声的区別が持っているると思われる。

5.2.3. その他の口蓋化

以下は首里方言で口蓋化が観られる例である。

提示語（訓）	音訳漢字	中古音	現代蘇州	現代首里
紬（いと）	亦周	周（章母）	[tsɤ]	/ʔiicuu /
明日（あした）	阿着	着（知母）	[tsɑʔ]	/aca/

下（した）	昔着	着（知母）	[tsɑʔ]	/sica/
羊（ひつじ）	皮着	着（知母）	[tsɑʔ]	/hwizaa/
醤（みそ）	彌沙	沙（生母）	[so]	/’ɴsu/

“紬”、“明日”、“羊”、“下”は口蓋化が観られ、“下”の口蓋化例は「語音翻訳」に観られる。“醤”は「語音翻訳」においては口蓋化しているが、『伝信録』は蘇州方言の音価に照らすと和語の「みそ」に近い [miso] となるため、口蓋化していないとみられる。

6. 潘相 (1764)『琉球入学見聞録』

6.1.「字母」

以下が片仮名に対する音訳漢字である。

片仮名	キ	ケ	チ	ツ
仮名の代用漢字	戈	个	千	川
音訳漢字	基	基	癡	本音自誤作卽

カ行イ段音とエ段音が同じ音訳漢字“基”で表音されているため、この両音は同じ発音になっていたものと思われる。音訳漢字の“基”が軟口蓋音の見母 [k] に由来すること、そしてそり舌音あるいは破擦音を表す「チ」と「ツ」の音訳漢字“癡”と“自”とは区別されていることから、カ行イ段音はタ行イ段音とは異なる音であったと考えられる。そして、南方官話に照らせば、“基”の音価は [ki] という軟口蓋音を示していたものと思われる。

6.2.「土音」

「土音」のカ行イ段音については、第 3 章で詳述しているため、そちらを参照されたい。結論としては、琉球語のカ行エ段音・イ段音に対しては中古音の団音字が、タ行イ段音・エ段音には破擦音系の音訳漢字が独占的に使われ、両音には音訳漢字の棲み分けがある。よってカ行イ段音とタ行イ段音は未合流であったと言える。

6.2.1. カ行音

以下はカ行イ段音とエ段音に対する例である。

提示語	音訳漢字	中古音	南方官話	現代首里
黄（きいろ）	奇魯	奇（群母）	[k^hi]	/ciiru/
琉球地（おきなわ）	屋其惹	其（群母）	[k^hi]	/ʔcinaa/
紫（むらさき）	木喇煞吉	吉（見母）	[kɪʔ]	/murasaci/
斧頭	由吉	吉（見母）	[kɪʔ]	/'juuci/[7]
男	烏吉喀	吉（見母）	[kɪʔ]	/'wikiga/
竹籠（たけかご）	他吉踢衣盧	吉（見母）	[kɪʔ]	/daki tiiru[8]/
酒壺（さけびん）	撒吉並	吉（見母）	[kɪʔ]	/sakibiɴ/

“吉”がカ行エ段とイ段ともに使われていることから、少なくとも当該語彙については清音のカ行エ段音はイ段音に合流していたと考えられる。また“父”、“男”、“竹籠”など現代首里方言で [ki] となっている語にも“吉”が使われている。これは“吉”が軟口蓋音 [ki] を表す音訳漢字だった可能性を示唆し、音訳漢字の基礎方言も当該音が非口蓋化の地域の発音であったことを表す。また、“紫”、“男”の例にみるように、上代音の甲類／乙類の区別に対しては、両方とも音訳漢字“吉”が使われている。ここからやはり甲類／乙類の区別が反映しているとは言えない。

6.2.2. その他の口蓋化

現代首里方言で口蓋化している語に関しては以下の用例がある。

提示語（訓）	音訳漢字	中古音	南方官話	現代首里
明日（あした）	阿雜	雜（従母）	[tsa]	/aca/
下（した）	昔着	着（知母）	[tʂəʔ]	/sica/

「明日」と「下」の用例は口蓋化していたとみられる。なお、「下」は『伝信録』と全く同じ音訳漢字が使われている。

7. 李鼎元 (1800)『琉球訳』

『琉球訳』は漢字の音読みを示した「訳音」と訓読みを表す「訳訓」からなる。「訳訓」のカ行音をみてみよう。

7.1.「訳訓」カ行音

以下をみると「キ」、「ケ」、「チ」に音訳漢字“及”と“直”を使用している。

提示語（訓）	音訳漢字	中古音	南方官話	現代首里
昨日（きのう）	及牛	及（群母）	[kɪʔ]	/cinuu/
沖裏（おき/うち）	武直	直（澄母）	[tʂɪʔ]	/ʔuci/
烟（けむり）	及木里	及（群母）	[kɪʔ]	/cimuri/
幼孺穉（あどけなし）	一獨直那石	直（澄母）	[tʂɪʔ]	なし

カ行イ段音やエ段音にも中古の澄母 */ɖ/(後に [tʂ] に変化) に由来する“直”が使われていることから、これらは破擦音化していたとみられる。また“沖”と“裏”は「オキ」と「ウチ」の読音になり、これらが一つにまとめられていることからもカ行音の口蓋化・破擦音化とタ行イ段音への合流が確認できる。

7.2.「訳訓」タ行音

以下はタ行イ段音・ウ段音・エ段音の用例である。

提示語（訓）	音訳漢字	中古音	南方官話	現代首里
血（ち）	直	直（章母）、及（見母）	[tʂɪʔ]	/ci/
月（つき）	即及	即（精母）	[tɕɪiʔ]	/çici/
手（て）	的	的（端母）	[tiʔ]	/ti/

カ行イ段音・エ段音に使われる音訳漢字と、タ行イ段音で使われる音訳漢字は重複している。ここからカ行イ段音・エ段音は破擦音化してタ行イ段音に合流していることが分かる。

カ行イ段音・エ段音・タ行イ段音と、タ行ウ段音、およびタ行エ段音は音声的に区別されていたものと考えられる。それはこの三者の音訳漢字に使い分けが見られるからである。

7.3.「訳訓」カ行ア段拗音・オ段拗音

以下はカ行とタ行の拗音に関する項目である。

提示語（訓）	音訳漢字	中古音	南方官話	現代首里
脚（きゃく）	及牙古	及牙（群母）	[kɪʔ ja]	なし
曲局極（きょく）	主古	主（章母）	[tʂu]	/çiku/

カ行オ段拗音に対する音訳漢字にそり舌破擦音声母“主”が用いられている。これは当該琉球語音声が口蓋化・破擦音化していることを示す。

7.4.「訳訓」タ行ア段拗音

以下は現代首里方言で口蓋化する語に関する用例である。

提示語（訓）	音訳漢字	中古音	南方官話	現代首里
明日（あした）	阿家	家（見母）	[kia]	/aca/

これまでみてきたように、「明日」はこれ以前の資料で一貫して口蓋化が観られる語である。この語に対し、軟口蓋音に由来する音訳漢字“家”を使用し、現代首里方言の [atɕia] の [tɕia] の部分を表現している。この音訳漢字が成立する条件は、“家”が破擦音化している状況、つまり北方的要素の入った南方官話であったと考えられる。

8.『漂海始末』(1818)

『漂海始末』は漢字で書かれた語彙（漢人による漢語ではなく、和習のする漢語）に対して、ハングルで琉球語の音声が記されている。

8.1. カ行音

以下はカ行イ段音の用例である。

提示語（訓）	ハングル	ハングル転写	現代首里
十一月（しもつき）	시모지짓	simocici	/simuçici/
好（きよらさ）	주라사	curasa	/curasaɴ/

以上のように軟口蓋音に由来する音節「キ」に対し、破擦音 [tɕ] のハングルㅈで発音を示している。ここからカ行音が破擦音化している様子

が窺える。

8.2. タ行音

以下はタ行イ段音の用例である。

提示語（訓）	ハングル	ハングル転写	現代首里
口（くち）	구지	kuci	/kuci/
毎日（まいにち）	매니치	mainichi	/meenaci/

「チ」に対しても破擦音 [tɕ] のハングル 지 /ci/ を使っている。ここから、カ行イ段音は口蓋化・破擦音化するだけでなく、タ行イ段音に合流していたことが確認できる。

8.3. ガ行イ段音の口蓋化

またガ行イ段音が口蓋化・破擦音化している例もみられる。

提示語（訓）	ハングル	ハングル転写	現代首里
簪	ᅀᅵ화	zihoa	/ziihwa/

ハングルの子音 △ は、現代では使われていないが、かつては有声破擦音声母を注記するために使われていたため、「ギ」から「ジ」に変化していたことが分かる。

9. Herbert John Clifford(1818)*"A Vocabulary of the Language spoken at the Great Loo-Choo Island"*

9.1. カ行イ段音

標準語でカ行イ段音になるものの用例である。

English	Loo-Choo	筆者語釈	現代首里
Tree	***Kee***	木（き）	/kii/
Moon	***Stchay***	月（つき）	/çici/
North	***Cheéta***	北（きた）	/nisi/
Gold	***Ching***	金（きん）	/ciɴ/

Cloth or Clothes	***Ching***	絹（きぬ）	/ciɴ/
Yesterday	***Cheénoo***	昨日（きにふ）	/cinuu/
Handsome	***Choorása***	美しい（きよらさ）	/curasaɴ/

上記のように「月」、「北」など「き」に対応する発音は口蓋化・破擦音化しているが、「木」のような現代首里方言で破擦音化していない語に関しては、現代と同様に軟口蓋音 [k] で記され、他の発音とは区別されている。

9.2. タ行イ段音とウ段音

以下は標準語でタ行イ段音・エ段音になるものの用例である。

English	Loo-Choo	筆者語釈	現代首里
Blood	***Chee***	血（ち）	/cii/
Milk	***Chee***	乳（ち）	/cii/
Nail, finger	***Thimmee***	爪（つめ）	/çimi/
Rope	***Chinna***	綱（つな）	/çina/

以上のようにタ行イ段音はカ行イ段音と同じ表記がされ、合流している。

9.3 その他の口蓋化

以下は現代首里方言で、カ行音以外で口蓋化するものの用例である。

英語	Loo-Choo	筆者語釈	現代首里
tomorrow	***A'cha***	明日（あした）	/aca/
goat	***Feéja***	羊（ひつじ）	/hwizaa/
tongue	***Stcha***	舌（した）	/sica/

上記のように現代首里方言とほぼ同じ特徴をもつ発音で表記されている。

10. Bernard Jean Bettelheim(1851)*“English-Loochooan Dictionary”*

ベッテルハイムはローマ字で琉球語音を記述している。以下の *k* は軟口蓋音を表し、*ch* は破擦音を表している。

10.1. カ行イ段音

英語	Loo-Choo	筆者語釈	現代首里
hair	***kí***	毛（け）	/kii/
tree	***kí***	木（き）	/kii/
beard	***fidji***	鬚（ひげ）	/hwizi/
breath	***īchĭ***	息（いき）	/ʔiikaki/
bamboo	***dăkĭ***	竹（たけ）	/daki/
stalk	***kutchi***	茎（くき）	/kuci/

10.2. タ行イ段音

英語	Loo-Choo	筆者語釈	現代首里
Blood	***chi***	血（ち）	/cii/

ベッテルハイムの記述では、カ行イ段音で口蓋化していない「毛」、「木」、「竹」などは現代首里方言でも口蓋化せず [k] 音を保ち、口蓋化・破擦音化した「ひげ」、「茎」などは首里方言でも口蓋化・破擦音化している。つまりこの時点では現代に連なる首里方言の基本的な形式ができていたものと思われる。

10.3. その他の口蓋化

以下のように口蓋化して現代首里方言とほぼ同じ発音になっているものもある。

英語	Loo-Choo	筆者語釈	現代首里
tomorrow	***atyā***	明日（あした）	/aca/
goat	***fīdjā***	羊（ひつじ）	/hwizaa/
tongue	***shtya***	舌（した）	/sica/

11.『沖縄対話』(1880)

沖縄県学務課編『沖繩對話』は1880年（明治13）12月に発行した共通語と首里方言の対訳資料である。以下の例にあるように、共通語のカ行イ段音に対する首里方言の発音はいずれも口蓋化して「チ」となっている。

共通語	首里方言
聞キマシタガ	チチヤビタス［シ］ガ
幾ロニモ	イククチン
景気デ	チイチガ
昨日	チヌー

12. Basil Hall Chamberlain(1895)*"Essay in aid of a grammar and dictionary of the Luchuan Language"*

チェンバレンは首里方言について詳細な記述をしている。カ行イ段音の口蓋化・破擦音化についてはチェンバレン(1895: 18-20)で言及し、琉球語における漢語語彙にもこの現象がみられることを指摘している。

12.1. カ行イ段音

Luchuan	English	筆者語釈	現代首里
Daki	a bamboo	竹（たけ）	/daki/
Kī	a tree	木（き）	/kii/
Chi or Chī	sprit, mind	気（き）	/ci/
Chimu	the liver, which is considered the seat of courage	肝（きも）	/cimu/
Ching	clothes	絹（きぬ）	/ciɴ/
Chiū	to-day	今日（けふ）	/cuu/

カ行イ段音に関しては､「竹」､「木」などが軟口蓋音の /k/ で記し､「気」､「肝(こころ)」､「絹(きもの)」の語が口蓋化・破擦音化して /ch/ と記述されている。これは現代首里方言と同じ状況である。

12.2. タ行イ段音

Luchuan	English	筆者語釈	現代首里
Chī	milk, the breast.	乳（ち）	/cii/
Kuchi	the mouth (口)	口（くち）	/kuci/

以上のようにタ行イ段音は ch と記述され、上記のカ行イ段音の一部と合流している。これは現代首里方言と同じ状況である。

12.3. その他の口蓋化

以下のように「明日」、「左」、「下」に関しては口蓋化が観られる。一方で「舌」を表す発音は現代首里方言とは異なる。

Luchuan	English	筆者語釈	現代首里
Acha	to-morrow	明日（あした）	/aca/
Shicha	the lower part, below, beneath	下（した）	/sica/
Fijai	the left(hand)	左（ひだり）（手）	/hizai/
Shiba	the tongue (舌)	舌（した）	/sica/

13. Charles Haguenauer(1930)

Charles Haguenauer のノートにおける首里や那覇の方言をみてみよう。首里方言については特別な言及がないので、ア氏の参照したチェンバレン (1985) と基本的に同じだと思われる。那覇方言は以下のように記述される。

13.1. 那覇方言カ行イ段音とカ行イ段拗音

ア氏表音	ア氏語釈	筆者語釈	現代那覇 [9]
ki:	木	木 (き)	[ki:]
chu:	***kyo: aujourd'hui***	今日 (きょう)	[tʃu:]
fidji	***hige***	鬚 (ひげ)	[çidʒi]

「今日」*chū* (「今日」首里は *kyō* と記述) にあるように、カ行イ段拗音は口蓋化・破擦音化している一方、木 (乙類) は *kī* と軟口蓋音で記述

されている。カ行イ段音の例はないが、ガ行エ段音の例があり、これは口蓋化・破擦音化している。これは現代語と同じ状況である。那覇は語料が少ないため、タ行イ段音の用例はない。

13.2. その他の口蓋化

その他の口蓋化は 2 例、観られる。

ア氏表音	ア氏語釈	筆者語釈	現代那覇
ača:	なし	明日（あした）	[ʔatʃa:]
fidjai	左	左（ひだり）	[çidʒai]

上記のように「明日」、「左」の項目に口蓋化がみられる。

14. 伊波普猷 (1932)『琉球語大辞典〔草稿〕』

最後に伊波普猷はどのように記述しているか確認してみよう。

表音	語釈	現代首里
ki:	木。毛。	/kii/
キキュービ	帯。	/ʔuubi/
キュー	今日（方言）	/kiju/(文語)
チュー	今日。	/cuu/
チム	肝臓。心。	/cimu/
チリ	霞。	/ciri/[10]
チトー	祈禱。	/citoo/

上記のように、カ行イ段音「木」は軟口蓋音 [ki:] と表記されているが、それ以外は口蓋化・破擦音化している。つまりこの状況は、概ね現代首里方言と同じである。

おわりに

最後に仮名資料と外国資料を総合した結果をまとめる。「語音翻訳」や「陳侃」ではカ行イ段音の口蓋化・破擦音化はまだ発生していない。

その後『おもろさうし』でカ行拗音の一部が口蓋化・破擦音化する兆候がみられるものの、基本的に 18 世紀の『伝信録』や『見聞録』でも書き分けられていた。そして、「キ」と「チ」の合流は文献上、『琉球訳』(1800) で確認される。よって、両音の合流は『見聞録』(1764) と『琉球訳』(1800) の間、つまり 18 世紀後半に発生することになる。しかし、この結果に疑問がない訳ではない。一つは 32 年という短期間で「キ」と「チ」が合流するというのはやや急激な点である。また『見聞録』と『琉球訳』が反映する言葉が同じ地域 (首里／那覇) あるいは位相 (文語／口語) のものか、また編纂方法も同じか否かという点についても、今後の課題といえる。そして、外間守善 (1968) は「琉球方言に特徴的な口蓋化現象のおこった年代は、三母音化のおこった時代につながっている」とするが、この高説と文献から帰納した結果は、時代的にはやや逕庭がみられる (母音については第 9 章を参照)。

カ行イ段音以外の口蓋化については、「明日」を表す語が「語音翻訳」、「陳侃」、『おもろさうし』、『伝信録』、『見聞録』、『琉球訳』、クリフォード語彙、ベッテルハイム語彙、チェンバレン語彙と一貫して口蓋化した音声形式で記述されている。これは琉球語に代表的な現象とされるカ行イ段音の口蓋化より古く、長い歴史をもっていることを表す。

最後に、現代首里方言などで、カ行イ段音で軟口蓋を保持している「木」などの発音が、上代特殊仮名遣いの反映であるかという問題に卑見を述べたい。文献では、少なくとも「語音翻訳」は同じ子音のハングル、「陳侃」、『伝信録』や『見聞録』では同じ音訳漢字が使われるため、甲類と乙類の違いはない。そしてこの違いが再び現れるのは 19 世紀になってからである。よって文献から帰納される結果では、現代首里方言のカ行イ段音に関する二つの発音の区別、つまり「き」と「ち」の区別の由来を本土方言の上代に求めるのには躊躇せざるを得ない。

ただ、仮名資料や対音資料が甲類と乙類といった微細な違いを区別できるだけの文字体系を有していたかは疑問である。だが、少なくともその違いが明確ではなかった時期が数百年にわたってあったことは指摘しておきたい。

1 『沖縄語辞典』参照。
2 『おもろさうし』には他に、「みきや」（三日）、「あしぢや」（足駄）、「やりぢよ」（遣り戸）などのように、子音の前の i 母音の影響で口蓋化する現象がある。
3 陳侃「夷語」と「琉球館訳語」の先後関係については本書第 1 部第 1 章を参照。
4 池宮正治 (1995) の翻刻を参照。
5 池宮正治 (1995:203) に「きよげ 清ら毛。「きよらげ」(清ら木) の誤写か。」とある。
6 " 律 " は誤字であると思われる。
7 " 斧頭 " に当たる宮古方言は /juky/ のため、古くはカ行音であったと思われる。
8 /tiiru/ は「手かご」の意。
9 現代那覇方言は内間直仁・野原三義 (2006) を参照。
10 『沖縄語事典』では漢字を「霧」に当てる。

第2部
第8章
ナ行エ段音の変遷

はじめに

本章は琉球語のナ行エ段音が歴史的にどのような変遷を辿ったのかを明らかにする。冒頭でこれまでのナ行エ段音に関する説を遡りながら祖述するが、まず 1876 年生まれの伊波普猷はナ行エ段とイ段についての説明を引用する。[1]

「両先島群島及び奄美大島群島では e から来た i に対して、在来の i は ï(露語の Ы) になる。沖縄本島でも、一時代前までは此の間に幾分の区別があり、今でも在来の i の前の子音は大方 palatalize するなどの如く、e から来た i と心持区別される。例へばケ、ネは [ki, ni] だが、キ、ニは [tʃï, ɲi] である。」

実際に伊波普猷 (1976) では後述のごとく「ネ」を [ni]、「ニ」を [ɲi][2] という形で両音を区別している[3]。そして、ベッテルハイム (1851) の *English-Loochooan dictionary* では、日本語のナ行エ段音とイ段音は /ni/ と /nyi/ という形式で明確に区別している[4]。さらに李鼎元『琉球訳』(1800) においてはナ行エ段音とイ段音の間に音訳漢字の使い分けが見られ、ナ行エ段音に由来する琉球語に対しては "你" が独占的に用いられ[5]、ナ行イ段音に対する音訳字には "你" は用いられずに、"宜" と "泥" が使用されている。

一方、琉球語の歴史を研究した多和田眞一郎 (2010) をはじめとする研究では、ナ行エ段とイ段音は「語音翻訳」(1501) では分けられ、「琉球館訳語」(成立年不詳) の段階ですでに合流し、丁鋒 (2008) でも同資料からエ段とイ段が合流していたとしている。その後の漢語資料においても同様の現象が見られることから、それ以降もナ行エ段とイ段についても合流したとみなされ、特に言及されていない。また、『おもろさうし』を分析した高橋俊三 (1991) では以下のように述べる。

「接尾敬称辞の「かね」について『混効験集』は「童名の下に付る詞。たとへば太郎かね松かね之類也」と記している。普通「金」を宛てている。伊波普猷は、これら敬称の接尾辞「がね」は国語の「聟がね」「君がね」等と同語とする (「琉球人の命名法」)。これらのことからすると「わりかね」の「かね」と「たらかに」の「かに」の表記は混用例ということになる[6]。」

琉球語を記した文献をもとにした先行研究の結果を総合すると、「語音翻訳」(1501) に存在した区別が、「陳侃」(1535) や「琉球館訳語」においてナ行エ段とイ段が合流し、その後、李鼎元『琉球訳』(1800) やベッテルハイム『英琉辞書』(1851) あるいは伊波普猷の発音では両音の区別が「復活」していることになる。それを表にしたのが表 1 である。

表 1

<table>
<tr><th></th><th>語音翻訳</th><th>陳侃</th><th>Bettelheim</th><th>現代首里</th></tr>
<tr><td>ナ行エ段音</td><td>nï[7]</td><td rowspan="2">ɲi(もしくは ni)</td><td>ni</td><td rowspan="2">ɲi</td></tr>
<tr><td>ナ行イ段音</td><td>ni</td><td>ɲi</td></tr>
</table>

前の時代にすでに失われている区別が後の時代に新たに分けられる状況は、言語の歴史一般からすると些か不自然である。一般的な言語変化として、ナ行エ段とイ段は表 2 のように (1) ＞ (2) ＞ (3) の三つの段階を経て現在に至ると考えられる。つまりナ行エ段は母音の狭母音化およびその後の口蓋化を経て、イ段がした時点で合流し、現在に至る。(3) は現代、(2) は上記のベッテルハイムの『英琉辞書』の段階を反映する。

表 2

<table>
<tr><th></th><th>(1)</th><th>(2)</th><th>(3)</th></tr>
<tr><td>ナ行エ段音</td><td>[ne]([nɪ])</td><td>[ni]</td><td rowspan="2">[ɲi]</td></tr>
<tr><td>ナ行イ段音</td><td>[ɲi]([ni])</td><td>[ɲi]</td></tr>
</table>

漢語資料が記述された時、琉球語のナ行エ段とイ段が上の表 2 の (2) の段階であったら、果たして漢語資料の記述者は両者を弁別し得たであ

ろうか。同様に『おもろさうし』の「かね」・「かに」の表記は如何なる意味をもつのか。1501 年から 20 世紀半ばの資料ではナ行エ段音がどのような語に、どのように記述されているのか。これらを再検討し、琉球語を記してきた資料の特質を考察するのが本章の役割である。本章で使用する文献は、第 6 章で使用した資料に準じ、成立年代が明確なものを優先する。

1. 申叔舟 (1501)『海東諸国紀』「語音翻訳」

まず「語音翻訳」(1501) をみよう。以下は提示語とハングル、そしてハングル転写と現代首里方言の対照表である。

1.1. ナ行エ段音とイ段音

「語音翻訳」は [n] と [l] の混同が散見され、直接、ナ行エ段音を表す音節はない。それらを敢えて挙げると以下である。

提示語（訓）	ハングル	ハングル転写	現代首里
苦（にがさ）	릐가사	/rikasa/	/'ɴzasaɴ/
頭（かしら）	가난수	/kananzu/	/ciburu/
花（はな）	파라	/p'ara/	/hana/
姐姐（あね）	아릐	/arɯi/	/ʔɴmii/
飯	움바릐	/umpari/	/ʔubuɴ/

このなかで「あね」を意味する“姐姐”には아릐 /arɯi/ という形で /ɯi/ という母音がナ行エ段音に、「ウバニ」を意味する“飯”が움바릐 /umpari/ という形/i/が使われている。ひとまずこれらの[r]を[n]の誤記とすると、ナ行エ段音はイ段音とは区別されていたことになる。

ではそれはどのような音声的区別であったのだろうか。ハングルを文字通り受け取るなら、「ネ」に対して /nɯi/、「ニ」に対しては /ni/ という形で、両者は母音で区別されていたことになる。さすれば、音韻的区別としては多和田眞一郎 (2010) のように「ネ」は /nï/、「ニ」は /ni/ という区別になるが、これが音声的区別であった場合、果たしてこのような微細な母音のみの違いを現実に弁別し得たかは疑問が残る。

かりに「語音翻訳」の時代における琉球語のナ行エ段とイ段の区別が、表 2 の (2) の段階で、エ段とイ段が [ni] と [ɲi] という形であったらどうだろう。ハングルでは /n/ 音には一種類しかなく、両音を子音の違いとして表現することは不可能であり、母音の違いとしか表すことができない。これはハングルの表音能力の限界でもある。

一方、現代方言に目を向けるとその音声的実態が垣間見られる。上野善道 (1992:58) は奄美・喜界島方言の調査報告[8]で、ナ行エ段音に対しては /nɪ/、イ段音 (「金 (銭)」「蟹」) に対しては /nji/ という表記を用いている。この表記の説明 (同 : 46) では、[i] の口蓋化音を /I/ とし、nj- の音声説明では「ニ (ャ) の子音 --nj」としている。すなわち IPA2005 年改訂版で示すとナ行エ段は [nɪ]、ナ行イ段は [ɲi] となり、子音にも母音にも区別のある発音となろう。

「語音翻訳」のナ行エ段とイ段は、奄美方言にみられるような母音にも子音にも違いが見られるような音声であったのではないだろうか。ナ行エ段を示す母音 /ɯi/ によって写し取られたのは [i] よりも若干中寄りで広めの、[i] の口蓋化音 [ɪ] であった可能性がある。

資料的証拠をより重視するなら “姐姐” と “飯” の例を以て、両音は区別されていた可能性があるとするのが妥当である。しかし、これは誤記を訂正した上での考証であり、しかも語料も稀少である。上記の例だけではやはりナ行エ段やイ段の音節全体を論じることは難しい。ナ行エ段とイ段を考察する際、「語音翻訳」の扱いは条件付きの、限定的な扱いになる。

1.2.『海東諸国紀』「語音翻訳」における [n] と [l] の混同例

なお「語音翻訳」には、上記以外にも [n] と [l] を誤る例が多数ある。

提示語 (訓)	ハングル	ハングル転写	現代首里
昨日 (きのう)	키릐우	k’iriu	/cinuu/
這月 (このつき)	고로ᄌᆞ기	korocɐki	なし

鹿肉 (しかのにく)	카우루시시	k'aurusisi	なし
醎 (しほからい)	시바가나사	sipakanasa	/sipukarasaɴ/
辛 (からさ)	카니사	k'anisa	/karasaɴ/
衣服 (きぬ)	기루	kiru	/ciɴ/
柱 (はしら)	파냐	p'anya	/haaja/
頭 (かしら)	가난수	kananzu	/ciburu/
花 (はな)	파라	p'ara	/hana/

他の音声項目には目立った間違いがないにもかかわらず、[l] と [n] に関する誤りが多い。この誤りの原因が朝鮮語話者の聞き間違いなのか、当時の琉球語の反映なのかは、本資料だけでは判断が困難である。

2. 陳侃 (1535)『使琉球録』

2.1.「夷字」

次に漢語資料である陳侃『使琉球録』「夷語」を見てみよう[9]。まず「夷字附」は「いろは」を示した仮名に漢字を当てたものである。とりあえずは基礎方言を措定せずに、中古音との対応からナ行エ段とイ段を考えていきたい。ナ行エ段音とイ段音は次のような漢字で示されている。

	ナ行	ラ行
イ段	尼	利
エ段	尼	呂

ナ行のエ段とイ段のみが同一の漢字 “ 尼 ” が当てられ、両者に区別をつけていない。他の漢字をみると、イ段音には中古以降に非円唇前舌狭母音 [i] 音になった支脂之韻の漢字が選ばれ、エ段音には支脂之韻以外の漢字が選ばれる傾向がある。中古音との対応から「夷字」をみる限り、エ段とイ段は全体としては分けられる傾向にあるが、ナ行音だけが分けられていない。これは 20 世紀の資料とは逆の状況である。

2.2.「夷語」

2.2.1. ナ行エ段

以下は歴史的仮名遣いでナ行エ段音を含むものの用例である。

提示語 (訓)	音訳漢字	中古音	現代首里
鼠 (ねずみ)	聶	聶 (娘母)	/ni/
船 (ふね)	福尼	尼 (娘母)	/funi/
金 (こがね)	孔加尼	尼 (娘母)	/kugani/
錫 (しろがね)	失禄加尼	尼 (娘母)	なし

“ 鼠 ” には音訳漢字の “ 聶 ”(娘母葉韻) が使われ、“ 船 ”、“ 金 ”、“ 錫 ” には “ 尼 ”(娘母脂韻) の音訳漢字が使われている。後述のように “ 尼 ” はナ行イ段音にも使われるため、ナ行エ段専用の音訳漢字は “ 聶 ” のみということになる。現代方言で “ 聶 ” と “ 尼 ” が同じ音価を持つのは浙南呉呉語（以下の温州を参照）のみで、その他の方言においては、以下のように何らかの区別がある。

	北京	蘇州	温州	長沙	南昌	梅県	福州	廈門	広州
聶	nie	niɪʔ	ɲi	nie	niet	niap	nieʔ	liap	nip
尼	ni	ɲi	ɲi	ɲi	ɲi	ni	nɛ	ni	nei

この二つの音訳漢字の中古音と現代方言の音価を比べると、“ 聶 ” は “ 尼 ” より広い母音になる傾向がある。

2.2.2. ナ行イ段

以下はナ行イ段音と撥音の用例である。

提示語 (訓)	音訳漢字	中古音	現代首里
西 (にし)	尼失	尼 (娘母)	/nisi/
銭 (ぜに)	熟尼	尼 (娘母)	/ziɴ/
天 (てん)	甸尼	尼 (娘母)	/tiɴ//teni/

このようにナ行イ段音に対してもエ段同様に“尼”が用いられている。音訳漢字の “ 尼 ” は “ 西 : 尼失 ”、“ 貳銭 : 尼買毎 ” 以外は [10] 語中、語尾に使われている。また他の用例に着目すると、上記のように現代首里方言で撥音 /ɴ/ を表す語にも用いられている。“ 天 ” は「陳侃」に先立つ「語音翻訳」では “ 天 ” を텬と書き、末尾が撥音になっている。 ま

た「玉陵の碑文」(1501 年) には「てんにあをき、ちにふしてたたるへし」とあり、「天に仰ぎ、地に伏して」と呼応するため、ここでの「天」は撥音表記であると考えられよう。だが、『おもろさうし』には「てに」と表記される用例があるため、上記の“天 : 甸尼”の“尼”が果たして [ɴ] を示すのか、[ni] を示すのかは議論が分かれるところである。現代漢語方言には“尼”を声化韻の [n̩] で読む地域もある。同様の傾向は『中山伝信録』の“鏡”の項目でも現れる。また、実際には「陳侃」には「日訳」以外の異なる由来があり、それが反映された結果である可能性がある。

2.3. [l] と [n] の混用

「陳侃」や「琉訳」にも「語音翻訳」同様、[l] を [n] に記す例が観られる。以下はラ行ウ段音 [l] に対して [n] の音訳漢字“奴”を使う例である。

提示語（訓）	日訳	陳侃	琉訳	現代首里
弦（つる）	なし	禿奴	禿奴	/ciruu/
閏月（うるうとし）	なし	なし	烏奴烏多及	/ʔurudusi/

この間違いは音訳漢字の基礎方言が [n] が [l] を区別できないために生じたものか、琉球語の現実の音声が反映されたのか不明だが、書記言語の異なる「語音翻訳」と同じ状況を示すことを指摘しておきたい。

2.4. /r/ 音の脱落

「陳侃」には、/r/ の脱落する例は観られない。以下の例は現代首里方言で「まかい」と /r/ が脱落する語が、「まかり」と記述される用例である。

提示語 (訓)	音訳漢字	中古音	現代首里
金鍾 (こがねまかり)	孔加尼麻加里	里（来母）	/makai/

2.5. 陳侃「夷字」「夷語」まとめ

資料から帰納すると、「陳侃」と陳侃「夷字」は、いずれもナ行エ段とイ段を区別していない。「夷字」「夷語」ともにナ行エ段音とイ段音に“尼”が使われていることがその根拠である。だだ、実質的な語料が少なく、さらに使用される用字も両音に共用される音訳漢字が“尼”だけという状況では、この結果を音節全体に敷衍することに逡巡してしまう。陳侃の時代、表 2 の (2) の段階であった場合、両音を区別し得たか否かも、やはり問題であろう。たとえそれが可能であったとしても、それが唯一発揮されたのは“鼠：聶”の用例に限られるため、決定的な根拠としては薄弱である。

3.『おもろさうし』(巻 1:1531, 巻 2:1613, 巻 3-:1623)

『おもろさうし』におけるナ行エ段音は、以下の例にあるように多くは仮名の「ね」を以て記されている。

ねうしか 時かみか時 しらたる いちよか〜 ころた (2 巻 596)

とよむ くにの ね くにの ねに あつる はやふさ (2 巻 53)

数少ない例外が、高橋俊三の指摘する「かね」と「かに」の混用である。これが [ni] と [ɲi] の合流を示しているのか、未だ狭母音化の状態 [ni] にとどまり、[ɲi] とは依然として区別を有していたかは、この資料からは判別がつかない。

文字としての仮名の限界もある。[ni] 音と [ɲi] 音を区別する仮名表記が当時には存在しなかった可能性があるからである。子音の違いを表すには専用の仮名を創造するか、特別な符号を用意しなくてはならない。伊波普猷のように [ni] 音と [ɲi] 音を区別するために「ニ」と「ネィ」という表記を採用することも可能であるが、当時に両音を書き分ける発想や必要があったのかは疑問である。なぜなら当時は「ネィ」のように拗音や促音を小書きにする習慣もないからである。

4.『混効験集』(1711)

では仮名資料の琉和辞書『混効験集』をみてみよう。

4.1. ナ行エ段音

項目語句	説明語句	現代首里
ねたさ	腹立する事。	/niitasa/
ねざめ	寝（覚）の事。和詞。	なし

ナ行エ段音は「ね」を使っている。

4.2. ナ行イ段音

項目語句	説明語句	現代首里
にし	雪隠の事。俗にとうす、東司と書。	/nisi/
にぎやさ	苦。にがきを云。	/ʼɴzasaɴ/

ナ行イ段音には「に」を使い、「ね」とは区別されている。首里王府の編纂で、仮名遣いには十分配慮されているためか、混同は観られない。

5. 徐葆光 (1721)『中山伝信録』

5.1.「字母」

『中山伝信録』「字母」のナ行音は陳侃「夷字」と異なり、ナ行イ段音とナ行エ段音に異なる音訳漢字を使用している。

片仮名	発音説明	中古音	現代蘇州	現代首里
ニ	仁讀如義	義（疑韻）	[ɲi]	/nii/
ネ	你	你（泥韻）	[ni]/[n̩]	/nii/

両者は中古の音韻位置も異なり、“你”は泥母止韻上声、“義”は疑母寘韻去声で、これを蘇州語で読むと[11]“義”(ニ)は [ɲi]、“你”(ネ)は文読音で [ni](白読で [n̩]) と、口蓋化の有無という形で声母に違いを有している。ナ行イ段が口蓋化している点も伊波普猷の証言や上野善道 (1992) と一致している。

5.2.「琉語」

では「琉語」ではどうなっているか。同書「字母」でナ行イ段に用いられた“義”の音訳漢字は用いられていない。器用門に二カ所にわたり

“船 : 胡你”と“船 : 莆泥”の二つの音訳漢字が使われている。「夏子陽」に“船 : 莆尼”の用例があることから、『伝信録』で新たに加えられたのは“船 : 胡你”である。音訳漢字“你”も『伝信録』初出の音訳漢字であるが、用例としてはこの 1 例のみである。

5.2.1. ナ行エ段音

提示語（訓）	音訳漢字	中古音	現代蘇州	現代首里
船（ふね）	胡你	你（泥母）	[ni]/[n̩]	/huni/
胸（むね）	呫尼	尼（娘母）	[ɲi]	/’ɴni/
金（こがね）	枯軋膩	膩（娘母）	[ɲi]	/kugani/
銀（かね）	喀膩	膩（娘母）	[ɲi]	/kani/
酒盃（しろがね）	失六加泥	泥（泥母）	[ɲi]	/sirukani/
金杯（こがねまかり）	孔加泥麻佳里	泥（泥母）	[ɲi]	/kugani/ /makai/
鼠（ね）	聶[12]	聶（娘母）	[ɲiɪʔ]	/nii/

『伝信録』は「陳侃」より“胸”の項目などが増えているが、やはり「カネ」を使った複合語が多く、考察対象となるのは“船 : 胡你”、“胸 : 尼”、“呫金 : 枯軋膩”の 3 項目である。

5.2.2. ナ行イ段音

提示語（訓）	音訳漢字	中古音	現代蘇州	現代首里
北（にし）	屋金尼失	尼（娘母）	[ɲi]	/nisi/
十一（11 にち）	之一子泥子	泥（泥母）	[ɲi]	/zuuiçiniçi/
園（にわ）	膩滑	膩（娘母）	[ɲi]	/niwa/
二月（にがつ）	膩括子	膩（娘母）	[ɲi]	/nigwaçi/

『伝信録』に用いられる“膩”[13] はナ行エ段音にもイ段音にも使われている。ナ行エ段の場合は語尾のみに使われ、ナ行イ段では語頭のみで使われている。ナ行イ段音は数詞を多く含むので、語彙の種類は稀少である。先行資料からの継承項目である“西”は和語系統であり、『伝信録』で新たに付けられた“北”は琉球語が反映されている(“屋金”が何を意味するのか不明)。

上記にはないが、注目に値するのは“鏡子 : 喀敢泥”である。“鏡子”は「鏡」を表すが、現代首里方言では /kagaɴ/ となっている。もし、“喀敢泥”が現代と同じ発音を示すのなら“泥”が [n] 音を表す可能性が生じる。

以下の表にあるように『伝信録』以前の資料では現代琉球語の撥音に当たる音節は主に“尼”を使って [ni] と表現されていたが、『伝信録』以降では鼻音韻尾をもつ音訳漢字に変更されている。

提示語	陳侃	琉訳	蕭崇業	夏子陽	伝信録	見聞録
天	甸尼	甸尼	甸尼	甸尼	町	廳
飯	翁班尼	翁班尼	汪班尼	汪班尼	吽班	翁班
狗	亦奴	亦奴	亦奴	亦奴	因	なし

音訳漢字“尼”は語中・語尾では「ニ」に使われ、語頭に使われている用例はない。語頭には主に“膩”(娘母至韻)が使われる。“尼”は現代蘇州語白読音で [ŋ̩] とあるから、“尼”は母音のない成節的な音だった可能性がある。

5.2.3. [l] と [n] の混用

以下は [l] が期待される語に [n] の音訳漢字が使われる例である。

	提示語（訓）	音訳漢字	中古音	蘇州	現代首里
ル＞ヌ	弦（つる）	子奴	奴（泥母）	[nu]	/makai/
ラ＞ナ	髪	哈那子又喀拉齊	那（泥母）	[na]	/karazi/

数は少ないが、ここでも混用例が存在する。

5.2.4. /r/ 音の脱落と /r/ 音の /d/ 音化

なお『伝信録』には /r/[ɾ] 音が脱落する例がある。これはそれまでの対音資料には観られない現象である。

	提示語（訓）	音訳漢字	中古音	蘇州	現代首里
リ＞イ	飯碗（まかり）	麦介衣	衣（影母）	[i]	/makai/
リ＞イ	戥子（はかり）	法介依	依（影母）	[i]	/hakai/
ラ＞ゥア	枕（まくら）	媽括	括（見母）	[kuaʔ]	/maꞯkwa/

リ＞イ	茉莉（まりか）	木一乖	一（影母）	[ɪɪʔ]	/muikua/
リ＞イ	西瓜（うり）	烏貽	貽（衣母）	[i]	/ʔui/
ル＞ドゥ	蒜（ひる）	非徒	徒（定母）	[dəu]	/hwiru/

5.3.『中山伝信録』まとめ

『伝信録』では「ネ」と「ニ」を、「字母」では区別し、「琉語」では区別していない。ただ「琉語」の用例は「ネ」の出現が殆ど語末であるため、たとえ「ネ」と「ニ」に区別があったとしても、それらの弁別に支障を来した可能性もある。また /r/ 音の脱落は本資料で初めて見られる現象である。

6. 潘相 (1764)『琉球入学見聞録』

6.1.「字母」

『見聞録』の「字母」は「ニ」に対しては“義”、「子」と書かれる「ネ」に対しては“你”をあてている。これは『伝信録』と同様である。

片仮名	ニ	ネ
仮名の代用漢字	二	子
音訳漢字	義	你

『見聞録』「字母」は『伝信録』の「字母」を参照し、合致しない発音については“口本音壊誤作魯”と割注を入れてわざわざ訂正し、とりわけ注意を払っている。しかし、「ネ」と「ニ」の“你”と“義”には訂正していないところをみると、そのままの区別でも問題がなかったという認識であったと思われる。ナ行エ段とイ段が区別されていたかは、「字母」の基礎方言により「ネ」と「ニ」が同音であったか否かが変わるため結論を下すのは難しいが、先行する資料では同じ漢字が使われている以上、両音には区別があったととらえるのが妥当であろう。

6.2.「土音」

6.2.1. ナ行エ段

以下は「ネ」に関する用例である。

提示語（訓）	音訳漢字	中古音	南方官話	現代首里
睡（ねる）	寧蒂	寧（泥母）	[ɲiŋ]	/nindju/
舡（ふね）	弗你	你（泥母）	[ɲi]	/huni/
木杓（ねぶ[14]）	你波	你（泥母）	[ɲi]	なし
金（こがね）	枯喀泥	泥（泥母）	[ɲi]	/kugani/
銅（あかがね）	阿噶喀泥	泥（泥母）	[ɲi]	なし

下にみるように、「土音」でもナ行エ段音とイ段音ともに“泥”が使われている。そのなかでエ段専用の音訳漢字は“你”のみである。この特徴は『琉球訳』とも一致し、『伝信録』と『琉球訳』が同一の漢語音を基礎に音訳漢字を選んでいることを示唆するものである。

6.2.2. ナ行イ段

提示語（訓）	音訳漢字	中古音	南方官話	現代首里
西（にし）	逆失	逆（疑母）	[ɲiɪʔ]	/nisi/
園（にわ）	逆哇	逆（疑母）	[ɲiɪʔ]	/niwa/
二月（にがつ）	膩刮止	膩（娘母）	[ɲi]	/nigwatsi/
三十（30 にち）	三蕁泥止	泥（泥母）	[ɲi]	/saɴjuuniçi/

イ段専用の音訳漢字は“逆”である。“逆”のみが新出の音訳漢字である。その他のナ行イ段の用例は、殆ど数字“二”に関わる項目である。語の種類としては決して多いとは言えないが、ナ行イ段の“泥”は“二十三”～“二十六”までは語頭にも使われ、“二十七”～“二十九”は何故かエ段では使われてはいない“膩”に置き換わっている。これは発音の使い分けの意図を感じる点である。

6.3. [l] と [n] の混用

6.3.1. [l] を [n] に誤る例

提示語（訓）	音訳漢字	中古音	南方官話	現代首里
雹（あられ）	阿那禮	那（泥母）	[na]	/arare/
算盤（そろばん）	述奴班	奴（泥母）	[nu]	/surubaɴ/

これらは [l] が期待されるところに [n] の音訳漢字を用いる例である。

6.3.2. [n] を [l] に誤る例

提示語（訓）	音訳漢字	中古音	南方官話	現代首里
沙（すな）	息拉	拉（来母）	[laʔ]	/şina/
行船	混利搭兀巳	利（来母）	[li]	/huni/
渡	混利搭塔巳	利（来母）	[li]	/huni/
初九	之塔之酷古盧喀	盧（来母）	[lu]	/çiitaçikukunuka/

これらは [n] が期待されるところに [l] の音訳漢字を使用している。『見聞録』は、『伝信録』にはさほど観られない [n] と [l] の混同が新出・変更語彙だけをみてもかなり観られる。これまで考察してきた「語音翻訳」、「陳侃」、『見聞録』でも類例がある状況を考えると、これらの [l] と [n] の混同は、記述する側の言語の問題より、むしろ琉球語そのものにあった可能性が高い。

6.4. /r/ 音の脱落

	提示語（訓）	音訳漢字	中古音	蘇州	現代首里
ラ＞ゥア	枕（まくら）	媽寡	寡 （見母馬韻）	[kua]	/maQkwa/
リ＞イ	戥子（はかり）	法介依	依（影母）	[i]	/makai/
リ＞イ	冬瓜（しぶり）	失布衣	衣（影母）	[i]	/sibui/

“戥子”と“冬瓜”は『伝信録』からの継承語彙であるが、そのまま使われている。確実に /r/ 音の脱落といえる用例は“枕：媽寡”である。

6.5.『琉球入学見聞録』まとめ

『見聞録』「字母」では「ネ」と「ニ」を区別しているが、「土音」では“泥”

が共用されているので、混同しているようにみえる。しかし、混同が観られる項目は全て以前の資料に存在した項目である。だが、新たに音訳漢字が変更された項目については、ナ行エ段に“你”、イ段に“逆”のように中古音では、違いが見られる例もある。この点が区別を意図したものである可能性があるが、それをもってナ行エ段音とイ段音が当該資料で使い分けがあったと断定するには根拠がやや弱いように思われる。しかし、「陳侃」、『伝信録』、『見聞録』を比較すると、ナ行エ段とイ段の項目については、両音を分ける兆候が次第に強くなっている印象である。だが、語料が少ないため、この資料だけでは音節全体を議論するだけの材料が不足していると言わざるを得ない。

また、本資料は [l] と [n] の混同が比較的多く観られる。それ以前の資料の混乱状況を考慮すると、記述に用いた外国語の問題ではなく、琉球語そのものが [l] と [n] の弁別が明確でなかった可能性がある。

7. 李鼎元 (1800)『琉球訳』

次に李鼎元による漢琉発音辞書『琉球訳』をみる。

7.1.「訳音」

まず「訳音」のナ行エ段音をみると以下の一例がある。

“年念俱讀若寧”(“年”、“念”はともに“寧”字のように読む。)

この例だけでは“年”や“念”の音読みが「ネン」なのか「ニン」なのか判然としない。一方、ナ行イ段音に関する項目は以下の二つである。

“二貳俱讀若宜”(“二”、“貳”はともに“宜”字のように読む。)

“肉讀若宜”(“肉”は“宜”のように読む。)

いずれも「訳訓」で「ニ」に用いる音訳漢字“宜”で注音されている。

7.2.「訳訓」

7.2.1. ナ行エ段

以下はナ行エ段音の用例である。

提示語（訓）	音訳漢字	中古音	南方官話	現代首里
睡眠寝（ねむる）	你木禄	你（泥母）	[ɲi]	/ninzuɴ/
媢嫉（ねたむ）	你答木	你（泥母）	[ɲi]	なし
上船（ふねにのる）	福你宜奴禄	你（泥母）	[ɲi]	/hunininuru/
骸（ほね）	父你	你（泥母）	[ɲi]	/huni/
慇懃懇（ねんごろ）	寧古禄	寧（泥母）	[ɲiŋ]	なし

ナ行エ段音には音訳漢字“你”、“寧”が、ナ行イ段には“宜”“泥”が用いられ、両者は厳密に使い分けられている。“慇懃懇：寧古禄”の用例は上記の「訳音」の“年念倶讀若寧”と対応する。

7.2.2. ナ行イ段音

提示語	音訳漢字	中古音	南方官話	現代首里
憎（にくむ）	宜骨木	宜（疑母）	[i]	/nikunuɴ/
何（なに）	那宜	宜（疑母）	[i]	/naɴ/
致謝（みはい）	宜孩	宜（疑母）	[i]	/nihwee/
西（にし）	宜石	宜（疑母）	[i]	/nisi/
邦州（くに）	古宜	宜（疑母）	[i]	/kuni/
兄（あに）	阿宜	宜（疑母）	[i]	/ani/
亭庭廷（にわ）	宜瓦	宜（疑母）	[i]	/niwa/

仮にナ行エ段とイ段が同じ音価であったなら、「ネ」にも「ニ」にも“你”や“宜”が用いられたと考えられるが、そうした例はないため、両者には音声的区別が存したと思われる。南方官話を示す宣教師資料では、“你”はNi、“宜”はJと記されており、両音が区別されていたことが分かる。またこの両音は中古音でも異なり、“你”は舌音鼻音の泥母、“宜”は軟口蓋鼻音の疑母という形で音声が異なり、南方官話のみならず現代漢語の多くの方言で区別が保たれ、“宜”が鼻音声母で発音される方言もある。琉球人が使う「官話」に“宜”が何らかの鼻音成分を有していた可能性は高いと思われる。

7.2.3. [l] と [n] の混同

『琉球訳』にも以下にみるように [l] と [n] の混同が観られるが、その多くは地名に関するものである。

7.2.3.1. [n] を [l] に誤る例

	提示語（訓）	音訳漢字	中古音	南方官話	現代首里
ラ > ナ	村（むら）	木納	納（泥母）	[naʔ]	/mura/
ラ > ナ	赤平（あかひら）	阿喀許納	納（泥母）	[naʔ]	/akahira/
ラ > ナ	西原（にしはら）	宜什八納	納（泥母）	[naʔ]	/nisihara/

この間違いは地名および地理に関する語彙に集中的に現れ、しかも音訳漢字はほぼ“納”のみに偏る。

7.2.3.2. [l] を [n] に誤る例

	提示語（訓）	音訳漢字	中古音	南方官話	現代首里
ナ > ラ	字（あざな）	阿三羅	羅（来母）	[ləu]	/azana/

[n] が期待される音節に [l] を当てる例は、少ない。このように『琉球訳』の場合、[n] と [l] の混同は特定の条件下で起こっている。

8.『漂海始末』(1818)

ではナ行エ段とイ段に関わる用例を見てみよう。

8.1. ナ行エ段音

提示語（訓）	ハングル	ハングル転写	現代首里
船（ふね）	후늬	hunɯi	/huni/
錢（かね）	칸의	k’anɯi	/ziɴ/

ナ行エ段音には /nɯi/ というハングルが使われる。

8.2. ナ行イ段音

提示語（訓）	ハングル	ハングル転写	現代首里
毎日（まいにち）	믜니치	mɯinic’i	/meenaci/

ナ行イ段音には /ni/ というハングルが使われ、この例をみる限り、「ネ」と「ニ」を区別する意図が伺える。本資料では、イ段音とエ段音がハングルで書き分けられており、概ねイ段音は이 /i/、エ段音は의 /ɯi/ の母音で表されている[15]。エ段音に의の母音を使用するのは、継承関係のない 1501 年の「語音翻訳」と同じである点が注目される。この状況から翻って、「語音翻訳」でのナ行エ段とイ段が子音と母音の口蓋化の有無のような、微妙な差であったと伺える。

9. Herbert John Clifford(1818)*"A Vocabulary of the Language spoken at the Great Loo-Choo Island"*

クリフォードは、イ段短母音を /eé/、長母音を /ee/ で表し、エ段は長母音のみ /ai/ と表して短母音を表記していない。ナ行エ段もイ段も /ee/ いう表記で書かれ、両音を区別していない。これらはいずれも長音 [iː] を表していると考えられる。

9.1. ナ行エ段音

English	Loo-Choo	筆者語釈	現代首里
Wing	***Hánnay***	羽（はね）	/hani/
Crab	***Gaánnee***	蟹（かに）	/gani/
Ship	***Hoónee***	船（ふね）	/huni/
Year	***Ning***	年（ねん）	/niɴ/

9.2. ナ行イ段音

English	Loo-Choo	筆者語釈	現代首里
Two	***Nee***	2（に）	/nii/

亀井孝 (1979) に「わずか四十日ほどの逗留のあいだにはじめて学んだあたらしい言語のその集録であるから、いまだいろいろと不完全なところののこるべきは言うを俟たぬ」とある。確かにこの状況では、譬え琉球語に [ni]/[ɲi] の区別が存在したとしても、それを認識し、峻別する

ことは困難であったかも知れない。

10. Bernard Jean Bettelheim(1851)*"English-Loochooan Dictionary"*

倉卒の間に琉球語を書き記したクリフォードに比し、8 年間沖縄に滞在したベッテルハイムの琉球語は、質量ともにクリフォードのそれとは異なる。彼の『英琉辞書』はナ行エ段に対しては ***ni***、ナ行イ段に対しては ***nyi*** という形式で両音を区別している。伊波和正 (1998) は両音の違いについて、以下のように述べている。

「Elements or Contributions towards a Loochooan and Japanese Grammar(1849 年『琉球語と日本語の文法の要綱』) では、琉球語の Ilofa<イロハ>を解説し、「子 (ネ)」は〔ni〕,「ニ」は〔nyi〕と明示している。

分析所見 : 筆者は先に「ni と nyi の表記上の区別はクリフォードにはないが，ベッテルハイムは 90% 以上の正確さで表記上区別している。」と書いたが，本稿における分析の結果から「99% 以上の正確さ」と訂正したい。」

上記を裏付ける根拠は枚挙に暇がないのでその一部の具体例を示すと以下のようになる。

10.1. NI(ナ行エ段音)

English	Loo-Choo	筆者語釈	現代首里
ague	***nitsi***	熱（ねつ）	/niçi/
squirrel	***nizimi***	鼠（ねずみ）	/ʔwencu/
hiap	***kogani***	黄金（こがね）	/kugani/
lade	***funinyi nyi tsinyun***	荷（に）積み	/nii/
chest	***'nni, muni***	胸（むね）	/'ɴni/

10.2. NYI(ナ行イ段音)

English	Loo-Choo	筆者語釈	現代首里
West	***nyishi***	西（にし）	/ʔiri/
Crabe	***gānyi, tā-ganyi***	蟹（かに）	/gani/

11.『沖縄対話』(1880)

沖縄県学務課編『沖縄対話』は 1880 年 (明治 13)12 月に発行した共通語と首里方言の対訳資料である。伊波普猷は『沖縄対話』ではナ行エ段音とイ段音が区別されていないことを述べているが、下にみるように両音はともに「ニ」と書かれ、区別されていない[16]。

11.1. ナ行エ段音

表音	意味	現代首里
ニー	子。	/nii/
ニーブ	柄杓。	なし
ネツ	熱。	/niçi/
フニ	船。	/huni/

11.2. ナ行イ段音

表音	意味	現代首里
ニングワツ	二月。	/niɴgwaçi/
ニシ	西。	/nisi/
クニ	国。	/kuni/
ガニ	蟹。	/gani/

『沖縄対話』は首里出身の話者によって書かれてはいるが、その目的は「広く沖縄人をして標準語を習得せしめるため」とされる。恐らく「ネ」と「ニ」は、首里以外では区別が失われていたと考えられ、それらの表記をより精密にする必要がなかった可能性もある。

12. Basil Hall Chamberlain(1895)*"Essay in aid of a grammar and dictionary of the Luchuan Language"*

チェンバレンの琉球語に関する記述では、ナ行エ段とイ段は使い分けがされていない。p.14,p.28 には「蟹」と「ネギ」の例を挙げて、以下のように表記している。

Luchuan	English	筆者語釈	現代首里
gani	a crab	蟹（かに）	/gani/
niji	an onion	玉葱（ねぎ）	/bira/

双方とも ni という形で書かれている。p.62,233,208,234 の関連語を挙げると以下のようになる。原文にはないが日本語訳を後ろに ( ) に入れて書き入れておく。

12.1. ナ行エ段音

Luchuan	English	筆者語釈	現代首里
Nī	a root	根（ね）	/nii/
Nitsi	Fever	熱（ねつ）	/niçi/
Huni	a vessel, a ship	舟（ふね）	/huni/
Huni	a bone	骨（ほね）	/huni/
Ning	a year	年（ねん）	/niɴ/

12.2. ナ行イ段音

Luchuan	English	筆者語釈	現代首里
Nī	two	二（に）	/nii/
Niwa	a garden	庭（にわ）	/naa/
Ni-mutsi	baggage, luggage	荷物（にもつ）	/nimuçi/

これをみると、ナ行エ段とイ段が全く同じ音になって合流していることになる。しかし、伊波普猷 (1975:576) は次のように述べる。

「琉球語ではネから転じた ni は欧羅巴流に発音し、在来のニは国語流に口蓋化して発音し、二者を区別するので、護得久氏もはつきり区別して居られたが、『沖縄対話』には両方共ニと書いて区別してゐない。チエムバレン先生も両方共にniにして居られるが、これはその頃、今の琉球語のやうに、在来のニがなくなつて、ネから転じたものとの間に、区別がつかなくなつてゐた筈はないから、チエムバレン先生が注意して聞かれなかった為と思はれる。」

このように実際には存在した区別を聞き落としている可能性が示唆されている。この状況は次節**13.**でみるようにアグノエルの記述に裏付けられる。

12.3. [l] と [n] の混同と r 音の脱落

本資料では [l] と [n] の混同は観られない。/r/ 音は現代首里方言と同様に脱落が観られる。

13. Charles Haguenauer(1930)

アグノエルのノートは首里や那覇の音声に関して詳細な記述をしている。Beillevaire(2010) には二カ所にわたってナ行エ段とイ段に関する記述が見られ、p.16に「チェンバレンは「に」と「根」の区別に気づいていなかった」、「首里では失われている」としている。ア氏の音注によると「に」はñi、「根」はniという形で注記がされている。またNni=très forte nasale(le riz[jp.ine 稲]) とあり、Nniが「とても強い鼻音」であることを示している。さらに同書p.281(琉球語音の諸相[17]) の章には両者が区別されていたことが示されている。ア氏のこの記述は、首里に関するノートの最後の4頁が費やされているので、当時の実際の首里方言を表しているものと思われる。ここでも「チェンバレンによって区別されていない」とある。チェンバレンが区別していないのは、「に」、「根」、「荷」、「二」の4語である。アグノエルの4語の後ろにある音注は異なっている。つまりナ行エ段の「根」とナ行イ段の「に」「二」は子音はtildeの有無、母音は長短によって区別されるようである。そして、歯と歯茎、そして舌先を表したイラストは、「根」の読音において舌先が前歯の裏側に位置して未だ口蓋化していないことを表している。/ñ/

の符号はフランス語では本来鼻音を表すが、この場合は口蓋化していること示しているとみてよかろう。ただ、ナ行イ段音の「荷」が「根」と同じ発音となっているのは、如何なる理由があるのかは不明である。また p.282 には首里方言の発音について記述をしている [18]。

葉 ***fā***: 少し閉じているが、両方の唇は接触していない

歯 ***hā***: 開き、気音

funi 舟

上記の語釈を IPA で示すと「葉」は無声両唇摩擦音 [ɸaa]、「歯」は [haa]、***funi***(「舟」) は [ɸuni] となる。ここでナ行エ段に由来する舟の発音が [funi] という、上述の説明に照らせば口蓋化していない形式になっている点が注目される。

因みに Beillevaire(2010:207-208) には名護で収集された語彙が記されているが、ここでは、「船」は ***puni***、「骨」は ***p'uni***、「蟹」***gani*** と表記されており、ナ行エ段とイ段は区別されていない。

13.1. 那覇方言ナ行エ段音

ア氏表音	ア氏語釈	筆者語釈	現代那覇（内間・野原）
huni	fune	船（ふね）	[ɸuni]
h funi	hone os?	骨（ほね）	[ɸuni]
Ní	ine	稲（いね）	[ʔnni:]
Nni	mune	胸（むね）	[nni]

13.2. 那覇方言ナ行イ段音

ア氏表音	ア氏語釈	筆者語釈	現代那覇（内間・野原）
ganí	crabe	蟹（かに）	[gani]

14. 伊波普猷 (1932)『琉球語大辞典〔草稿〕』

伊波の書き残しているナ行エ段とイ段の区別は本章「はじめに」で言及しているが、『伊波普猷全集』第十一巻 (p.96)「琉球語大辞典〔草稿〕」

には具体例も挙げて両者を区別している。そこには〔ニ〕という項目の他に〔ni〕という項目を立て、仮名では「ネィ」と表記している。〔ニ〕にはナ行イ段に由来する項目が書かれ、〔ni〕にはナ行エ段由来の項目が列挙されている。その一部を抜粋する。

14.1. ナ行イ段音〔ni〕

表音	伊波語釈	現代首里
ni:'ndʒijun	三味線や歌の音が冴える。	/nii/
ネィーティー	子の日。	なし
ni:buji	眠気。	/niibui/
ネィツィ	熱。	/niçi/
ふネィハラシェー	競漕	なし
kani	金属	/kani/
サネィ	核。種類。	/sani/

14.2. ナ行エ段音〔ニ〕

表音	伊波語釈	現代首里
ニー	荷物	/nii/
'ɲɲi	稲	/ʔnni/
ニシ	便所。北の方。	/nisi/
ニワ	庭。家の前の義。	/naa/
ɲwi	臭ひ。	/niwi/
ガニ	蟹。女陰の隠語。	/gani/

14.3. [l] と [n] の混同と r 音の脱落

本資料では [l] と [n] の混同を観られない。r 音は現代首里方言と同様に観られる。

おわりに

分析対象の多寡や例外的な状況もあるが、表にナ行エ段とイ段の分合状況をまとめた。ネ／ニの項目の「分」は両音を区別し、「同」は区別していないことを示す。

	使用文字	ネ／ニ	l/n の混同	r 脱落
語音翻訳 (1501)	ハングル	分	有	無
陳侃「夷字」(1535)	漢字	同	無	－
陳侃「夷語」(1535)	漢字	同	有	無
おもろさうし	仮名	分	無	有
混効験集 (1711)	仮名	分	無	有
伝信録「字母」(1721)	漢字	分	無	－
伝信録「琉語」(1721)	漢字	同	有	有
見聞録「字母」(1764)	漢字	分	無	－
見聞録「土音」(1764)	漢字	同	有	有
琉球訳 (1800)	漢字	分	有	無
漂海始末 (1818)	ハングル	分	無	無
Clifford(1818)	ローマ字	同	有	有
Bettelheim(1851)	ローマ字	分	無	有
沖縄対話 (1880)	仮名	同	無	有
Chamberlain(1895)	ローマ字	同	無	有
Haguenauer(1930)	ローマ字	分	無	有
伊波普猷 (1932)	仮名＋ローマ字	分	無	有

ハングル資料やローマ字資料は比較的両音を区別し、漢字や仮名の資料では同じ発音として処理する傾向がみられる。各資料の編纂環境からみれば、語料が多く比較的編纂に時間と労力をかけたと思しき資料が両音の微細な差を書き分け、編纂期間も短く語料も少ない、漢語資料のように既存の文献に全面的に依拠した資料はその差異を峻別していない。

16 世紀、17 世紀の漢語資料が両音をかき分けていないのは相応の理由があろう。第一に資料の性質、信憑性にかかわる問題である。もともと漢語資料は語料が少ない。先行資料から継承された項目や誤字や未詳語を除くと、その時代を反映した語料はさらに少なくなる。もう一つ、特に漢語資料については、音訳者の母語によって、ナ行エ段とイ段の弁別が不可能であったか、あるいは難しかった可能性がある。また、そもそも扱う語料が少なかったために資料編纂に携わる人々が区別に気づかなかった可能性もある。

一方比較的短期間で編纂されたとしても、文字の性格上両音をかき分けやすかった「語音翻訳」や「漂海始末」、編纂時間の長かったベッテルハイムの『英琉辞書』、自らも言語学者であった伊波普猷が微細な差に気づいたことは、当該言語に区別が存在する以上、必然であったと思われる。

---

1 伊波普猷 (1975b) 参照。また同 p.8 には以下のようにある。「先年啓明会の琉球講演会の時の私の講演の速記を見て驚いたことだが、固有名詞中の o は大方 u になつてゐた。だが、e はさう発音しにくい音でもないので、速記者の聴覚印象にもさう変には響かなかつたとみえて、i にはなってゐなかつた。」兎に角、e から来た i と在来の i との間に、一世紀前まで区別のあったことは、古老の語るところで、この区別が既に島袋源七君が採集した山原の方言中に見いだされるのも、注意すべきことである。又これはイ列の子音に、二三口蓋化したものがあつて、発音の際に、口腔が狭くなるのでも、証明することが出来よう。例へば、ケ・ゲが ki・gi となるにつれて、キ・ギは chi・ji となり、ネが ni(印欧語の如き) となるにつれて、ニは nï(国語の如き) となるのである。六十台以上の人は、大方 ni と nï とを区別してゐるが、六十台以下の人は、両方を混同して、一様に ni と発音し、国語流のニ (nï) は、特に陰を隠さうとしてゐる。けれども、組躍の台詞では、古来この二者の区別がやかましかつたので、古典劇の役者達は、若い者でも、之を使ひわけてゐる。其他、両先島及び奄美大島で、e が i となり、i が ï となるのも、其の傍証とすることが出来よう。この ï がロシヤ語の ЫI と全く同一のものであることは、〔ニコライ〕・ネフスキー氏の裏書きするところで、これに似たのが、東北方言にあるのも注意すべきである。(『琉球戯曲考』(1938))

2 有声歯茎鼻音 [n] の口蓋化は資料によって表記が異なるが、本稿では [ɲ] に統一する。

3 伊波普猷 (1975b);(1976) 参照。

4 伊波和正 (1998) 参照。/nyi/ は口蓋化した有声歯茎鼻音 [ɲ] を表すと思われる。

5 本書第 2 部第 8 章、石崎博志 (2001) 参照。

6 伊波普猷は「西暦十五世紀の中葉 (即四百五十年前) のオモロに、(中略)「九年母」を「くにぶ」とした例がある」と述べている。(「琉球語の母音組織と口蓋化の法則」)

7 「語音翻訳」の音価は多和田眞一郎 (2010) による。同書によると「琉球館訳語」以降の全ての資料でナ行エ段とイ段は区別されていないことになる。丁鋒 (2008)、多和田眞一郎 (2010) は琉球語の通史を論じるも、ベッテルハイムの『英琉辞書』は扱っていない。

8 本書には「音韻表記に徹すると、研究者の解釈に依存する部分や覆い隠されてしまう音声事実が多くなるので、もう少し具体的なレベルに降りた表記をねらう。」とし、精密な音声の記述を目指している。

9 陳侃「夷語」と「琉球館訳語」の先後関係については胤森弘 (1993)、石崎博志

(2001a)、本書第 1 部第 1 章を参照。
10 音訳漢字の当て間違いであるが、“葉 : 尼”という例もある。これは“葉”を“根”と取り違えた可能性が高い。
11『中山伝信録』の新出音訳漢字の基礎音系については石崎博志 (2010a) および本書第 1 部第 2 章を参照。
12　前時代の資料からの継承項目
13　蕭崇業で三 : 膩という用例が一つのみあるが、誤植か。
14　『沖縄古語大辞典』に「柄杓。祭りでは主に酒を汲む道具として用いる。」
15　多和田眞一郎(1994)は「/e/から/i/に変化する過渡的状態を反映している」とする。『漂海始末』において“筆”は후듸 /hutɯi/、時代が遡る「語音翻訳」においては“筆”푼디 /p'un ti/ と /i/ で書かれている。本資料は基礎方言が異なる可能性もある。
16　音節全体の状況は伊波和正 (1996b) 参照。
17　Aspects de Phonétique Ryūkyū
18　葉　fā:un peu fermeture,mes les lèvres ne touchant pas.　歯　hā:overture et souffle funi :bateau

第２部
第９章
母音の変遷

はじめに

現代の首里方言は、単母音は「ア」[a]、「イ」[i]、「ウ」[u] の 3 母音、長母音は「アー」[a:]、「イー」[i:]、「ウー」[u:]、「エー」[e:]、「オー」[o:] の 5 母音である。短母音が 3 つになっている状況は、概ねエ段音がイ段音に、オ段音がウ段音にそれぞれ変化した結果である。この現象を狭母音化という。

『沖縄語辞典』(1963) によると、首里方言の長母音は複数の由来をもつ。例えば、「目」が /mii/、「帆」が /huu/ になるように、標準語の 1 拍 (モーラ) の自立語が長母音化することも首里方言の特徴だが、また本土方言にも発生したような歴史的仮名遣いの連母音も長母音化する。これを含めた主な首里の長母音の由来を示すと以下のようになる。

首里	標準語	歴史的仮名遣い	例
アー	[a]		屋 [ja]>/jaa/
	[awa]	アワ、アハ	川 [kawa]>/kaa/
イー	[e]		襟 [eri]>/’wiiri/
	[i]	ワ行イ段音（ヰ）	亥 [i]>/’ii/
	[jo]	ワ行エ段音（ヱ）	酔う [jou]>/’wiijuɴ/
	[e]	ウヘ	上 [uhe]>/ʔwii/
ウー	[o]	ワ行オ段音（ヲ）	桶 [oke]>/’uuki/
	[o:]	オウ（合音）	胴 [dou]>/duu/
エー	[ai]	アヒ	灰 [hai]>/hwee/
	[ae]	アヘ	蝿 [hae]>/hwee/

オー	[ao]	アヲ	竿 [sao]>/soo/
	[o:]	アウ（開音）	様子 [joosu]>/'jooşi/

日本の本土方言では鎌倉時代に連母音が長音化する兆候がみられ、室町時代には長音化が確認できる[1]。『日葡辞書』におけるオ段長音は、「アウ」[au] に由来する開音と「オウ」[ou]・「オオ」[oo] に由来する合音が区別されており、開音は ǒ、合音は ô と記録されている。その後、江戸時代にはこの区別がなくなり、「オー」[o:] に合流している。現在、この区別は山陰諸方言、九州・琉球諸方言などにも観られ、現代首里方言では、上表のように標準語の [ao] および開口はオ段長音 [o:] に、また合音はウ段長音 [u:] に対応する[2]。

本章では琉球語の母音に関して以下の 2 点を考察する。

(1) 短母音のエ段音やオ段音の狭母音化がいつ発生し、どのように変遷したのか。

(2) 現代首里方言の長母音が歴史的資料でどのように表記されているか。

つまり短母音と長母音の歴史的文献における記述を示すことで、いわゆる 3 母音化と連母音の長母音化が他の音声現象と歴史的にどう関連するか考察したい。これに関する先行研究には中本正智 (1971)、柳田征司 (1989)、高橋俊三 (1991) など多数があるが、漢語資料への言及は多くはなく、漢語資料を分析した丁鋒 (2008)、多和田眞一郎 (2010) も各項目の扱いや結論において本稿とは意見を異にする[3]。本章は新たな資料と方法で先行研究の時代的な空白を埋め、修正しつつ、新たな観点を提示したい。

3 母音化を歴史的に考察する際、3 母音化の完成をどの段階で認めるのか定める必要がある。ここではどの子音と結合するかに関わらず音韻的に母音がア段、イ段、ウ段の体系になっている段階を三母音化の完成とみなす。具体的には現代首里方言の体系になった状態を指す。よって特定の子音と結合する母音でエ段とイ段あるいはオ段とウ段が区別され、その他では区別がされていない場合は、3 母音化とはみなさない。

また子音の口蓋化や破擦音化の有無で実質的に音節の区別がされている場合でも、それを母音の区別とはしない。

本章で使用する文献は、第６章に準じる。なお音声の分析にはア行音を優先的に考える。第６章～第８章で論じたように、子音のつく音節は、子音自体の音声的違いが大きいため、ある二つの音声が異なる場合に、それが子音の違いを反映しているのか、母音の違いを反映しているのかが判断できないケースがあるからである。しかし、語料の制限からア行音が記されていない場合もある。そうした場合は子音による音声的変異の少ないマ行音を優先的に扱う。ア行音もマ行音もない場合は、他の音節も参考にする。

なお次節以降の表における「エ＞イ」などの表記は、「>」の左側が当該発音の由来(多くは歴史的仮名遣い)の母音を示し、右側が分析対象の資料における母音の発音を表す。歴史的にエ段音からイ段音に変化する“手”を例にとると、「エ＞イ」はエ段音に由来し、資料ではイ段音で表記されていることを表す。下線は、分析対象の音節を示している。

1. 申叔舟 (1501)『海東諸国紀』「語音翻訳」

『海東諸国紀』「語音翻訳」をみよう。これについては、つとに伊波普猷が論じているが、後の資料との比較のため敢えてその状況を提示する。以下は、提示語とハングル、そしてハングル転写と現代首里方言の対照表である。

1.1. 短母音

以下は現代首里方言で短母音になっているものの用例である。

	提示語(訓)	ハングル	ハングル転写	現代首里
ア	下雨(あめふり)	아믜푼데	amɯiputdyəi	/ami//hujuɴ/
ア	日本国(やまと)	야마도	yamato	/'jamatu/
イ	大路(うふみち)	오부미지	opumici	/mici/

エ	下雨（あめふって）	아믜풉뎌	amɯip'uttyəi	/ami/
イ	秋（あき）	아기	aki	なし
エ	酒（さけ）	사긔	sakɯi	/saki/
イ	魚（いを）	이우	iu	/ʔiju/
エ＞イ	手（て）	티	t'i	/ti/
エ＞イ	清早（つとめて）	ᄉᆞ 도믜디	sɐtomɯiti	/sutumiti/
エ＞イ	筆（ふで）	푼디	punti	/hudi/
イ＞エ	蒜（ひる）	픠루	p'ɯiru	/hwiru/
ウ	你	우라	ura	なし
ウ	兔肉（うさぎにく）	우상기시시	p'uju	/huju/
ウ	口（くち）	크지	k'ɯci	/kuci/
ウ	炭（すみ）	ᄉᆞ 미	sɐmi	/simi/
ウ	硯（すずり）	ᄉᆞᄌᆞ 리	sɐcɐri	/ʂijiri/
オ＞ウ	飲酒（さけのみ）	누미	numi	/numuɴ/
ホ＞ウ	塩（ましほ）	마시오	masio	/maasu/
オ	大路（おほみち）	오부미지	opumici	/ʔuhwisaɴ/
オ	猪肉	오와시시	ooasisi	/ʔwasisi/
オ	胡椒（こしょう）	코슈	k'osyu	なし
オ	虎（とら）	도라	tora	/tura/

上記のように、ア段音、イ段音、ウ段音、エ段音、オ段音はハングルの母音で書き分けられている。

エ段とイ段については、“大路”と“下雨”の例にみるように、エ段音とイ段音の最小対立があり、“酒”や“姉”などエ段由来の語がイ段とは異なるハングルㅢ/ɯi/で記されている。ㅢ/ɯi/は中期朝鮮語に照らしても、明確な[e]音を示すものではない。李基文(1975)によると、現代朝鮮語で単母音の[ɛ]や[e]と発音されるㅐ/ai/やㅔ/ei/は、中期朝鮮語では[ai]や[əi]と二重母音で発音されたと見られる。エ段音にㅐ/ai/やㅔ/ei/のハングルを使用していないのは、こうした理由もあると思われる。この音価から、当時の琉球語が [ie] のようにエ段音の狭母音化が進んでいたようにみえるが、実際には [e] の発音に相当するハングルがなかったが故に近似音で代用された可能性もある。ただ“手”、“清早”、“明後日”、“筆”のようにエ段音に由来する語が [i] を示すハングル ㅣ /i/ で示されている例が観られる。ここから一部の子音においてエ段音がイ段音に狭母音化する傾向が読み取れる。

一方、オ段音は殆どが [o] を示すハングル ㅗ /o/ で示されており、オ段音とウ段音は区別が保たれている。しかし、オ段音のウ段音への変化を示す用例が僅かにあり、“飲酒”の項目で「飲み」のノ音が [nu] と示されている。ただこの用例はハングルの音注に脱字があると考えられるため、この用例を以て狭母音化していたと結論づけるのは些か危険であると思われる。

なお、ウ段音の多くは [u] を示すハングルㅜ/u/ が使われているが、まれに“口”のように /ɯ/ のハングルを使用したり、“炭”や“硯”のように / ˎ/ のハングル (アレア) を使うものもある。これは“口”、“炭”、“硯”の母音がウ段音ような明確な母音をもつことを示すのではなく、現代語のように前の母音が無声化し、実際には [ktɕi]、[smi]、[szuri] と発音していたことを表しているかも知れない。当時は音韻論や体系を意識して表記をする習慣はなく、耳にしたままを書いた可能性が高いからである。

1.2. 連母音・長母音

以下は現代首里方言で長母音になっているものの用例である。

	提示語（訓）	ハングル	ハングル転写	現代首里
アウ＞アオ	箒（ほうき）	파오기	p’aoki	/hooci/
アウ＞オー	正月（しゃうぐわつ）	쇼옹과ᄌᆞ	syoonggoacɐ	/soogwaci/
アウ＞オ	門（ぢゃう）	ᅀᅭ	zyo	/zoo/
アヲ＞アオ	緑（あをさ）	아오사	aosa	/ʔooruu/
オウ＞オー	今日（きょう）	쿄오	k’yoo	/cuu/
エウ＞ユ	胡椒（こせう）	코슈	k’osyu	なし
オウ＞オウ	身子（からだ）	도우	tou	/duu/

オウ>ウ	昨日（きのう）	기리오（ママ）	kiriu	/cinuu/

ハングルの1要素は、短い母音と長い母音を区別することができないため、“身子”、“箒”、“今日”、“昨日”の例にみられるように、子音のない母音のみのハングルを一文字付け加えることで発音を表している。これらをそのまま読むと、連母音の発音になり、長母音を表しているとはいえない。

なお、“正月”、“箒”、“門”など開音がハングルの /o/ や /yo/ で記される。一方で、合音の“胡椒”がハングルの /u/ や /yu/ で示されている。これは母音の開合の区別がハングルにも反映されたものである。ただ、“門”と“胡椒”のハングルも厳密には長母音を表現している訳ではない。だが、いずれも拗音であるため、たとえ当時の発音が長音であったとしても、短母音と長母音をもともと区別しない朝鮮語話者にはそれらを弁別し、ハングルで表現することが困難であった可能性がある。

2. 陳侃 (1535)『使琉球録』「夷字」「夷語」

2.1.「夷字」

次に漢語資料である陳侃『使琉球録』「夷語」を見てみよう[4]。まず「夷字附」は「いろは」を示した仮名に漢字を当てたものである。括弧( )内はその音訳漢字である。

い(以)、ろ(路)、は(罷)、に(尼)、ほ(布)、へ(比)、と(度)、ち(知)、り(利)、ぬ(奴)、る(而)、を(倭)、わ(哇)、か(加)、よ(有)、た(他)、れ(呂)、そ(蘇)、つ(子)、ね(尼)、な(那)、ら(剌)、む(武)、う(烏)、ゐ(倚)、の(怒)、お(窩)、く(古)、や(牙)、ま(末)、け(去)、ふ(不)、こ(孤)、え(依)、て(的)、あ(悪)、さ(沙)、き(其)、ゆ(又)、め(未)、み(美)、し(實)、ゑ(泄)、ひ(亦)、も(毋)、せ(世)、す(是)。

とりあえずは基礎方言を措定せずに、中古音との対応から考えていきたい。以下は平仮名に対する音訳漢字の対照表である。示されているのは短母音のみで、長母音はない。全ては異なった音訳漢字が使用されているため、意図としては発音が異なることを表しているものと考えられる。ただ、基礎方言によっては、同音になる音訳漢字もあるため、これだけでは判断ができない。

ア行

仮名	あ	い	う	え	お
音訳漢字	悪	以	烏	依	窩
中古音	鐸韻	止韻	模韻	微韻	戈韻[5]

カ行

仮名	か	き	く	け	こ
音訳漢字	加	其	古	去	孤
中古音	麻韻	之韻	姥韻	御韻	模韻

サ行

仮名	さ	し	す	せ	そ
音訳漢字	沙	實	是	世	蘇
中古音	麻韻	質韻	紙韻	祭韻	模韻

マ行

仮名	ま	み	む	め	も
音訳漢字	末	美	武	未	毋
中古音	末韻	旨韻	麌韻	未韻	虞韻

ワ行

仮名	わ	ゐ	ゑ	を
音訳漢字	哇	椅	泄	倭
中古音	麻韻	支韻	薛韻	支韻

声調を考慮しなければ、ア行の“以”と“依”は現代方言では同音になる。よってそれらが表す琉球語は同音か、かなり近接していたと考えられる。

ワ行の「ゑ」に対する音訳漢字が“泄”となっているが、これは恐らくは“拽”の誤字で、発音は“曳”と同じものであったと考えられる。

ただ大きな疑問がある。それは「夷字」に使われる音訳漢字は、あまり「夷語」に使われていないことである。例えば、ア行音の音訳漢字“以”、“依”、“窩”は一例も使われておらず、使われるのはア行の“悪”、ウ段の“烏”のみである。ハ行音やマ行音に至っては「夷字」の音訳漢字は一例も使われていない。つまり「夷語」と「夷字」の音訳漢字における逕庭は、両者が同じ時期に同一人物により作成されたという前提に疑問を抱かせる。

2.2.「夷語」

2.2.1. 短母音

以下は現代首里方言で短母音になっているものの用例である。いずれも「日本館訳語」にはない挙例であり、他の資料から引き写された可能性の低いものである。

	提示語（訓）	音訳漢字	中古音	現代首里
ア	金（こがね）	孔加尼	加（麻韻）	/kugani/
イ	石（いし）	衣石	衣（微韻）	/isi/
イ	去（いき）	亦急	亦（昔韻）	なし
イ	御路（みち）	密集	密（質韻）	/mici/
イ	西（にし）	尼失	尼（脂韻）	/nisi/
エ＞イ	船（ふね）	福尼	尼（脂韻）	/funi/
イ	雹（こうり）	科立	立（緝韻）	なし
エ＞イ	陽（はれて）	法立的	立（緝韻）	/harijuN/
エ	瓦房（かわらいえ）	嗑哇喇亦葉	葉（葉韻）	なし
エ	亀（かめ）	嗑乜	乜（麻韻）	/kaamii/
ウ	儞	吾喇哇（ママ）[6]	吾（模韻）	なし
ウ	果（うめ）	吾乜	吾（模韻）	/ʔNmi/
オ＞ウ	氷（こおり）	谷亦（ママ）里	谷（屋韻）	/kuuri/
ウ	言語（くち）	谷只	谷（屋韻）	/kuci/
ウ	歹（わるさ）	哇禄撒	禄（屋韻）	/'waQsaN/
オ＞ウ	六銭（ろくまいめ）	禄谷買每	禄（屋韻）	/ruku/

オ	琉球國王（おきなわ）	倭急拏敖那（ママ）	倭（戈韻）	/oo/
オ	玳瑁（かめのこ）	嗑乜那各	各（鐸韻）	なし
オ	床（とこ）	墮各	各（鐸韻）	なし

上記をみると、琉球語の短母音に対する音訳漢字には、中古音で入声に属する音訳漢字を使う傾向がみられる。漢語の入声は、音節が相対的に短い。これらは音訳漢字の基礎方言が南方方言であることを示唆するものである。

エ段音とイ段音の関係は、子音によって異なった状況がみられる。ア行イ段音に使われる“亦”は、エ段音に使われることはなく、エ音を表す“葉”との使い分けが観られる。しかし、イ段音の提示語“石”に対する音訳漢字“衣”と、「夷字」の「え」に対する音訳漢字“依”は中古音で同音である。ここから、エ段音が狭母音化してイ段音に合流しているか、かなり近い「ィエ」といった発音だったと思われる。これはエ段に用いられる音訳漢字“葉”が、単母音の [e] ではなく、多くの南方方言で観られる介音の [i] を含む [ie] といった複母音であったことを根拠とする。

またマ行音においても、イ段音に使われる“密”がエ段音に使われず、エ段音を示す“乜”がイ段音には使われていないため、ア行とマ行のエ段音とイ段音の音訳漢字は一定の使い分けが観られる。つまり両音は音声的区別があると言える。

一方、ナ行音の“尼”やラ行音“立”などの音訳漢字は、エ段音とイ段音の両方に使用される。これらのエ段音は狭母音化してイ段音に合流していた可能性を示すものである。ただ第8章で述べたように、漢語の表音能力の限界もあることを考慮に入れる必要はあろう。

“谷”や“禄”の音訳漢字は、オ段音とウ段音の両方に使用されているため、一部のオ段音は狭母音化してウ段音に合流している状況がみられる。ただ、“玳瑁”(かめのこ)や“床”(とこ)に使用される音訳漢字“各”は「ク」に用いられる例はなく、“谷”と“各”は中古音のみならず、多くの南方方言でも母音の広さに顕著な違いがある。よって音訳漢字の“各”はオ段音を示す可能性は高い。

2.2.2. 連母音・長母音

以下は現代首里方言で長母音になっているものの用例である。

	提示語（訓）	音訳漢字	中古音	現代首里
ワウ＞アウ	國王（おう）	敖那（ママ）	敖（豪韻）	/oo/
アウ＞アウ	香（かう）	槁	槁（皓韻）	/koo/
アウ＞アオ	和尚（ばうず）	鮑子	鮑（巧韻）	/booẓi/
アウ＞アオ	報名（はうめい）	包名	包（肴韻）	なし
オウ＞オー	雹（こうり）	科立	科（戈韻）	/kuuri/
エウ＞ユウ	表章（へう）	彪烏	彪（幽韻）	/hjuu/

上記の音訳漢字は、いずれも中古音で入声ではない。短母音の音訳漢字と比較すると、上記の音訳漢字には相対的に長い音節の漢字が使われている。

開音の“國王”、“香”、“和尚”、“報名”に対する音訳漢字は中古音ではいずれも複母音で、広い母音である。そして、現代諸方言においても同様の特徴をもつ。また、これらの音訳漢字は短母音に対する発音には使用されていないため、連母音を表す可能性が高いが、音訳漢字の基礎音系次第ではオ段の長母音を表す可能性もわずかに残されている。

一方、合音の“表章”に対する音訳漢字“彪”は、中古音でも二重母音に属する音価をもつ。これは開音に対する音訳漢字に比べ、狭い母音に属する。よってこれは開音との違いを反映したものと考えられるが、やはり琉球語の連母音を表したものか、長母音を表しているのかは判断できない。また“雹”に関する音訳漢字“科”はその他の用例とはやや異質で、中古音や現代諸方言に照らすと明確に二重母音をもつ音訳漢字とは言いがたい。しかし、“科”が短母音や他の用例に使われることはないため、この用例は長母音を表している可能性が高いと思われる。

また、現代首里方言は一音節単語が長母音化する現象が観られるが、これに該当する用例はなく、判断ができない。

2.3. 陳侃「夷字」「夷語」まとめ

「陳侃」における母音の状況は、「夷字」と「夷語」で些か異なる。「夷字」のみをみると全ての仮名に対する音訳漢字が異なっているため、ア行とナ行のエ段音とイ段音で短母音が合流する傾向があるものの、5母音であったことになる。

一方、「夷語」は「夷字」よりも多様な状況が観られる。短母音においては、子音によって状況が異なり、ア行音やマ行音でエ段音とイ段音は分けられる傾向が観られるが、ラ行音やナ行音においてエ段音がイ段音に合流している状況が観られる。

オ段音とウ段音もア行音においては分けられるが、ラ行音などで合流する傾向が観られる。

長母音化しているか否かは「夷字」では情報が得られず、「夷語」でも十分な語料がない。だが、現代首里方言でオ段長音を含む提示語に対する音訳漢字は、概ね短母音には使われていない。よって、子音を問わず、オ段の短母音と長母音は区別されているとみられる。これらは連母音を表す可能性は高く、長母音化はまだ発生していないと思われる。

3.『おもろさうし』(巻 1:1531, 巻 2:1613, 巻 3-:1623)

3.1. エ段音とイ段音

高橋俊三 (1991) は『おもろさうし』のエ段とイ段について以下のように述べる。

「エ段の仮名とイ段の仮名では、「ゑ」「へ」「い」、及び、稀に「ひ」が混用されているが、その他は、原則として区別がある。すなわち、「ゑ」「へ」「い」の母音はiになっていたが、その他の行ではeはïになり、iに近くなってはいるが、同音になっていなかったのであろう」

『おもろさうし』にはア行エ段音の「え」を使う用例がないため、子音がある項目では、以下のように混用される例がないわけではない。これらは本来イ段音の発音であるが、エ段音でも表記される例である。

	おもろさうし	語釈
ヱ＞へ／イ	こゑ／こへ／こい	声
イ＞へ	せへ／せい	精
イ＞ヱ／へ	けらへ・けらゑ／けらい	立派な

こうした混同がア行・ハ行・ワ行に集中して見られるが、他の子音については区別がされている。

3.2. オ段音とウ段音

『おもろさうし』は、和語との対応においてオ段音が期待されるところにウ段音が書かれ、ウ段音が期待されるところにオ段音が書かれるという、相互に混乱した状況が観られる[7]。対音資料の場合、ウ段音が期待されるところにオ段音が現れるという例は殆どない。この点が大きな違いであり、『おもろさうし』の規範意識による類推仮名遣いの可能性を大いに感じさせる。以下は同じ語に対して二つの表記がある用例で、特にウ段音が期待されるところにオ段音が現れる用例を挙げる。

	おもろさうし	語釈	現代首里
オ＞ウ	おび／うび	帯	/ʔuubi/
オ＞ウ	きも／きむ	肝	/cimu/
ウ＞オ	うるわし／おるわし	麗し	なし
ウ＞オ	くち／こち	口	/kuci/
ウ＞オ	むすめ／もすめ	娘	なし

こうした混乱から、当時のオ段音とウ段音は書き分けが困難なほどに合流していたことがうかがえる。

3.3. 連母音・長母音

以下は 1 拍の単語と連母音の例である。

	おもろさうし	語釈	現代首里
ケ＞ケイ	けい	気	/kii/
セイ＞セー	すへ・するゑ	精	/sii/

語釈の「気」は 1 拍の単語であるが、この読音には「キ」と「ケ」の

二種がある。「き」の長音化なら「きい」と表記されると期待されるが、実際には「けい」となっている。よって「け」という発音が長母音化していると見なせるかは不明であるが、少なくとも長母音化の兆候を示していると思われる。語釈の「精」は歴史的仮名遣いでは「せい」と書かれるが、「すへ」や「すゑ」を記述される。この例も第一音節と第二音節の母音が異なるので、長母音であると判断することが難しい。

4. 混効験集 (1711)

4.1. 短母音

『混効験集』は、ア行エ段音の「え」を除き、子音を問わずア段からオ段まで表記が存在するため、短母音は 5 母音で表記される。ア行エ段音に「え」の表記を使う例はなく、「ゑ」が用いられる。口蓋化などの変化以外ではオ段とウ段、エ段とイ段の混同は観られない。

	項目語句	説明語句	語釈	現代首里
あ	あむだ	油之事。	油	/anda/
い	いみや	今。	今	/nama/
う	うゐをと	うゐとは和詞にも有。		なし
ゑ	ゑなご		女	/'inagu/
お	おきなわ	悪鬼納と書。琉球之事。	沖縄	/ʔucinaa/
う > お	くそし	医。　ス > ソ	医師	/ʔisja/

ただ、語釈の「医師」にあるようにウ段のス音が期待されるところに、オ段のソが使われる例が若干存在する。

4.2. 連母音・長母音

以下のように連母音はそのままの形で書かれる。

項目語句	説明語句	現代首里
くわゐ	田芋の事[8]。	なし
かいじやう	開静。日出卯の楼鐘、百八の声をいふ。	/keezoo/
さうじ	竹にて組天井など。和詞にはあじろと云か。	/soozi/

当時は長音記号がなく、読み方としては長音を示していたかは不明である。

5. 徐葆光 (1721)『中山伝信録』

5.1.「字母」

『中山伝信録』「字母」には仮名の発音が記されている。いろは音の順に従い、片仮名と平仮名が併記され、片仮名には“眞”、平仮名には“草”と書かれる。そして各々の字母の下に、その発音が漢字で記されるが、ア行音は以下のように書かれる。

片仮名	発音説明	中古音	現代蘇州	現代首里
ア	安讀如牙	牙（麻韻）	[ɒʔ]	/aa/
イ	人讀如依	依（微韻）	[i]	/ii/
ウ	宇讀如務	務（虞韻）	[vu]	/uu/
エ	江讀如而	而（之韻）	[l̩]	/ii/
オ	於讀如烏	烏（模韻）	[əu]	/uu/

それぞれを現代蘇州語で読むと、5つの母音がそれぞれ異なった音声を示している。ただハ行音で示したように、ホとフは同じ音訳漢字の“夫”を使用している。

5.2.「琉語」

5.2.1. 短母音

以下は首里方言で短母音になっているものの用例である。

	提示語（訓）	音訳漢字	中古音	蘇州	現代首里
リ＞イ	飯碗（まかり）	麦介衣	衣（微韻）	[i]	/makai/
イ	甲（よろい）	幼羅衣	衣（微韻）	[i]	/'jurui/
イ	紬（いと）	亦周	亦（昔韻）	[iɪʔ]	/icu/
イ	石（いし）	一是	一（質韻）	[iɪʔ]	/ʔisi/
リ＞イ	茉莉（まりくゎ）	木一乖	一（質韻）	[iɪʔ]	/muikua/
ユ＞イ	夢（ゆめ）	一梅	一（質韻）	[iɪʔ]	/ʔimi/

イ	海（うみ）	烏米	米（齊韻）	[mi]	/ʔumi/
エ＞イ	米（こめ）	可米	米（齊韻）	[mi]	/kumi/
エ＞イ	豆牙菜（まめな）	馬米那	米（齊韻）	[mi]	/maamina/
エ	枝（えだ）	又打	又（宥韻）	[jiʏ]	/'ida//'juda/
ウ	馬（うま）	嘸馬	嘸（噳韻）	[m̩]	/ʔɴma/
ウ	牛（うま）	兀失	兀（没韻）	[əuʔ]	/ʔusi/
ウ	兔（うさぎ）	兀煞吉	兀（没韻）	[əuʔ]	/ʔusazi/
ウ	海（うみ）	烏米	烏（模韻）	[əu]	/ʔumi/
ウ	石榴（ざくろ）	石古魯	古（模韻）	[kəu]	/ʑakura/
オ＞ウ	母（おんなおや）	會南姑烏耶	烏（模韻）	[əu]	/ʔuja/

ア行エ段音の用例が少ないため、エ段音の狭母音化を確証づけるだけの判断材料に乏しい。“枝”の「エ」に音訳漢字“又”が使われるが、現代首里方言の語形と比較すると、これは [ju] の発音を示しているものと思われる。しかし、マ行エ段音に由来する“豆芽菜”(まめな) とイ段音に由来する“海”が同じ音訳漢字の“米”を使っているため、マ行エ段音は狭母音化してイ段音と合流していたことがうかがえる。

オ段の狭母音化については、“母”などオ段音に由来する提示語と、“海”などウ段音に由来する提示語が同一の音訳漢字“烏”を使っているため、オ段音は狭母音化してウ段になっていたことがうかがえる。そして“馬”に対する音訳漢字に“嘸”が使われているが、この蘇州音は声化韻の [m̩] であり、琉球語の [ʔm] を表しているものと思われる。

5.2.2. 連母音・長母音

以下は首里方言で長母音になっているものの用例である。

	提示語（訓）	音訳漢字	中古音	蘇州	首里
ア＞ア	葉（は）	豁	豁（末韻）	[huaʔ]	/hwaa/
イ＞イー	木（き）	鷄	鷄（齊韻）	[tɕi]	/kii/
イ＞イー	桂（けい）	鷄花	鷄（齊韻）	[tɕi]	なし
イ＞イー	荔枝（れいし）	利市	利（至韻）	[li]	/riici/
ウエ＞ウエ	上（うへ）	威	威（微韻）	[uᴇ]	/ʔuii/

アイ＞ウエ	南	灰	灰（灰韻）	[huᴇ]	/hwee/
ヲ＞ウ	竹爿（をぎ）	兀執	兀（没韻）	[əuʔ]	/’uuzi/
オ／オウ	圍棋（ご）	古	古（模韻）	[kəu]	/guu/
オ＞オウ	篷（ほ）	賀	賀（箇韻）	[ɦəu]	/huu/
オ＞オウ	櫓（ろ）	羅	羅（歌韻）	[ləu]	/ruu/
オウ＞オウ	燈（とうろう）	禿羅	禿（屋韻） 羅（韻）	[t^{h}ɔ] [ləu]	/duuruu/
ワウ＞オウ	鳳凰（ほうわう）	呼窩	窩（戈韻）	[əu]	/huuoo/
アウ＞オー	扇子（あふぎ）	丫吉	丫（麻韻）	[iɒ][o]	/ʔoozi/
アク＞オ	索麺（サクメン）	錯閔	錯（鐸韻）	[tsoʔ]	/soominɴ/
オ＞ウ	帯（おび）	烏必	烏（模韻）	[əu]	/ʔuubi/

現代首里方言で長音となる語に対する音訳漢字は、中古音において入声となる音訳漢字を使う割合が低い。これらは上表の蘇州語で音節末の[ʔ]が殆ど出現しないことからもその傾向が分かる。[ʔ]が現れる音節は、漢人によって当時は長音と認識されていなかった可能性がある。

“桂”は和語で「ケイ」の発音であるため、琉球語においては長母音[kiihua]あるいは連母音の[keihua]のどちらかである。ここで“鶏”の音価が問題になるが、“鶏”の音訳漢字は“木”という項目にも使用されている。“木”の発音が[kei]であると想定することは困難なため、“鶏”は[kii]という発音を書き取るために選ばれたものと考えられる。よって“桂”も“木”も長母音であったと考えられる。また、“荔枝”も音訳漢字“利”を使っているため、蘇州語の発音に照らせば、[lei]ではなく[lii]という長音であったと思われる。

その他の用例だが、“南”の琉球語の発音は、現代蘇州語に照らせば、[hai]ではなく、[hwee]だったことになる。だが、連母音を表記できなかった故に、近似する音で代用した可能性もあり、この例だけで長母音化と断定するのは勇み足になろう。

“篷”や“櫓”などは、ウ段音に使われる音訳漢字とは異なり、中古音でも広い母音を使用している。そしてこれらの音訳漢字は、長母音であることが確実な“鳳凰”に対する音訳漢字と同じ広さの母音を使っている。この状況と現代首里方言に照らせば、“篷”や“櫓”は短母音ではなく、長母音を示していると考えられる。

一方、"帯"の用例では、現代語では長母音になっているものの、音訳漢字"烏"がウ段短母音の語にも使われているため、当時の"帯"はまだ長母音化していない [ubi] という発音であったと考えられる。同様に"圍棋"も現代音では長母音となっているが、音訳漢字の"古"が"石榴"などの短母音でも多く使われるように、まだ長母音化していなかった可能性がある。ただ、こうした用例も、多くの漢語では長母音と短母音を区別しないために生じた可能性がある。

5.3.『中山伝信録』まとめ

「字母」は全ての仮名に対する音訳漢字がそれぞれ異なり、さらに蘇州語での発音も異なることから、5 つの短母音は使い分けられていることになる。しかし、「琉語」はエ段音が狭母音化してイ段音に合流していたことが音訳漢字の使用状況から垣間見られる。またオ段音も狭母音化してウ段音と合流していた可能性が高い。

長音に関しては、ア段音の用例はないが、その他のイ段、ウ段、エ段、オ段は連母音に近い音価を有し、一部は長母音化していたと思われる。とりわけ 1 拍 (モーラ) に由来する"木"、"篷"、"櫓"が長母音化している状況が観られることが特徴的である。『伝信録』よりも前に成立している『おもろさうし』も、「気」に対して「けい」、「世」に対して「よう」など、すでに一音節由来の語が長母音化する傾向が観られるため、『伝信録』の時代にこの現象が確認されることはさほど不自然ではない。

そしてエイに由来する母音がイ段長音に、アイに由来する母音がエ段長音になっていたと考えられる。開音のアウと合音のオウに由来する連母音も、「陳侃」同様に使い分けられていたと考えられる。

6. 潘相 (1764)『琉球入学見聞録』

6.1.「字母」

『琉球入学見聞録』「字母」はそれに先立つ『琉球國志略』を参考に

書かれている[9]。以下は「字母」の音訳漢字と南方官話の音価と首里方言を対照させたものである。

片仮名	仮名の代用漢字	音訳漢字	中古音	南方官話	現代首里
ア	卩	牙	麻韻	[ia]	/a/
イ	亻	依	微韻	[i]	/i/
ウ	宀	無	虞韻	[u]	/u/
エ	ユ	而	之韻	[ul]	/i/
オ	才	烏	模韻	[u]	/u/

イ段とエ段、ウ段とオ段に対しては、ぞれぞれ異なる音訳漢字を使っている。中古音も韻が異なるが、南方官話の発音では、ウ段とオ段の発音は同じである。イ段とエ段については、エ段の音訳漢字"而"はエ段音と大きく発音が異なることや、「土音」にこの字だけでなく同じ発音の漢字も全く使われていないため、誤りの可能性がある。

6.2.「土音」

次に対訳形式の「土音」の項をみる。この体裁は「陳侃」、『伝信録』と同様である。

6.2.1. 短母音

以下は首里方言で短母音になっているものの用例である。

	提示語（訓）	音訳漢字	中古音	南方官話	現代首里
ア	朝（あさ）	阿撒	阿（歌韻）	[a]	/sutumiti/
イ	綿衣（わたいれ）	哇答二利衾	一（質韻）	[iɪʔ]	/’ɴcaagirii/
イ	石（いし）	亦石	亦（昔韻）	[iɪʔ]	/ʔisi/
リ > イ	戥子（はかり）	花喀依	依（微韻）	[i]	/hakai/
リ > イ	飯碗（まかり）	翁班麼喀倚	椅（支韻）	[i]	/makai/
イ	弓（ゆみ）	欲密	密（質韻）	[miʔ]	/’jumi/
ユ > イ	夢（ゆめ）	亦梅	亦（昔韻）	[iɪʔ]	/ʔimi/

エ	夢（ゆめ）	亦梅	梅（灰韻）	[muɛi]	/ʔimi/
エ	米（こめ）	窟美	美（旨韻）	[muɛi]	/kumi/
イ	牆（かき）	喀吉	吉（質韻）	[kiɪʔ]	/kaci/
エ＞イ	酒壷（さけびん）	撒吉並	吉（質韻）	[kiɪʔ]	/saki//biɴ/
イ	橋（はし）	花失	失（質韻）	[ʂɪʔ]	/hasi/
エ＞イ	節（せつ）	失子	失（質韻）	[ʂɪʔ]	/siçi/
ウ	春（はる）	花魯	魯（姥韻）	[lu]	/haru/
ウ	晝（ひる）	虚魯	魯（姥韻）	[lu]	/hwiru/
オ＞ウ	黄（きいろ）	奇魯	魯（姥韻）	[lu]	/ciiru/
オ＞ウ	黒（くろさ）	窟魯煞	魯（姥韻）	[lu]	/kurusaɴ/
ウ	紫（むらさき）	木喇煞吉	木（屋韻）	[mʊʔ]	/murasaci/
オ＞ウ	雲（くも）	窟木	木（屋韻）	[mʊʔ]	/kumu/
ウ	客人（きゃく）	恰谷	谷（屋韻）	[kuʔ]	/caku/
オ＞ウ	匣（はこ）	滑谷	谷（屋韻）	[kuʔ]	/haku/
ウ	黒豆（くろまめ）	枯魯馬閔	枯（模韻）	[ku]	/kurumaami/
オ＞ウ	言語（ことば）	枯毒八	枯（模韻）	[ku]	/kutuba/
オ＞ウ	琥珀（こはく）	枯花古	枯（模韻）	[ku]	なし
エ＞ウ	臍（へそ）	呼述	呼（模韻）	[hu]	/husu/

ア行のイ段音とエ段音は十分な語料がないが、マ行イ段音とエ段音は音訳漢字が使い分けられる傾向がある。これは南方官話ではイ段音の[i]ないし[iʔ]と、エ段音の[ei]では音価が異なるためである。だが、カ行エ段音とカ行イ段音で音訳漢字“吉”がともに用いられ、サ行エ段音とイ段音の間で音訳漢字“失”が共用されていることから、これらの子音についてはエ段音が狭母音化してイ段音と合流していたと思われる。このように子音によって、イ段とエ段の分合状況は異なっている。

マ行イ段音とエ段音は音訳漢字の使い分けがみられ、南方官話の音価も異なる。しかし、『伝信録』でイ段音との合流が認められる“米：可米”が『見聞録』では、過去に逆行するように、分けられる状況が観られる。

ラ行のウ段音とオ段音で音訳漢字“魯”がともに用いられ、マ行ウ団音とオ段音で音訳漢字“木”が使われている。この状況は他の子音にもみえることから、オ段音は子音の種類に関わりなく狭母音化してウ段音と合流していた様子がうかがえる。

6.2.2. 連母音・長母音

以下は首里方言で長母音になっているものの用例である。

	提示語（訓）	音訳漢字	中古音	南京	現代首里
イー	黄（きいろ）	奇魯	奇（支韻）	[k^{h}i]	/ciiru/
ゑ＞イー	畫（ゑ）	椅	椅（支韻）	[i]	/’ii/
アイ＞エー	棹（だい）	列	列（薛韻）	[lie]	/dee/
アイ＞エー	高麗（かうらい）人	柯列虚毒	列（薛韻）	[lie]	/kooree/
アイ＞エー	親雲上	牌金	（佳／皆韻）	[pai]	/peeciɴ/
アイ＞エー	灰（はい）	懐	懐（皆韻）	[huai]	/hwee/
ウウ＞ウー	州（しゅう）	収	収（尤韻）	[ʂɛu]	なし
オ＞ウー	篷（ほ）	呼	呼（模韻）	[hu]	/huu/
オウ＞ウー	身體（どう）	魯	魯（模韻）	[lu]	/duu/
ラフ＞オー	爉簽（らふたて）	羅塔低	羅（歌韻）	[lɔ]	/doo//roo/
オウ＞オー	豆腐（とうふ）	拖福	拖（歌韻）	[t^{h}ɔʔ]	/toohu/
ハウ＞オー	刀（はうちゃう）	和竹	和（戈韻）	[hɔ]	/hoocaa/
アウ＞オー	高麗（かうらい）人	柯列虚毒	柯（歌韻）	[k^{h}ɔ]	/kooree/
オー	荷包[10]	呼作	作（鐸韻）	[tʂɔʔ]	/huzoo/[11]

南方官話の音価を考慮すると、“親雲上”や“灰”はまだ、エ段長音には変化しておらず、連母音 [ai] の状況であったことになる。だが、南方官話に [ɸe:] に近い音があったかは疑問であり、近似する音訳漢字を使った可能性も残されている[12]。

音訳漢字“列”を使用する用例に“棹”と“高麗”がある。“棹”の漢語には「物を置く台」の意味があり、首里の /dee/ あるいは那

覇の [ree] に対応する。“高麗”は現代首里に /kooreegusju/、那覇に [ko:re:gusu](高麗薬) などの用例がある。よって南方官話の音価を参照すると、“列”はエ段長音に対応し、音価は [ie] のような連母音に近いものであったと推察する。

オ段長音においては、開音に由来する長母音と、合音に由来する長母音が音訳漢字の上で使い分けられる傾向がある。さらにそれらの開音に対する音訳漢字が合音の音訳漢字に比べ、中古音や南京音の発音で広い母音を採用していることから、両音は音声的な違いを有していたと考えられる。特にオ段長音のみに用いられる羅 (歌韻)、拖 (歌韻)、和 (戈韻)、柯 (歌韻)、作 (鐸韻) といった音訳漢字は、南方官話の音価では広い母音の [ɔ] で読まれる傾向がある。一方で、“篷”や“身體”など首里方言で長音になっている語が、必ずしも長音で表現されていないものも散見される。例えば“篷”の音訳漢字“呼”は短母音の“臍”(へそ /husu/) にも用いられ、“身體”に対する“魯”も短母音の“春”(はる) や“晝”(ひる) に用いられる。

6.3.『琉球入学見聞録』まとめ

短母音においては、子音によってエ段音とイ段音が書き分けられているものと、書き分けられていないものがある。オ段音とウ段音に関しては、エ段とイ段に比べて同じ音訳漢字で表現される用例が多くみられるため、合流していたと考えられる。

開音と合音に由来する長音については、使用される音訳漢字がそれぞれ異なっているなどの理由から、使い分けの意図がみられる。そして、連母音の長音化については、アイについては一部が長音化し、一部が連母音のままという状況ともとれる。だが、開音のアウには長母音化した状況が見られる。

7. 李鼎元 (1800)『琉球訳』

『琉球訳』の音系については、第 5 章で述べているため、ここでは結論のみを示す。以下は「訳訓」におけるア行音に関する項目である。

7.1. 短母音

以下は首里方言で短母音になっているものの用例である。

訓	琉球訳	中古音	南方官話	首里
あちゃ	**明日曰阿家**	阿（歌韻）	[a]	/aca/
いま	**今日以麻**	以（止韻）	[i]	/ima/
うた	**謳謌謡曰武答**	武（麌韻）	[u]	/uta/
えり	**襟曰以力**	以（止韻）	[i]	/iri/
おと	**音韻曰武獨**	武（麌韻）	[u]	/utu/

イ段とエ段では、“以”や“一”が共通して用いられ、ウ段とオ段同じ音訳漢字“武”、“屋”が使用されている。これによりア行においては、基本母音が 3 母音化を完了した姿を、音訳漢字が反映している状況が看取される。なおマ行、ナ行はエ段とイ段で音訳漢字を棲み分ける傾向が観られる。

7.2. 連母音・長母音

以下は首里方言で長母音になっているものの用例である。

	訓	琉球訳	中古音	南方官話	首里
エイ＞エー	えいろく	**永禄曰一六**	一（質韻）	[iɪʔ]	なし
オウ＞ウー	きのう	**昨日曰及牛**	牛（尤韻）	[niɛu]	/cinuu/
アウ＞オー	ほうわう	**鳳凰曰火我**	我（哿韻）	[ɣʷɔ]	/huuoo/

ア行長音を示す例は、「訳音」、「訳訓」ともオ段長音は“我”の音訳漢字を使用している。“鳳凰”の、“凰”の発音は現代首里方言から考察すると、[oo] であったと考えられる。ただ、エ段長音と思しき用例“永禄”が短母音にも用いられる音訳漢字“一”を使用していることから、他の長母音については十分に弁別されているとは言いがたいものもある。だが、総じて長母音においては、“昨日”の例にみるように、中古音や南方官話でも二重母音をもつ音訳漢字が選ばれる傾向がある。

8.『漂海始末』(1818)

1818年『漂海始末』は漢字で書かれた語彙に対して、ハングルで琉球語の音声が記されている。

8.1. 短母音

以下は首里方言で短母音になっているものの用例である。

	提示語（訓）	ハングル	ハングル転写	首里
ア	雨傘（かさ）	가사	kasa	/kasa/
イ	箸（はし）	하시	hasi	/hasi/
エ	風（かぜ）	간싀	kanzɯi	/kazi/
エ	錢（かね）	칸의	kanɯi	/ziɴkani/
エ	船（ふね）	후늬	hunwi	/huni/
エ	筆（ふで）	후듸	hutɯi	/fudi/
エ	橘[13]（くねんぼ）	군희부	kunhɯipu	/kunibu/
ヲ＞ウ	女（をなご）	우나귀	unakui	/’winagu/
オ＞ウ	米（こめ）	구미	kumi	/umi/
オ＞ウ	鶏（とり）	두리	turi	/tui/
オ	十一月（しもつき）	시모지지	simocici	/simuçici/

ア段音、イ段音、ウ段音、エ段音は異なるハングルで区別している。オ段音に由来する語はウ段音と同じ母音のハングルで記されているため、オ段音が狭母音化してウ段と合流している様子がうかがえる。ただ、一例のみ“十一月”(しもつき)を表す語においてマ行オ段短母音を表す모[mo]が使われている。

一方、エ段音はイ段音と異なる。エ段音にᅴ/ɯi/を使うのは「語音翻訳」と同じ方法である。だが、「語音翻訳」編纂時の朝鮮語は中期朝鮮語に属し、「漂海始末」編纂時は近世朝鮮語の時代であり、同じハングルでも読み方が異なっていた[14]。近世朝鮮語は現代朝鮮語と同様にᅢ/ai/やᅦ/ei/は単母音の[ɛ]や[e]と発音される。よって琉球語のエ段音が[ɛ]や[e]であったならば、当然これらを使って表記したと考えられるが、実際はエ段音にᅴ/ɯi/を使っている。これはやはりエ段音は[ɯi]の発音に近かったものとみられる。

長母音と思われる項目に対し、短母音と同じハングルを使用している例がある。例えば、短母音の“鷄”(とり)と長母音の“豆腐”(とうふ)は同じハングルの두[tu]で表音している。これらは合音に由来し、以下の開音に由来するオ段長音とは区別されている。

8.2. 連母音・長母音

以下は首里方言で長母音になっているものの用例である。

	提示語（訓）	ハングル	ハングル転写	首里
イー＞イ	簪	ᅀᅵ 화	zihoa	/ziihwa/
ヲ＞ウ	甘蔗（をぎ） 沙糖草	욱이	uki	/’uuzi/
オウ＞ウ	豆腐（とうふ）	두후	tuhu	/toofu/
オウ＞ウ	通事（つうじ）	두즈	tucɯ	/tuuzi/
ワウ＞オウ	國王（おう）	오	o	/’oo/
アウ＞オウ	扇（あうぎ）	오지	oci	/ʔoozi/
オー	坐	맨소오리	mainsoori	なし

オ段長音に関しては、開音に由来する“國王”と“扇”に同じハングル오[o]を使っている。このハングルは短母音には使われず、現代首里方言の対応からウ段よりも広いオ段の長母音を示しているものと思われる。なお、“坐”の琉球語として「メンソーリ」という訳語が当てられている。

8.3.『漂海始末』の琉球語

上記のように『漂海始末』はエ段音とイ段音を明確に区別している。これは同時代のクリフォードやベッテルハイムとは異なった様相をみせている。さらに、“鷄”の例にあるように /r/ 音の脱落が観られない。これはこの資料が基づく琉球語が首里方言や那覇方言ではないことを示唆する。

9. Herbert John Clifford(1818)"A Vocabulary of the Language spoken at the Great Loo-Choo Island"

伊波和正(1990)では、クリフォードは母音について以下のように説明している。

「2.3 ***a*** は常に英語の far の a のように発音される。」

「2.4 ***ee, oo*** はアクセントの有無に関係なく，常に一音節を表す。」

「2.7 ***o*** は ***bode*** の o のように発音される [ou](T8; ***bodzee***, Bishop〈坊主〉)。***o*** は boat の oa のように二重母音で発音される [ou](T50; ***ee'otsee***, Four〈四〉)」

クリフォードのア段音については、実際には ***á*** と ***a*** の二つの表記があり、***á*** が短母音のア [a]、***a*** が長母音のアー [a:] であったと考えられる。よって、それらを整理すると以下のようになる[15]。以下の短母音と長母音は字面通りに読むが、連母音は結合する子音によって英語の語彙を発音した時に実現される音を目指すものもある。

	短母音	長母音
ア段	***á***、***aá***	***a***
イ段	***i***、***eé***	***ee***
ウ段	***oó***	***oo***
エ段		
オ段		***o***

	連母音
ア段	***a***
イ段	
ウ段	
エ段	***áy***、***yeh***
オ段	***uá***、***aw***

9.1. 短母音

以下は首里方言で短母音となっているものの用例である。

	English	Loo-Choo	筆者語釈	現代首里
ア	Red	***Akása***	赤さ（あかさ）	/ʔakasaɴ/
ア	Rain	***A'mee***	雨（あめ）	/ʔami/
イ	Chopsticks	***Fáshay***	箸（はし）	/haasi//hasi/
イ	Stone	***Ish'ee***	石（いし）	/ʔisi/
エ＞イ	Branch of a tree	***Eéda***	枝（えだ）	/'ida//'juda/
エ＞イー	Wine	***Sáckkee***	酒（さけ）	/saki/

ウ	Loo-choo song	***Oóta***	歌（うた）	/ʔuta/
ウ	Cow	***Mee Oóshee***	雌牛（うし）	/miiʔusi/
ウ	Sea	***Oómee***	海（うみ）	/ʔumi/
オ＞ウー	Learning or Studying	***Cootooba***	言葉（ことば）	/kutuba/

短母音は若干の違いがあるものの、現代首里方言と同じ体系をなしている。

9.2. 連母音・長母音

以下は首里方言で長母音になっているものの用例である。

	English	Loo-Choo	筆者語釈	現代首里
ア	Teeth	***Há***	歯（は）	/haa/
ア＞アー	Leaf	***Wha***	葉（は）	/hwaa/
ア＞アー	House	***Ya***	家（や）	/’jaa/
ワ＞アー	Skin	***Ka***	皮（かは）	/kaa/
イ＞イー	Tree	***Kee***	木（き）	/kii/
ヰ＞イー	Chair	***ee***	椅子（ゐす）	/’ii/
エ＞イー	Eye	***mee***	目（め）	/mii/
ヱ＞イー	Picture	***Kackkeé-ee***	掛け絵（ゑ）	/’ii/
ユ＞イ	Finger	***Eébee***	指（ゆび）	/ʔiibi/
アイ＞エー	Man, of rank	***Páychin***	親雲上	/peeciɴ/
アエ＞エー	Fly	***Háyeh***	蝿（はえ）	/hwee/
アイ＞エイ	South	***Whfa, fa***	南	/hwee/
エウ＞エイ	Pepper pod	***Quáda coósha***	高麗胡椒（こせう）	/kooreegusju/
オ＞ウー	Sea weed	***Moo***	藻（も）	/muu/
オ＞ウー	Sail	***Foo***	帆（ほ）	/huu/
オー＞ウー	Cheeks	***Hoo***	頬（ほほ）	/huu/
オウ＞ウー	Yesterday	***Cheénoo***	昨日（きのう）	/cinuu/
オー＞ウー	Lantern, glass	***Támma-doóroo***	玉燈籠（らう）	/tuuru/

アウ＞オ	Fan	*O'jee*	扇（あうぎ）	/ʔoozi/
アウ＞オー	Upper garment	*Eéshaw*	衣装（いしやう）	/ʔisjoo/
アウ＞オー	stone, carved	*Káwroo*	香炉（かうろ）	/ʔukooru/
アウ＞オー	Candle	*Daw*	蝋（らう）	/doo/
アウ＞オー	Creeep	*Haw'yoong*	這う（はう）	/hoo=juɴ/
オ	Girdle	*O'bee*	帯（おび）	/ʔuubi/

長母音も短母音と同様、現代首里方言と同じ体系をなし、連母音も長母音化している。

10. Bernard Jean Bettelheim(1851)*"English-Loochooan Dictionary"*

ベッテルハイムの『英琉辞書』は記号として短母音と長母音を使い分けている。ベッテルハイムは短母音について以下のように述べる。

a,　reads as in are(a は are の a のように読む)

e,　as in else(e は else の e のように読む)

i,　s in in(a は in の i のように読む)

o,　as in open(o は open の o のように読む)

u,　like oo in english(u は英語の oo のように読む)

そして、母音については以下のように述べる[16]。

「母音のうえの水平な線 (¯) は母音をのばし、半円の (˘) は短くする。二つの線あるいは半円はその効果を二倍にすることを意図し、線と半円 (˘) はその音節が短く、アクセントを置くことを示す。高音調 (ˊ) はその母音の音を広くし、低音調 (ˋ) は狭くするため、***o*** は flock の o のように短く広く読み、***ó*** は lose の ***o*** のように読む。」

つまり、母音の上の記号は、長母音は ¯ 、短母音は ˘ で示す。ここまでは特に問題ないのであるが、記号の ˊ と ˋ が問題となる。これは説明と挙例が矛盾する点である。flock の o は short & open であり、IPA では [ɔ] となる。一方、lose の o は grove なので、[u:] という記号になる。しかし、acute accent の記号と、grove アクセントの記号が逆に書かれているのである。実際に母音の上に ˊ の記号が付くローマ字発音がどのようになるかが問題になる。恐らく、ベッテルハイムは acute accent を ` とするはずが間違ってしまったものと考えられる。実際、ベッテルハイムの辞書には acute accent で琉球語の単語は示されておらず、***ó*** はすべて長音に対応する。それらをまとめると以下のようになる。

	短母音	長母音
ア段	***ă、a***	***á、ā***
イ段	***ĭ、i***	***í、ī***
ウ段	***u***	***ú、ū***
エ段	***ï***	***é***
オ段	***o***	***ó***

10.1. 短母音

以下は首里方言で短母音になっているものの用例である。

	英語	Loo-Choo	筆者語釈	現代首里
ア	red	***akassang***	赤（あか）さ	/ʔakasaɴ/
ア	rain	***ămĭ***	雨（あめ）	/ʔami/
ハ＞ア	Skin	***ka***	皮（かは）	/kaa/
イ	chopstick	***fā̆shi, hā̆shi***	箸（はし）	/haasi//hasi/
イ	stone	***íshi***	石（いし）	/ʔisi/
エ＞イー	branch	***ī̆da***	枝（えだ）	/'ida//'juda/
エ＞イ	wine	***saki***	酒（さけ）	/saki/
エ	therow	***nagḯung***	投げる	/nagi=juɴ/
ウ	song	***uta, úta***	歌（うた）	/ʔuta/
ウ	cow	***mī̆ ū̆shī̆***	雌牛（うし）	/miiʔusi/
ウ＞オ	sea	***omi***	海（うみ）	/ʔumi/
オ＞ウ	navel	***fússu***	臍（へそ）	/husu/

以上のように、短母音の体系は概ね現代首里方言と同様である。

10.2. 連母音・長母音

以下は首里方言で長母音になっているものの用例である。

	English	Loo-Choo	筆者語釈	現代首里
ア＞アー	leaf	***fā***	葉（は）	/hwaa/
ア＞アー	tooth	***hā***	歯（は）	/haa/
ア＞アー	house	***yā***	家（や）	/'jaa/
イ＞イー	tree	***kí***	木（き）	/kii/
ヰ＞イー	chair	***yī***	椅子（ゐす）	/'ii/
ヱ＞イー	picture	***yī***	掛け絵（ゑ）	/'ii/
エ＞イー	eye	***mī***	目（め）	/mii/
ユ＞ウイー	finger	***wībi***	指（ゆび）	/ʔiibi/
アイ＞エー	rank	***petching, pétching***	親雲上	なし
アイ＞エー	cayenne pepper	***aka kóré gushu***	高麗（かうらい）胡椒	/kooreegusju/
アイ＞エー	South	***fé***	南	/hwee/
アエ＞エー	fly	***fé***	蝿（はえ）	/hwee/
エー	oar	***wéku***	オール	/ʔweeku/
オ＞ウー	sail	***fū***	帆（ほ）	/huu/
オ＞ウー	girdle	***ūbi***	帯（おび）	/ʔuubi/
オオ＞ウー	cheeks	***fū-zira***	頬（ほほ）	/huu/
オウ＞ウー	yesterday	***chinyū, chinū***	昨日（きのう）	/cinuu/
アウ＞オー	fan	***ódji***	扇（あうぎ）	/ʔoozi/
アウ＞オー	censer	***kóru***	香炉（かうろ）	/ʔukooru/
アウ＞オー	candle	***ró***	蝋（らう）	/doo/
アウ＞オー	creeep	***hóyung***	這う（はう）	/hoojuɴ/

以上のように、長母音の体系は概ね現代首里方言と同様である。

11.『沖縄対話』(1880)

『沖縄対話』は日本語に対する、首里方言の発音を片仮名で記している。部分的に歴史的仮名遣いが用いられるが、拗音や促音、長音で読む語の片仮名に傍線を引いている。

11.1. 短母音

日本語	首里	現代首里
否へ	アヤビラン	なし
石の下	イシヌシチ	/isi//nu//sica/
木綿物ガ	ムミンフー	/mumiɴ/
御先に	ウサチ	/saçi/
誠ニ	ドツト	/duꞯtu/
時刻も	トチン	/tuci/

短母音は、三母音化が完了しているが、タ行オ段音の表記が観られる。これは実際には「トゥ」という表記の代用で、実際にはウ段音で読まれたのだと思われる。

11.2. 連母音

	日本語	首里方言	現代首里
サタウ	砂糖	サタウ	/saata/
サウバ	相場	サウバー	/sooba/
チヤウ	丁度	テウド	/coodu/
ケフ	今日ノ	チユウヌ	/cuu//nu/

漢語などの連母音に関しては、長音記号を使わず、歴史的仮名遣いのまま表記してある。だが上記には傍線があり、これらは長母音や拗音で読んだと思われる。

11.3. 長母音

日本語	首里方言	現代首里
最早	ナー	/naa/
御荷物ハ	ニーヤ	/nii//ja/
昨日	チヌー	/cinuu/
大抵	テーゲー	/teegee/
沢山	ウホーク	/ʔuhooku/

連母音とは別に、長母音を長音記号「ー」を使って表している。ここでは５種の長母音が確認される。

12. Basil Hall Chamberlain(1895)*"Essay in aid of a grammar and dictionary of the Luchuan Language"*

チェンバレンは母音について、で以下のように説明している (p.18)[17]。
「琉球語の母音構造は以下である。

a,　ā

ē　　　ō

i, ī　　　　　u. ū

つまり、三つの基本母音 a, i, u が短い形式と長い形式で現れ、中間的母音の e と o は長い形式のみに現れる。短い e は存在するが、haberu(蝶) のみにあらわれる。」

12.1. 短母音

以下は現代首里方言で短母音になっているものの用例である。

	Luchuan	English	筆者語釈	現代首里
ア	***anda***	oil	油（あぶら）	/anda/
ア	***Acha***	to-morrow	明日（あした）	/aca/
イ	***Iru***	colour	色（いろ）	/iru/
エ＞イ	***Hudi***	pen	筆（ふで）	/hudi/
ユ＞イ	***Imi***	dream	夢（ゆめ）	/ʔimi/
エ＞イ	***Huni***	a vessel, a ship	舟（ふね）	/huni/
エ＞イ	***Huni***	a bone	骨（ほね）	/huni/
ウ	***Umi***	the sea	海（うみ）	/ʔumi/
ウ	***Ushī***	a bull, a cow, cattle	牛（うし）	/ʔusi/
オ＞ウ	***Uni***	a demon, a devil	鬼（おに）	/ʔuni/
オ＞ウ	***Uchinā***	the island of Great Luchu	沖縄（おきなわ）	/ʔucinaa/
ウ	***Muji***	wheat, barley	麦（むぎ）	/muzi/
オ＞ウ	***Mui***	a wood, a grove	森（もり）	/mui/

短母音は概ね現代首里方言と同じ体系をなしている。

12.2. 連母音・長母音

以下は現代首里方言で長母音になっているものの用例である。

	Luchuan	English	Japanese	筆者語釈	現代首里
アー	*Hā*	a tooth	ha	歯（は）	/haa/
アー	*Fā*	leaf	ha	葉（は）	/hwaa/
ユ＞イー	*Ībi*	a finger, a toe	yubi	指（ゆび）	/ʔiibi/
エ＞イー	*Mī*	the eye	me	目（め）	/mii/
イ＞イー	*Mī*	a celebrated place	mei-sho	名所（めいしょ）	なし
アエ＞エー	*Mē*	front, before	mae	前（まえ）	/mee/
アイ＞エー	*Fē-kazi*	the south wind	kaze	南風	/hwee//kazi/
ウ＞ウー	*Ūshi*	a mortar	usu	臼（うす）	/ʔuuşi/
オ＞ウー	*Mū*	sea weed	mo	藻（も）	/muu/
アウ＞オー	*Jō*	a gate	mon	門（ぢゃう）	/zoo/
オー	*Mōji*	Mencius	Mōshi	孟子	なし

長母音も概ね現代首里方言と同じ体系である。

13. Charles Haguenauer(1930)

では1930年に沖縄を訪れたシャルル・アグノエル（Charles Haguenauer）のノートをみてみよう。アグノエルは首里方言に関しては断片的な記録しか残していない。チェンバレンの資料を参照していたことから、重複を避けたと考えられる。以下は那覇方言の記述であるが、アグノエルは短母音を/a、i、u、e、o/、長母音を/ā、ī、ū、ē、ō/と区別して書き分けている。

13.1. 那覇方言の短母音

以下は現代那覇方言で短母音になっているものの用例である。

	ア氏表音	ア氏語釈	筆者語釈	現代那覇
ア	***ačā***		明日（あした）	[ʔatʃa:]
ア	***agari***	東	東（あがり）	[ʔagari]
ア	***takasang***		高い（たかい）	[takasan]
ユ＞イ	***imi***	*yume*	夢（ゆめ）	[ʔimi]
イ	***kāmi***	*jarre*	甕（かめ）	[ka:mi]
ウ	***halu***		畑	[haru]
ウ	***haru***	春	春（はる）	[haru]
オ＞ウ	***uṛuručing***	odoroku	驚（おどろ）く	[ʔururutʃuɴ]
オ＞ウ	***fuka***	外	ほか	[ɸuka]
オ＞ウ	***anu***	ano	あの	[ʔanu]

上記のように、アグノエルの那覇方言の短母音の記述は、現代那覇方言の調査報告と概ね一致し、現代首里方言とも大きく変わらない状況がうかがえる。

13.2. 那覇方言の連母音・長母音

以下は現代那覇方言で長母音になっているものの用例である。

	ア氏表音	ア氏語釈	筆者語釈	現代那覇
ア＞アー	***hā***	dent	歯（は）	[ha:]
ア＞アー	***ačā***	明日	明日（あした）	[ʔatʃa:]
ア＞アー	***māmi***		豆（まめ）	[ma:mi]
ユ＞イー	***ībi***	doigt	指（ゆび）	[ʔi:bi]
イ＞イー	***fī***	火	火（ひ）	[çi:]
イー	***tīṛa***	soleil	太陽	[ti:ra]
エ＞イー	***kāmī***	*kame tortue*	亀（かめ）	[ka:mi]
ウー	***chū***	kyō aujourd'hui	今日（けふ）	[tʃu:]
ウー	***ṛū***	corps	体	[ru:]
エ	***akedjū***	libellulle	トンボ	[ʔa:ke:dʒu:]
アイ＞エー	***fēsang***	hayai	はやい	[ɸe:san]

アエ＞エー	***kēyung***		帰（かえ）る	[ke:iɴ]
アエ＞エー	***fē, fúe:***	mouche	蝿（はえ）	[ɸe:]
オー	***hō***	vagin	女性器	[ho:]

14. 伊波普猷 (1932)『琉球語大辞典 (草稿)』

伊波普猷の『琉球語大辞典 (草稿)』においては、短母音は無標で示しているが、長母音は標準語の長音記号「ー」を使って表している。また、ローマ字で発音をしめしたものは、短母音は無標であるが、長母音は「：」の記号で表現している。

14.1. 短母音

以下は現代首里方言で短母音になっているものの用例である。本資料は、[エ] および [オ] ではじまる項目は、(古語) の表示を除いては、いずれも長母音しか収録していない。なお伊波普猷は、母音の前に声門閉鎖音 [ʔ] があるものを片仮名で、ないものを平仮名で書いている。

	表音	語釈	現代首里
ア	アカサン	赤い。	/ʔakasaɴ/
イ	イシグヮー	小石 。	/ʔisi/
エ＞イ	イビ	蝦。国つ神。	/ʔibi/
リ＞イ	ひヂャイ	左。	/hwizai/
ウ＞イ	イリチ	鱗。雲脂。	/ʔirici/
ウ	ウシグヮー	仔牛。	/ʔusi//gwaa/
オ＞ウ	ウキ	沖。浮標。	/ʔuki/
オ＞ウ	ウムティ	表。	/ʔumuti/
ヲ＞ウ	うドゥイ	踊り。	/’udui/
オ＞ウ	ふシ	星。	/husi/

以上のように、短母音に関しては、エ段音は狭母音化してイ段音に合流し、オ段音も狭母音化してウ段音に変化している。

14.2. 長母音

以下は現代首里方言で長母音になっているものの用例である。

	表音	語釈	現代首里
ア＞アー	アーブク	泡。	/ʔaabuku/
ア＞アー	ハー	歯。感動詞。	/haa/
イ＞イー	イーチ	息。	/ʔiici/
ヰ＞イー	イー	胃袋。胃液。	/ʔii/
ユ＞イー	イービ	指。	/ʔiibi/
エ＞イー	ミーヌ・タマ	眼球。	/mii/
ヱ＞イー	‘wiːjun	酔ふ–酒や船などに。植ゑる。	/’wiijuɴ/
ウ＞ウー	ウースィ	臼。	/ʔuuşi/
オー＞ウー	ウーユン	追ふ。追ひ払ふ。	/ʔuujuɴ/
アイ＞エー	ふぇー	蝿。灰。	/hwee/
アエ＞エー	メー	南隣の家。前。	/mee/
アウ＞オー	オージ	扇。	/ʔoozi/
アオ＞オー	ソー	竿	/soo/

以上のように、現代首里方言とほぼ同じ体系になっている。

おわりに

本章は、(1) エ段音やオ段音の狭母音化がいつ発生し、どのように変遷したのか、(2) 長母音が歴史的資料でどのように表記されているのかについて考察するために用例を積み重ねてきた。これまでの考察をまとめると以下のようになる。

「語音翻訳」においては、特定の子音でエ段がイ段、オ段がウ段に狭母音化している。しかし、狭母音化していない語もあり、体系としては5母音である。冒頭で示した定義に照らすと3母音化は完成していない。連母音においては、歴史的仮名遣いに対する発音に二つのハングルを用い、母音のハングルを後ろに付け加えていることから、当該音節は連母音の状況で、長母音化していなかったと考えられる。つまり、短母音は

5母音、連母音は長母音化する前の段階であったとみられる。

「陳侃」も同様にエ段音とオ段音の狭母音化が観られるが、全ての語にその変化が及んでいるとはいえない。現代首里方言で長母音となっている語のうち、かつての連母音に対する音訳漢字が、短母音を示す音節に使われていない。ここからそれらが短母音とは異なる発音だったと考えられるが、それらは連母音の段階で、長母音にはなっていなかったと思われる。この時代も短母音の3母音化は未完了で、連母音は長母音化する前の段階であったとみられる。ほぼ同時代の『おもろさうし』も同様にオ段音の狭母音化はかなり進み、エ段音の狭母音化はオ段音ほどではなかったが、エ段音とイ段音は一定の使い分けがあったと考えられる。よって3母音化も長母音化も完了していない状況であったとみられる。

『伝信録』においては、「語音翻訳」や「陳侃」で一部にとどまっていたエ段音とオ段音の狭母音化が殆どの語に発生していた状況が観られる。特にオ段音の狭母音化が顕著である。そして、連母音由来の語は一部が長母音化するものの、多くは連母音の段階だった。また“木”、“櫓”、“篷”など現代首里方言で1拍で一語をなす語も、長母音化の傾向がみられる。これは『おもろさうし』にも観られるが、それまでの対音資料では明確に観られなかった現象である。そうした意味で、『伝信録』は一つの契機となる資料といえる。

『見聞録』は、短母音においてオ段音はほぼ全ての用例でウ段音に狭母音化しているようだが、エ段音は子音によってイ段音と区別されている。1拍で一語をなす語については『伝信録』と同様に長母音化する傾向が観られ、多くの連母音が長母音に変化している。

『琉球訳』に至って、エ段音、オ段音の狭母音化は顕著に表れる。しかし、マ行とナ行にイ段音とエ段音が区別される傾向が観られる。ナ行については母音による違いなのか、子音による違いなのかは不明だが、子音の違いとみなせば、マ行の一部を除き、短母音は3母音体系となる。1音節で一語になる語の長母音化の有無については、十分な根拠が得がたい。だが、長母音の体系としては、5母音であるといえる。

現代首里方言の基本的な母音体系は『見聞録』から『琉球訳』、クリフォード語彙の間で概ね確立したといえる。これはカ行イ段音の口蓋化・破擦音化と比較するとやや時代が下る。その後のベッテルハイム、チェンバレン、アグノエルに関してはほぼ現代の首里方言と同様の状況になっている。つまり、首里方言は18世紀後半から20世紀半ばまで200年間ほぼ同じ状況であったことが分かる。

しかし、1818年の『漂海始末』は例外的である。本資料はオ段音がウ段音と合流している一方、エ段音とイ段音は全ての子音で分けられる傾向が観られる。これは当該資料が首里や那覇の方言とは異なる言語を記す可能性を示唆している。

(1) については、短母音のオ段音、エ段音の狭母音化の兆候は「語音翻訳」(1501) の段階で観られるが、まだ一定の区別があったことが分かる。そしてこの資料でより狭音母音化しているのはオ段音よりエ段音である。その後、オ段音がエ段音よりも狭母音化が進み17世紀前半にはかなり進行していたことが『おもろさうし』や『伝信録』で確認され、エ段音がそれに追随する。これは中本正智 (1976:120) が琉球弧の諸方言の母音状況から「後舌母音のo→uの推移から先に変化が起こり、前舌母音のe→iの推移へと変化が深化した」とする推測とは些か異なる。

(2) の長母音については、朝鮮語や漢語は一音節で母音の長短を区別しない。そのため、ハングルや漢字で短母音と長母音を弁別することに困難が伴ったことが予想される。しかし、朝鮮語資料では母音を加えることで連母音を示し、漢語資料では短母音では使わない音訳漢字を使用することで連母音を表現しようとしている。そして、開音 (アウ) に由来する連母音と合音 (オウ) に由来する連母音が分けられる状況は、「語音翻訳」以来観られ、琉球語の歴史を通じて現代までこの区別が維持されるが、音価については連母音から長母音へ18世紀末からそれぞれ変化する。現代首里方言にみられる1拍で一語をなす語が長母音化する現象は『おもろさうし』にも観られるが、対音資料では『伝信録』で明確に観られ、それ以降の資料でも確認することができる。

1　出雲朝子 (1963)、ibid(1983) 参照。
2　平山輝男 (1967)、『沖縄語辞典』p.35 参照。なお後藤剛 (1999) によると、この傾向は『おもろさうし』にも観られる。
3　石崎博志 (2010c) 参照。
4　陳侃「夷語」と「琉球館訳語」の先後関係については本書第 1 章を参照。
5　『字彙』烏禾切の“禾”音で代用。
6　「語音翻訳」に“你”(あなた) に対応する琉球語に우라 [ura] とある。
7　高橋俊三 (1991) 参照。
8　『沖縄対話』に「滋姑」を「グェー」としている。
9　『国家図書館蔵琉球資料匯編 (中)』所収『琉球國志略』p.854-856 参照。
10　巾着袋のようなもの。
11　『沖縄語辞典』p.226 に「[宝蔵] 女持ちのたばこ入れ。宝珠のような形に縫った袋物である。」とある。
12　『伝信録』に使われる蘇州語には [hai] の発音がなく、『見聞録』に使われる南方官話には [hwe:] という音がないため、両書とも近似音で音訳漢字を選んだ可能性は否定できない。
13　『おもろさうし』には「くねんぼ」(九年母) の語がある。
14　李基文 (1975) 参照。
15　伊波和正 (1990) は母音の体系に関して以下のように述べる。「2.14　2.3，2.4 から，クリフォードは琉球語の母音体系は a, ee, oo で表記される三母音体系であることに気づいていたと思われる (どこにも明言はされていないが)。そして原則として a は [a:]，ee は [i:]，oo は [u:] を表記したものであろう。例えば、sa'ta(Sugar〈砂糖〉) は [sa:ta:]，fee(Fire〈火〉) は英語の fee[fi:]〈手数料〉，too(Ten〈十〉) は英語の too[tu:]〈また〉であろう。中略。2.15 短母音 [i] は i，e で表記されるのが原則であり，ee，oo の後には子音字母の重複が決して見られないことは ee，oo が常に長母音であり，短母音として読まれるべきではないことの証明であろう。」しかし、これは短母音に使われるアクセント記号 (´) を見落とした結果であると思われる。
16　a horizontal line on the top of a vowel (¯) lengthens it, half a ring (˘) shortens; two lines or halfrings are intended to double the effect; a line & half ring (˘) denotes the syllable is short and accentuated; the acute accent(´) opens, the grove(`) closes the sound of a vowel , thus o reads short & open, as in flock, ó as in lose.
17　17. The Luchuan vowel system is as follows:–

a, ā
ē　　ō
i, ī　　u. ū

that is to say, the three fundamental vowels a, i, u appear both in a short and a long form, the intermediate vowels e and o in the long form only. Short e exists but in the single word haberu, “a butterfly.”

第2部
第10章
琉球における文体の変遷

はじめに

本章は琉球の文字資料がどのような言語と文体で記されてきたのかを概観し、そのなかで漢文訓読がどのように行われていたかを明らかにするものである。

まず、琉球の文字資料における書記文体の変遷について説明し、琉球の文字資料では和文(候文)が長く書記文体として使われていたことを論じる。併せて久米村人による漢文文書作成について、その一つの象徴として蔡温を例にとり、多くの漢文文書を残した久米村人も漢文と候文の二つの形式を使い分けていたことを述べる。そして、琉球では久米村人、琉球人を問わず四書などの素読では漢文訓読法を使っていたことと、漢文訓読時の発音には琉球語の発音を用いる「合音訓読」と大和風の「開音訓読」の二種類があったことを論じる。

1. 琉球における書記文体の変遷

ここでは、和文、琉文、漢文を以下のように定義する。

和文：日本語の語彙・語法で記されるもの
琉文：琉球語の語彙・語法で記されるもの
漢文：漢語で記されるもの(変体漢文も含む)

和文と琉文の中間段階の文体として、「琉球語混じり和文」[1]があるが、これは和文の語彙・語法に琉球語の語彙が混じるものをいう。また、時代が下るにつれ和文を琉球語で読む場合があるが、そうしたものも和文に含める。

琉球では、主に薩摩を除く対外文書は漢文、琉球王国内の公的文書は和文 (候文)、芸能関係は琉文および琉球語混じり和文を用いていた。琉球における文字資料の文体は時代を下るにつれて、概ね以下のように推移する。

15 世紀：碑文に書かれた漢文

16-17c 世紀：候文 (漢字＋仮名)、候文 (漢字のみ)、琉球語混じり和文

18 世紀：漢文、官話 (久米村人＝華裔)、候文・琉球語混じり和文

19 世紀：候文、琉球語混じり和文、漢文訓読文

20 世紀：標準語

以下に時代を追ってその流れを説明する。巻末には書記文体と資料を時代順にならべた表を添付しておく。

1.1. 15 世紀

15 世紀に建てられた碑文の多くは僧侶によって漢語で記された。唯一、墓碑銘 (おろく大やくもい墓石棺銘) は仮名文字で書かれている。

1.2. 16 世紀

16 世紀に入り、琉球王国内の公文書は主に和文 (候文) で書かれた。特に役人・神女等の任命ないし給与授与などを布達した辞令書をはじめとする公的文書も候文で書かれた。辞令書は時代と文体によって、古琉球辞令書、過渡期辞令書、近世辞令書の三タイプに分けられる。時代が下るにつれて漢字の使用が増え、近世辞令書になると漢字のみが使われる。文面は全て漢字で、変体漢文とも言えるが、音読されるときは和文 (候文) の文体で読まれる [2]。

一方、碑文は 1522 年の国王頌徳碑から片面に漢文、もう片面に候文という形式が一般的となる。この時期の碑文の書き手は主に僧侶である。そして琉歌などの芸能にかかわる文書は、琉文で記された。琉歌集がその代表であるが、『おもろさうし』もこれに属する。

1.3. 17世紀

17世紀においても、公的文書は和文(候文)、琉歌などは琉文で書かれる[3]。薩摩との外交文書は和文(候文)で書かれた。碑文は引き続き、漢文と候文が併用され、碑文の書き手は僧侶から華裔である久米村出身者に替わる。また、琉球王国では、中国・朝鮮等との外交文書は漢文(文言)で書かれ、のちにそれらを集めて『歴代宝案』が編集された。これらは久米村の人々の手によって作成された。『歴代宝案』は外交文書文例集の意味合いも強く、後世になるほど精緻な文言文で記されることになる[4]。そして、士族の家系と各人の経歴記録である家譜は漢文で書かれる[5]。

1.4. 18世紀

18世紀は「久米村の時代」とも言われる。この時代、久米村士人によって『中山世譜』や『球陽』といった多くの歴史書が漢文(文言文)で書かれた。例えば、久米村出身の蔡温などは漢文で文書を書く一方で国内向けの公文書はなおも候文(和文)で書き、候文の著作も多い。また久米村人・程順則（1663～1734）は『六諭衍義』を福州琉球館で板行（1708年序刊）して琉球へ持ち帰ったが、それはのちに琉球の和文学者豊川正英により『六諭衍義大意』という書名で1759年に和訳（候文)され、琉球で広く筆写で伝わる。この時はまだ漢文訓読文は用いられていない。

1.5. 19世紀

19世紀前半は基本的に18世紀と同様である。ベッテルハイムが1847年から8年間那覇に滞在した時は、王府とのやりとりを漢文で行っていた[6]。漢文訓読文体で書かれた書物は管見の限り見あたらない。その後、琉球藩設置、琉球処分、沖縄県の発足という歴史の流れのなかで久米村は解体される。漢文文献は姿を消し、漢詩愛好家などによる作品が残るのみである。また、書記文体も公的文書は漢文訓読体となる。琉歌など芸能関連の文書はなおも琉球語混じり和文あるいは琉文で書かれる。

1.6. 20 世紀

20 世紀は、公的・私的を問わず文章語では標準語が圧倒的な地位を占めるが、私的な場面でむしろ多様な文体が現れる。まず、和文に対して琉球語の読み方がルビで付される状況が、組踊の台本や三線の工工四の教本で観られる。これは実際にウチナーグチで発声する場面に対応したものである。また、店の看板や観光ガイド、交通安全を促す標識などにもウチナーグチが記されることが多くなり、口語の文章語化が進む。また、文学作品でも登場人物の台詞の箇所で地域の口語が随所に盛り込まれることになる。こうした現象は文章の書き手の層がかつてない程に広がり、文章の発表の場が大きく拡大した、社会の変化を反映したものである。しかし、条例など公的文書での方言語彙の使用は抑制されている。

2. 蔡温による文体の使い分け

久米村出身者が活躍した 18 世紀、琉球では主に候文と漢文 (文言文) が使われていた。一般に久米村は外交案件に関する職能集団であったが、彼らも後述のように訓読法を学んでいた。ここでは蔡温を例にとり、多くの漢文文書を残した久米村人も漢文と候文の二つの文体を、読者層によって使い分けていたことを論じる。

蔡温は近世琉球王国の政治家・学者であり、久米村出身の華裔である。蔡温は唐名で、琉球名は具志頭親方文若という。1725 年 (乾隆 3)、父蔡鐸の手になる正史『中山世譜』に大幅な改訂を加えるなど、修史事業にも功績があった。1728 年、久米村出身者としては異例の三司官に抜擢され、首里に屋敷を与えられている。この時期は久米村の華裔も相当に土着化が進んでいたと思われる。彼が残した文書は、以下のように漢文と候文に大別できる。蔡温による漢文による著作は、今日的な尺度では論文のような長さである。

2.1. 漢文

以下のように歴史書や儒教道徳を説いた蔡温の著作は漢文で書かれている。

1715年：『要務彙編』

1745年：『澹園全集』(『客問録』『一言録』『家言録』『図治要伝』『簑翁片言』：政治思想・儒学思想の著作

1754年：『醒夢要論』：儒学思想の著作

1725年：『中山世譜』：歴史書

1745年：『球陽』：歴史書

成立年不明：『実学真秘』：政治・政策論の著作(佚文)

成立年不明：『俗習要論』：儒学思想の著作

成立年不明：『山林真秘』『順流真秘』：風水による林業学・水運学の著作

『歴代宝案』(編集)：歴史書

2.2. 候文

一方で琉球の庶民向けの内容や私的な内容は和文で書かれる。特に和文の『御教条』は、広く平民にも読み聞かせの徹底を図り、筆算稽古所のテキストともなっていた。琉球の庶民にとって書記文体といえば候文、つまり和文であった。

1731?年：『家内物語』：庶民に対し、生活の心構えを書いた著作。

1732年：『御教条』：庶民の国法、生活規範、道義、習俗、冠婚葬祭などを規定した著作。

1734年：『農務張』：農民に対し、耕地管理・年間作業など農事指導の著作。

1749年：『獨物語』：随筆

1760?年：『自叙伝』：自叙伝

3. 琉球における漢文訓読

では、琉球において歴史的に漢文訓読がどのように行われていたのかを各種資料の記述をもとに整理し、実際に漢文訓読が行われたことを示す資料を紹介する。

3.1. 琉球の漢籍

まずは琉球における漢籍について述べる。琉球への漢籍の伝播には二つの経路がある。

(1) 京都や薩摩などからの渡来僧によるもの(首里王府や寺院に所蔵)

(2) 進貢使節や官生・勤学などの留学生によるもの[7](明倫堂・聖廟に所蔵)

現存する漢籍のほとんどは17世紀以降の近世琉球において集積されたものである。近世琉球は、中国と本土日本の狭間で両者と密接な関係を保ってきた。17世紀初め、琉球は薩摩の支配体制に編入され、薩摩藩には琉球館が置かれ、さらに薩摩藩の監督の下、定期的に京都を経由して江戸に上り、幕府に謁見した。その一方、薩摩藩の容認をうけて清朝と冊封関係を結び、福建省福州に柔遠駅(琉球館)を置いて朝貢のために北京との間を往来した。琉球には、直接中国からもたらされた唐本、本土からもたらされた和刻本、琉球人の漢文体による著作などの漢籍・準漢籍が集積された。

近世琉球において漢籍を収集した家は主に士族層に属していた。沖縄島の首里、久米村、那覇・泊の三系統の士族、及び八重山、宮古、久米島などの各島の士族からなる。琉球列島の漢籍は、和文の近世文書などと一緒に家ごとに伝承されており、沖縄県内の図書館においても「家文書」を単位として収集・保管している[8]。

3.2. 琉球の漢文訓読

では、ここから琉球において漢文訓読が行われていたことを示す証言について、時代を追って紹介する。なお引用中の下線は引用者によるものである。

3.2.1. 陳侃 (1534)『使琉球録』

以下は『使琉球録』（嘉靖 13 年）の記述である。

「役人の子弟と庶民の優秀な者は中国の書を習わせ、その後に長史や通事の用事に備える。その外の者は倭僧について異民族の字 (この場合仮名−引用者補) を学ぶだけである。[9]」

ここではどのように読書するかは書かれてはいないが、この時期すでに仮名が僧侶によって伝えられていたことを示唆している。薩摩・大隅・日向の三国の自然・寺社・物産について記した地誌『三国名勝図絵』(天保十四年 1843) 巻五十の如竹翁伝には、16 世紀半ばの琉球の漢文の読書についての記述がある。

「先是琉球經書を讀む。皆漢音を用て、和讀を知らず、翁授くるに文之點の四書を以てす。是より琉球始めて和讀を知り、今に至て國中十分の八は、文之點の四書を用ゆといふ。」

この資料の成立が 16 世紀から 3 世紀も隔たっているため、内容の信憑に不安が残るが、琉球に於いて文之点が用いられた事実から鑑みれば、琉球における訓読の始まりをこの時期に求めることもあながち的外れではない。

3.2.2. 伊地知季安『漢学紀源』

薩摩藩の記録奉行であった伊地知季安 (1782-1867) の『漢学紀源』には、中山王尚育が泊如竹に師事したことが記されている。

「廣永九年 (1632) 年六十なり。明人秀才の中山に來るを聞き、海に浮かび琉球國に適く。乃ち秀才を師とし四書・詩・書を講究し、理學精熟す。国王之に師事す。是より先、夷俗未だ禮儀を知らず。如竹の至るに及びて教ふるに人倫を以てす。」

高津孝 (1994) にあるように、この時、中山王は訓点本の四書集註等で漢学を学んだと思われ、文之点の琉球における地位を決定的にしたものと思われる。

3.2.3. 張学礼 (1663)『中山紀略』[10]

康熙二年 (1663) 来琉の張学礼が著した『中山紀略』には以下のよう

な記述がある。

「官宦の家には書斎や客間があり、庭には花や竹木が四季を通じて植えられている。書架には「四書」・「唐書」・「通鑑」等の集があり、翻刻して天地左右を広くとり、傍らに地元の言葉に訳してある。」

この時期の琉球では、まだ書籍が出版されていないため、ここで述べられる書籍は訓点付きの漢籍が日本から輸入されていたものか、中国、朝鮮、日本のいずれかの版に琉球人が訓点を付したものであろう。

3.2.4. 蔡温 (1749)『獨物語』

蔡温 (1682 ～ 1761) は乾隆十四年 (1749) 年の『獨物語』で以下のように述べる。

「琉球は和文をもって諸用事を達するので、和文の法式は永代まで続くはずである。漢文は唐 (清朝) との融通のためということである。そのため前代から久米村にその職務をおおせ付けられているのに、久米村も日常の用務は和文を用いているので漢文を書くことの上手な者は少なくなり、満足に書ける者はいよいよ出ていないようである。それでも平時の進貢や接貢の時の文書は、例年の勤めの事だから、旧案を見て作って済ませることも出来ようが、唐は大国だから、どのような難しいことが出てくるかも知れない。その時の表・奏・咨文が少なくともその文句が適当でないということがあると、大変な差し障りが出てきて、いくら後悔しても取り返しがきかない。」

当時の琉球では久米村においても和文が広く用いられ、漢文文書作成能力が懸念されるほどの事態になっていたことが分かる[11]。

3.2.5. 戸部良熙 (1762)『大島筆記』

琉球の漂流民からの聞き書きをまとめた、戸部良熙『大島筆記』乾隆二七(1762)年には下線部にあるように、久米村でも直読と訓読を教え、訓点本を使用していることが記録されている[12]。

「琉球の学校では、小学・四書・六経を教えている。近頃まで備旨という書を用いていたが、近年『四書体註』が渡り、これが集註の照考に簡明な宋疏では今はこれを用う。簡潔で全体見やすい本である。学校はあまり大きくはない。聖堂と並び立っている。学校の名は明倫堂という。王子以下誰でも就学する。学校でなくて、自宅で講ずる者もある。王子、按司、三司官など出講することもある。国王の侍講は別である。久米村の学官は本唐のとおり直読で教える。それを講官が国読へ通ずるようにも教える。点本は薩摩の僧文之の点を用う。傍から琉球朱子学かと問うたら、はなはだ怪しむ様子、そのわけは、本唐も琉球も、学業といえば小学、四書集註章句、五経集伝よりほかなく、何学というような名目はないからである、と。」

3.2.6. 潘相 (1764)『琉球入学見聞録』

乾隆二九 (1764) 年の潘相『琉球入学見聞録』にも、経書等の読書には訓点が付された資料を用いていることが書かれている[13]。

「琉球の孔子廟の二つの部屋にはみな経書を収蔵している。慣例では久米村子弟の優秀な者は十五歳で秀才、十二歳で若秀才となり、久米村において大夫・通事のなかから一人を選んで解師とし、学問を教授する。正月には「聖諭衍義」、三・六・九日には紫金大夫が講堂に赴き、書生の学習態度を観察する。(中略) 八歳で入学したものに対しては、通事のなかから一人を選び訓詁師とし、天妃宮で教えさせる。首里には郷塾を設け、久米村人も教師となった。久米村以外の者はみな和書を読み、国字 (仮名) を学び、寺を塾として僧侶が教師となった。最近は那覇等の村で私塾が多く建てられ、経書を読み、書籍も多くは内地で購入する。しかし、慣例では「二十二史」などの書籍は持って来させず、よって史書は些か少ない。国王は「四書」「五經」「小学」「近思録集解便蒙詳説」「古文眞寶」「千家詩」を刊行して版木を王府に蔵し、所望した者は得られた。私が会った者は「四書」「詩經」「書經」「近思録」「古文眞寶」の白文に、小さく傍らに注があり、それらはみな鈎のような傍注があるものを所有し、もともと携帯してきた刻本である。」

ただ、琉球における漢籍は僧侶が薩摩などから将来したものも多かったため、単に訓点があったというだけでは訓読が行われたことにはならない。しかし、『琉球入学見聞録』においては、『大学』を例にとり実際の訓読法も紹介している。このことは、この時代にも久米村の人々においても訓読が行われていたことを裏付ける。当然、久米村以外の士人も同様に訓読を行っていたであろう。

3.2.7.『三国名勝図絵』(1843)

先ほど引用した『三国名勝図絵』(天保十四年 1843) 巻五十如竹翁伝の割注には、沖縄でとりわけ文之点が用いられていたこと、久米村は中国音と訓読法を学び、それ以外の首里などの地域では訓点本で訓読していることが述べられている。

「天保十三年壬寅 (1841)、中山王尚育、賀慶使を江都に遣す、大坂に於て琉球人、文之點の四書を買ひ帰ること、數十百部に至る、當時文之點の板行四書小き故、買ひ盡せしかば、新に板に摺らしめて買ひしなり、是琉球は、文之點を尊ぶ故なりとぞ。翁の文之點を琉球に弘めし證を見るべし。其和音漢音讀法の如き、久米村の學校は、唐音和讀兼習ふといへども、其外首里都及び國中は、和讀の訓點本をもちゆといふ。」

ここでは、久米村の学校では「唐音」= 中国原音と「和読」= 訓読を両方習い、首里やその他の地域は「和読」= 訓読の訓点本を使用していることが記されている。しかし、ここでいう「和読」が大和か琉球のいずれの発音に基づくのか、すなわち後に言う「開音訓読」なのか、あるいは「合音訓読」なのかは明記されていない。

また、王府の人材養成機関である国学には、講談課程と官話詩文課程があるが、双方の試験でも經書や史書に訓点を付す試験が課せられていた。講談課程は、四書体註、五經のなかから詩経、書経、易経、礼記、春秋、二十一史のなかから訓点をさせる。講談課程の学生は、将来行政官、外交官、事務官、経学の師匠となるものが中心である。そして、官話詩文課程でも、官話テキストの朗読以外に、四書体註に訓点を付ける試験が課せられていた。因みに官話詩文課程の学生は、外交官、文書の作成や翻訳、教員等の希望者である。

3.2.8. 真境名安興 (1875 ～ 1933)

首里出身の沖縄研究者・真境名安興は、明倫堂や国学だけでなく、平等学校やより広い庶民を対象にした村学校においても漢文の素読が行われていたことを記している。

「寛政十年に国学や平等学校の設立以来、初等教育の必要は感じたけれども全般にわたって画一的には普及せなかったやうであるが、天保六年 (世紀一八三五) に至って政庁は令を下して各村の経済を以てこれが設立を命じたのである。(中略) 村学校は首里に十四校、那覇に六校、泊に一校あって、その生徒は首里は七、八歳から十四、十五歳まで、那覇は首里の平等学校程度のものまで併置されたやうであったから、その年齢も長けて居ったようである。併しいづれも初年級の教科書は三字経や二十四孝の素読であった。三字経は本土の諸藩でも村塾童蒙の教科書とされたことは沖縄も同様であった。(中略) 二十四孝は本は元の郭居業の作で、普通子供らには大舜の名で通って居った。之は大舜より以下漢文帝や曾子・閔損・仲田 (ママ) など二十四人の孝行もの、事蹟を書いたものである。之から進むと小学の明の陳選の註した小学集註十巻や大学・中庸・論語・孟子など四書の素読を授けられたもので、之も又孰れの村塾でも課せられた徳川時代に於ける各藩の教科書であったことは、皆能く知悉する所であらう。」

3.3. 漢文訓読時の発音

漢文訓読の教授は明治以降もしばらくは継続したようで、明治生まれの伊波普猷や比嘉春潮の幼少期の回想にもその様子が記されている。以下では琉球人による回想から漢文訓読の様子を紹介する。ここでは、漢文訓読の際にどのような発音がされているのかが述べられている。

3.3.1. 比嘉春潮

沖縄県西原出身の歴史家・比嘉春潮 (1883 ～ 1977) は次のように記している[14]。

「明治十二年 (1879) の廃藩置県以前の沖縄における漢文訓読と直読 (音読) の実際について述べよう。

(一) 当時のすべての学校 (首里・那覇・泊の村学校、平等学校、国学と、久米村の読書学校、明倫堂、宮古・八重山の南北学校) では、漢文はすべて訓読で教えた。

(二) しかし、最初の『三字経』と『二十四孝』は合音訓読 (沖縄語の発音による訓読) で、『小学』から『四書』『五経』は開音訓読 (日本語の発音による訓読) で、久米村だけは『四書』『五経』までもすべて合音訓読であった。

(三) 久米村の読書学校、明倫堂、首里の国学、両先島の南北学校では、将来、漢文の直読、官話の入門として「二字話」「三字話」「四字話」「五字話」を教えた、もちろん直読で。すなわち原則として将来和文を用いる職務につく大和および国内向きの人は、最初は合音訓読、それから開音訓読を学び、唐向きの職務につくべき人々 (久米村人と両先島の通事および官生志願の人々) は、ずっと合音訓読を学ぶ。」

(三) の記述が意味するところは、久米村の読書学校、明倫堂、首里の国学、両先島の南北学校ではまず沖縄語の発音による訓読を学び、その後、中国語の発音による音読を学んだということであろう。進路の違いはあるものの、基本的に訓読を行っていたことが分かる。ここでは漢籍を如何なる発音で音読するかについて、三つの方法が示される。

合音訓読：琉球語の発音による訓読 (琉球人の初学者及び久米村人の読み方)

開音訓読：日本語の発音による訓読 (琉球人の非初学者)

直読：中国語の発音による音読 (久米村人、通事・官生志願者)

また、音読の方法を『論語』の一節を例に紹介している[15]。合音訓読は三母音、/r/ の脱落、カ行イ段音の口蓋化がみられる琉球風、開音訓読は五母音の大和風の読み下しとなる。

有朋自遠方來不亦樂乎

(合音訓読)トゥムアリ、ヰンポーユイチタル、マタタヌシカラズヤ
(開音訓読)トモアリ、エンポーヨリキタル、マタタノシカラズヤ

3.3.2. 伊波普猷

伊波普猷(1876 ～ 1947)は旧時代の漢学について次のように述べている[16]。

「旧学校所(チェムバレン先生の語彙にも、さうみえてゐる)は、とうに閉鎖されたので、私は已むを得ず漢学塾みたやうな所に送られたが、最初に教はつた教科書は大舜(『二十四孝』)であった。(中略)　大舜をあげるとすぐ、『小学』の素読に移ったが、その訓読は漢文直訳体の一斉点でもなく、又極端な和文体の道春点でもなく、両者の中間をいつた後藤点であった。中には之を琉球語の音韻法則によって、オ列エ列をウ列イ列にしたり、ウ列イ列を口蓋化したりして読む人もあったが、それには島開合といつて、冷笑してゐた。兎に角この訛のない訓読が、後日和文を学ぶ素地になったことは言ふ迄もない。当時の人は十七八歳位になつて、四書の素読が一通り済むと、「講談通しゆん」と称して、『小学』の講釈を聴いたものだが、同時に候文をも習ひ、独り手に『三国志』などを読んで、漸次和文に親しむのであった。序でに、明の洪永間に帰化した閩人の後裔なる久米村人は、不相変明倫堂でその子弟を教育して、四書五経を支那音で読ませたばかりでなく、官話まで教へてゐたことを附記して置く。」

そして、比嘉春潮は幼い頃の教育について以下のように回想している[17]。

「七歳で小学校に上がったのが明治二十二年(1889)。十二歳の兄も一緒に尋常一年に入った。(中略)入学前にわれわれは家庭で父から古い時代の教育を受けていた。いくつのころからか、兄と一緒にまず漢文の道徳経「三字経」をやり、続いて「小学」をやり、巻の二の初めまでやったところで学校へあがった。読み一本やりで暗唱できるまで朗読するのである。三字経までは琉球読みで「サンジチョウ」と読み、「小学」に入ると大和風に開口読みとし、「立教第一＝りっ

きょうだいいち」と読んだ。これは琉球読みだと「リッチョウデエイチ」である。昔の大和口上などはみなこういう開口よみであったから、私の父はもちろん日本読み漢文も和文も読めたが、普通語のはなし言葉はできなかった。格式ばって「それはいかなることか」という調子ならよくわかった。(中略)両親はことばづかいにも特にきびしく、われわれが西原なまりを使うとひどく叱られ、アクセントについてもやかましく直され、干渉された。」

また、伊波普猷も若かりし日を振り返り次のように言う[18]。

「私自身が初めて琉球語を教はつた十八歳(明治二十六年-1893年)の時の話に移らう。中学の三年生になつたばかりの私は、或日友達二三名と門の所で話合つてゐると、門向ひの安良城といふ老人が出て来て、君たちが話してゐる沖縄口は聞くに堪へないから、正しい沖縄口を教へてやらう、とすゝめたので、その翌日からこの人について琉球語を学ぶことになつた。この人は正しい沖縄口を話すといつて、有名だつたが、教授の方法は、『小学』を先づ琉球語に訳してから、講釈して聞かせるのであつた。一二の例を挙げると、「孔子曰」をクーシヌミシエーニと訳し、「小夏曰」をシカヌイーブンニと訳した。後者はベッテルハイムの『琉球訳聖書』に、「イエス答へて曰く」をエスクテーテイブンニと訳したのと同じことでベッテルハイムが聖書を琉球語に翻訳する前に、四書の講釈を聴いた、という事実があるが、その用語中には、例の講談の口調がかなり見出されるやうだ。其他四書の琉球訓では、「則」を 'wemmisa nagara といつたが、恐縮ながらを意味する「おやぐめさながら」の転訛したもので、「すなわち」に適当な訳語がなかつた為に、無理に転用したものらしく、口語では勿論使用されなかつた。適訳がどうしても見つからない場合には、和訓をそのまゝ借用したが、その中には追々口語中に取り入れられたものもある。この人の話によると、旧藩時代の学校所では、十七八歳になって「講談を通す」頃から、自然のまゝに放任されてゐた母国語をかうして矯正したが、もうその後は集会の席上などで、間違つた物の言ひ方をすると、長老達や学生(教生又は研究生の義)

達から、遠慮なく矯正されたので、廿歳前後からは、大方正格な言葉を操ることが出来たといふことだ。」

このように、琉球では盛んに漢文の訓読が行われていたこと、そして訓読にも琉球語の発音によるものと日本語によるそれとがあったことが、了解されたと思われる。こうした漢文を訓読するという行為においては、本土と軌を一にすることも多いが、管見の限り琉球人による漢文訓読文によって書かれた文書は、近代以前の琉球王国時代の資料からは見あたらない。ただ、ベッテルハイム (Bernard J. Bettelheim 伯徳令) の "*English-Loochooan Dictionary*" には、しばしば漢文訓読文による訳文が見られる。しかし、これはベッテルハイムが上掲辞書を編纂した際に、ロバート・モリソンの字書 *"A Dictionary of the Chinese Language"*(1815 Macao) に使われる漢語の例文を参照し、琉球語の語釈を作成したことが指摘[19]されているため、これは一つの例外と見なしてもよかろう。つまり近世琉球においては、本土で盛んに文体として用いられていた漢文訓読文体は用いられず、それらは明治期になり一挙に琉球に流入したものと考えられる。

おわりに

琉球王朝時代における書記文体の多くは和文と漢文である。琉球においても漢文訓読はあらゆる層で行われていたが、琉球人と久米村では訓読時の発音が異なっており、少なくとも 19 世紀後半においては、琉球人よりも久米村華裔の方がむしろ琉球方言の音韻規則に則った発音で訓読をしていた。

日本の本土では近世において漢文訓読文が一つの文体として独立していくが、琉球ではこうした現象は見られず、琉球において漢文訓読文が書記文体として認知、使用されるのは明治以降になってからである。また、琉球語の語彙・文法を反映した琉球語文も、琉歌や芸能などその使用範囲は極めて限定されたものであり、表記と発音は大きな乖離が見られたものと思われる。それは文体としては和文だが、読み仮名で琉球語の発音を示すに止まっている現在の状況と同様であったと思われる。

これまで『琉球館訳語』や各種「琉球使録」掲載の「夷語」、『琉球訳』といった琉球語を示した漢字資料に関する研究は、琉球においてどのような文体で文書が作成されていたのかといった基本的な事柄への把握を欠いたまま行われてきたと思われる。特に第 4 章でとりあげた『琉球訳』に収録された語彙はこうした当時の学習習慣が反映されたものである。

また、琉球の方言が次第に本土化する過程で、とりわけ近代における言語政策が取り上げられることが多いが、こうした琉球における和文の流通や漢文訓読を通した漢文訓読的表現の定着が、底流にあったのではないかと思われる。そして、高橋俊三 (2011) に指摘されるように漢文を通じた言語の伝播は八重山でも観られる。八重山で使われた漢文教科書に和文、特に訓読文の影響を受けた首里方言に近い方言が反映していることを実証的に論じている。これは首里方言の地方への伝播は、文語が介在した可能性があることを示している。和文の使用はいわば視覚的に日本語を習得する行為であり、漢文の素読は音声を介して日琉に共通する日本語的言い回しを習得させる機会を与えたのである。これはいずれも意図しない行為であったと思われる。

そして、現代の状況を考えると、口語での方言使用は次第に少なくなる一方で、文章語はかつてないほど方言が使用される状況が現れる。それは、方言が口語では失われているがゆえに一つの新たな文章表現として再発見されたことや、文章語を使用する層が、一部の識字層から大きく拡大したことが挙げられる。特に方言を保存する目的で、民謡やわらべうた、民話などの記述・記録で敢えて平仮名で琉球語を記すことが増えてきている。さらにそうした口語的文章語は私的サイバー空間でも生き生きとした表現を獲得しているが、これについては今後の課題としたい。

資料：琉球の書記文体と文献

	和文（候文を含む）	琉球語文	漢文（文言）
1427			安国山樹華木之記 （安陽澹菴倪寅記）
1471	琉球国金丸世主書状		
1485			鐘銘
1494	おろく大やくもい墓石棺銘		
1497			官松嶺記
1497			円覚禅寺記 （荒神堂之北之碑文）
1498			国王頌徳碑 （荒神堂之北之碑文）
1498			円覚寺石橋欄干之銘
1501	玉陵の碑文		
1519	園比屋武お嶽の額		
1522	国王頌徳碑		国王頌徳碑
1522	真珠湊碑文		
1523	田名文書辞令書第一号		
1527	崇元寺下馬碑（裏）		崇元寺下馬碑（表）
1531		『おもろさうし』 巻一	
1536	田名文書辞令書第二号		
1537	田名文書辞令書第三号		
1539			タカラクチ 一翁寧公墓之碑文
1541	田名文書辞令書第四号		
1543	国王頌徳碑 （かたのはなの碑）表		国王頌徳碑 （かたのはなの碑）裏
1545	田名文書辞令書第五号		
	添継御門の南のひもん		碑北之碑文
1551	田名文書辞令書第六号		
1554	やらさもりくすくの碑		
1560	田名文書辞令書第七号		

1562	田名文書辞令書第八号		
1563	田名文書辞令書第九号		
1593	田名文書辞令書第十号		
1597	浦添城の前の碑（表）		浦添城の前の碑（裏）
1606	田名文書辞令書第十一号		
1613		『おもろさうし』巻二	
1620	ようどれのひもん（表）		ようどれのひもん（裏）
1627	田名文書辞令書第十二号		
1643		『おもろさうし』巻三	
1650	羽地朝秀『中山世鑑』		
1671	田名文書辞令書第十七号		
1697			『歴代寶案』第一集
1698	田名文書第十八号		
1699	識名盛命『思出草』		
1697		『君南風之由来記』～ 1706	
1701			蔡鐸『中山世譜』
1703		『久米仲里旧記』	
1706 ～ 13		『女官御双紙』	
1709	田名文書第十九号		
1711			比謝橋碑文
1711		『混効験集』	
1713	田名文書第二十一号		
1713	『琉球国由来記』	『琉球国由来記』	
1725			蔡温『中山世譜』
1729			『歴代寶案』第二集
1732	田名文書第二十四号		
1743			鄭秉哲『中山世譜』附巻
1745			鄭秉哲等『球陽』

1745			『遺老説伝』
1749	五世毛維基「言上写」		
1749			山北今帰仁城監守来歴碑記
1749	田名文書第二十五号		
1749	蔡温『獨物語』		
1750	三府龍脉碑記		三府龍脉碑記
1759	豊川親方英正 『六諭衍義』和解。		
1767			豊見親火神碑文
1772	田名文書第二十八号		
1779	田名文書第二十九号		
1795		『琉歌百控』上編	
1798		『琉歌百控』中編	
1802		琉歌集－琉球百控 乾柔節流－	
1805	田名文書第三十号		
1830			尚豊王御代之碑
1831	田名文書第三十号		
1832	儀衛正日記		
1840	聞得大君加那志様御新下 日記　大里間切		
1850	田名文書第三十二号		
1852	南風原文書第一号		
1857	南風原文書第一号		
1867			『歴代寶案』第三集

1　巻末の表では、和文の覧に入れる。
2　高良倉吉 (1987) 参照。
3　琉歌のなかでも、表記は和文で実際には琉球語の音声で発音される例も多い。
4　琉球においては、清朝や李朝から漢文文書が届いたとき、まずその文書を久米村の通訳官 (訓詁師) に下ろし、訓詁師は文書に訓点を付して王府に戻したと言われる。基本的には訓点を付した文書を読んで、王府の役人は内容を理解した。

5　1689(尚貞 21) 年系図座が設置され、諸士にそれぞれの家譜を作らせ、一部は王府に、一部は国王の朱印を押して各家に保管させた。琉球の家譜は一種の公文書である。沖縄の漢文は久米村の士人が作文していたが、八重山などではそうした人材がいないため、候文と漢文が混交したような変体漢文となっているものもある。
6　木津祐子 (2002) 参照。
7　琉球からは進貢使、接貢使、謝恩使、護送使などの使節を派遣。南京や北京の国子監に官生 (国費留学生) を、福州には勤学 (私費留学生) を派遣していた。
8　高津・榮野川 2005 参照。
9　陪臣子弟與凡民之俊秀者則令習讀中國書以儲他日長史通事之用。其餘但從倭僧學書沓字而巳王函選編『国家図書館蔵琉球資料』(上)　北京図書館出版社 p.66-67
10 「官宦之家、俱有書室・客軒。庭花・竹木、四時羅列。架列「四書」・「唐書」・「通鑑」等集。板翻高潤、傍譯土言。」。『清代琉球紀錄集輯』第 1 冊　臺灣銀行經濟研究室編輯 1971 臺灣文獻叢刊 , 第 292 種
11　原文「「御当国は、題目和文相学諸用事相達候に付て永代和文の法式は相続可申候、漢文の儀は唐通融迄の用事にて前代より久米村へ其職業被仰付置候得共、久米村も平時の用事は和文相用得候に付て漢文調得勝手の人数甚少く罷居、尤上夫に漢文相調候方は、弥以出兼申候、然共平時進貢抔の御状、例年の勤に候故、旧案見合作調可相済候得共、唐は大国にて其仕合次第、如何様成六カ敷儀歟致出来候半其時の表奏咨文少くとも其文句不宜儀有之候はゞ大粧成故障の儀に成立、万万後悔仕候共其詮無之積に候。」
12 「琉球ノ学校、小学四書六経ヲ業トス、近頃マデハ備旨ト云書ヲ用ヒ居タルカ、近年四書體註ワタリ、是ガ集註ノ昭考ニ簡明ナ末疏シヤトテ、今ハ是ヲ用ユト照屋里之子云ヘリ。禹貢ノ九州ノ図井田ノ図等アリ、簡決ニシテ全躰見難キ書也ト云ヘリ。学校アマリ大ナルトハ聞ヘズ、聖堂ト並ヒ立リ、聖堂ニテ丁祭トテ二月八月アリ、三司官國王ノ名代ニ來リ拝ス、学頭一人シテ祭リ、衆官数々アル事ナリ。膳部ヲスゝメ楽ヲ奏スル事也。学校ノ名ハ明倫堂ト云、王子以下誰ニテモ就学アル事也。学校ニアラスシテ自宅ニテ講スル者モアリ、王子按司三司官ナトヘ出講スル事モアル也。国王ノ侍讀ハ各別也。<u>久米村ノ学官ハ本唐ノ通リニ直讀ニ教ル也。夫ヲ講官ヨリ国讀ニ通スル様ニモ教ル也。點本ハ薩摩ノ僧文之ガ点ヲ用ユ。</u>傍ヨリ琉球朱子学ナリヤト問ヘルニ、甚怪メタル様子ナリ。子細ハ本唐モ琉球モ学業ト云ヘハ、小学・四書集註章句・五経集傳ヨリ外ハナク、何学ト云様ナル名目ハナキ故也。良熈近思録学術ノ大事ナル由ヲ演説ス。」
13　「臣聞琉球文廟之両廡、皆蓄經書。例取久米村子弟之秀者、十五歳爲秀才、十二歳爲若秀才、於久米村大夫・通事中擇一人爲講解師、教於學。月吉、讀「聖諭衍義」。三・六・九日、紫金大夫詣講堂理中國往來貢典、察諸生勤惰。(中略) 八歳入學者、於通事中擇一人爲訓詁師、教之天妃宮。首里設郷塾三、亦久米人爲之師。外村人皆讀其國書 (即法司教條)、學國字、以寺爲塾、以僧爲師。近日那覇等村亦多立家塾、讀經書、書多購於内地。但例不令攜「二十二史」等書、故史書略少。國王先後刊有「四書」「五經」「小学」「近思録集解便蒙詳説」「古文眞寶」「千家詩」板蔵王府、陳情即得。臣所見者有「四書」「詩經」「書經」「近思録」「古文眞寶」白文、<u>小註之旁、皆有鈎挑旁記、本係攜刻。</u>」
14　比嘉春潮 (1971a：541)
15　ibid.
16 『伊波普猷全集』第八巻 p.571
17　比嘉春潮 (1971a：185) 参照。
18 『伊波普猷全集』第八巻 p.572
19　高橋俊三 (2008) 参照。

終章
沖縄本島諸方言における言語変化

まとめ

本書は文献に記述された言語事実をもとに、琉球語の言語事象とその変遷を考察してきた。よって歴史的文献からみた琉球語史という側面をもつ。個々の判断は文献から帰納される言語状況を尊重する方針をとったため、現代の琉球弧の各地点から得られる言語事実から理論的に構築された言語史とは、些か異なる状況も含まれているかも知れない。むしろ、文献での記述を明らかにし、理論的に構築された言語史を相対化する意図で執筆されている。今後、琉球の言語史を議論するための、いわば“拋磚引玉”となればよいと考えている。最後に本書で得られた新たな知見を簡単にまとめたい。

第1部は各資料の性質や位置づけを考察した。第1章では、琉球の言語を記した漢語資料の嚆矢は、陳侃の『使琉球録』「夷語」か「琉球館訳語」かのいずれであるかを、「日本館訳語」と比較しつつ考察した。その結果、陳侃の「夷語」は「日本館訳語」を参照して編纂され、「琉球館訳語」は「陳侃」を基礎としつつ、さらに「日本館訳語」を参考にして成立したことを証明した。これは「琉球館訳語」が最も古い資料であるとの従来の説に対し、実証的に反論を行ったものである。

第2章では、『中山伝信録』「琉語」に使われる音訳漢字が、編者・徐葆光の方言に近い呉方言を基礎に注記されていることを明らかにした。特に琉球語の濁音表記や語頭の成音節的鼻音に呉語の影響が顕著に表れていることを指摘した。そしてこの資料よりハ行音の殆どが両唇破裂音

[p] から退化し、現代首里方言に近い発音に両唇摩擦音 [ɸ] に変化していたことを示した。

第 3 章では、潘相『琉球入学見聞録』「土音」が琉球からの官生の学んだ南方官話を基礎に音訳漢字が付けられていると結論づけた。『伝信録』と『見聞録』という二つの資料における音訳漢字の変更は、音訳漢字の基礎方言が呉語から南方官話にシフトしたことを物語る。よってそれらが表す琉球語の考察はこの基礎方言の違いを考慮しなくてはならないことを指摘した。そして、発音面では本土方言におけるカ行ア段音 [ka] が喉音 [ha] を示す音訳漢字で表記されていることを指摘し、この特徴が『おもろさうし』にも存在し、それらが当時の現実の音を反映すると結論づけた。これは首里や那覇方言がかつてもっていた特徴であり、現代に至って失われた特徴の一つである。またこの時期までは明確にカ行イ段音とタ行イ段音は区別され、カ行イ段音が口蓋化・破擦音化する前であったと論じた。

第 4 章では、李鼎元『琉球訳』をとりあげ、この資料の編纂においても、首里四公子をはじめとする漢語を使用できる琉球人による功績が大きく、実際に南方官話を基礎方言として音訳漢字が編纂されていることを明らかにした。さらに『琉球訳』には、琉球語の口語表現ではなく、漢文訓読語など当時の文語表現を中心に盛り込まれていることを示した。そして音声面ではカ行イ段音がこの時期に完全に現在の首里方言と同様の口蓋化・破擦音化を完成していたことを示した。『見聞録』と『琉球訳』は、編者がいずれも漢人になっているが、資料編纂の実務は漢人ではなく、漢語に熟達した琉球人の尽力による。この点は従来の研究とは大きく異なる点である。

第 5 章においては、フランス人民俗学者シャルル・アグノエルが残した言語ノートをもとに、本資料の概要と 1930 年当時に調査された沖縄本島全域の言語状況を論じた。本書がその後の言語変化を考察する上で極めて貴重な資料であるとし、とりわけ首里や那覇方言以外の地域の言語の考察には不可欠の存在になるとした。そして、アグノエル資料の存在により、20 世紀前半生まれの話者と 19 世紀後半生まれの話者の間には大きな言語変化が生じていないことを示した。このことはその後の各地に発生した言語変化が極めて急激なものだったことを物語るものである。

第2部語史篇は、第1部で個別に考察した事象を基礎に、1501年から20世紀半ばまでの各資料にみられる琉球語の音声項目や文体がどのように記されているかを通時的に考察したものである。分析の基本に据えたのは文献に現れた言語事実である。第6章ではハ行音を考察したが、ハ行音が両唇破裂音 [p] から両唇摩擦音 [ɸ] に変化したことが確認できるのは『中山伝信録』(1721) であると結論づけた。その後、両唇摩擦音 [ɸ] は『琉球入学見聞録』や『琉球訳』でもその使用が確認されるが、1818年の『漂海始末』、クリフォード語彙あたりから、両唇摩擦音 [ɸ] から喉音 [h] のへの変化が始まった。ただ、一部の語彙については慣用的に [p] が使われ、それは現代にも引き継がれている。そして、19世紀になり一部の語彙で [ɸ] と [h] のミニマル・ペアがある状況が出現するが、それは現代では消失している。

第7章では、「キ」が「チ」へ変化して現代の首里方言とほぼ同じ状況になった時期について考察し、その状況が明確に確認できるのは『琉球訳』(1800) であるとした。そして19世紀の資料では同じカ行イ段音に由来するキ [ki] とチ [tɕi] のミニマル・ペアもあり、新たな区別が生じているかのような様相を呈する。これはハ行音の [ɸ] と [h] にミニマル・ペアが観られる状況と時代的にも重なる。そして、カ行イ段音以外の口蓋化については、「語音翻訳」の時代から一貫して存在し、カ行よりも歴史が古いことを明らかにした。

第8章では、ナ行イ段音とエ段音を扱い、同時に対音資料におけるラ行音とナ行音の混乱状況を示した。「ニ」と「ネ」の両音は一定の社会的状況のもとで20世紀までその区別を存続していたと考えられる。琉球語のこうした変化は比較的ゆるやかで、漸進的であったといえる。一方、ナ行音とラ行音の混乱は「語音翻訳」から『琉球訳』まで観られるが、19世紀以降、本土方言と例外なく対応することのない安定的な音声になる。そして、第10章で論じたように、この変化は本土で使われる文語を琉球でも使っていたことや漢文訓読の訓練による影響もあったと考えられる。

第9章においては、琉球語の母音について考察した。琉球語は「語音翻訳」の時代には短母音については5母音であり、次第に狭母音化の傾向をみせるようになる。また、当時の連母音に由来する語は、長母音にはなっておらず、連母音のままであったと考えられる。それが大きく変化するのは、『見聞録』から『琉球訳』の間であり、三母音化と連母音の長音化が同時並行的な現象として観察される。これは第6章で論じたハ行音の唇音から喉音への変化や、第7章で論じたカ行イ段音の破擦音化と軌を一にする。そして、長母音化、狭母音化、ハ行音の喉音化、カ行イ段音の破擦音化などの諸現象は16世紀以来相互に関連しながら漸進的に進み、18世紀後半から19世紀前半にかけてほぼ首里方言の祖型として完成することになる。それに伴い、18世紀まで比較的観られたカ行ア段音の喉音化や、ナ行音とラ行音の音価が交替する現象は、19世紀の首里方言にはほぼ観られなくなり、これらの子音は本土方言同様に「安定化」する。この結果は、沖縄北部地域などに点在する屋取り(ヤードゥイ)の移動時期[1]を考察する上で参考になると思われる。

ただ、現代首里方言に観られる語頭の喉頭化／非喉頭化については、これらの外国資料では殆ど区別が観られない現象であり、この源流については今後の課題とする。以下はこれらの結果をまとめた表である。

	ハ行	ニ／ネ	口蓋化	キ／チ	3母音化	長音化
語音翻訳 (1501)	[p]	ニ≠ネ	有	キ≠チ	未完了	連
陳侃「夷語」(1535)	[p]	ニ≠ネ	有	キ≠チ	未完了	連
おもろさうし	不明	ニ≠ネ	有	キ≠チ	未完了	連
混効験集 (1711)	不明	ニ≠ネ	有	キ≠チ	未完了	連
伝信録「琉語」(1721)	[ɸ]	ニ＝ネ	有	キ≠チ	未完了	連
見聞録「土音」(1764)	[ɸ]	ニ＝ネ	有	キ≠チ	未完了	連／長
琉球訳 (1800)	[ɸ]	ニ＝ネ	有	チ	未完了	長

漂海始末 (1818)	[h]	ニ≠ネ	有	チ	未完了	長
Clifford(1818)	[h]	ニ＝ネ	有	チ	完了	長
Bettelheim(1851)	[h]	ニ≠ネ	有	チ	完了	長
沖縄対話 (1880)	[h]	ニ＝ネ	有	チ	完了	長
Chamberlain(1895)	[h]	ニ＝ネ	有	チ	完了	長
Haguenauer(1930)	[h]	ニ≠ネ	有	チ	完了	長
伊波普猷 (1932)	[h]	ニ≠ネ	有	チ	完了	長

これらの状況をみると、ハ行がｐ音であること、カ行イ段音が口蓋化すること、三母音であることといった一般に現代琉球語を特徴づけるとされる音声項目が、言語史のなかではそれほど古い淵源をもつものではないことが分かる。以上が主に音声に関する考察である。

第10章では、琉球における文体の変遷と漢文訓読について論じた。琉球では長く和文(候文)が使われており、口語とは乖離した文語が使われていた。その一方で早くから本土式の漢文訓読法が琉球に伝わっており、初等教育では漢文の素読が行われてきた。和文の使用はいわば視覚的に和文に接する行為であり、素読は音声を通じて日琉双方に共通する漢文訓読的言い回しを習得させる機会を与えた。そして、首里の言語が多くの和語を取り入れる背景には、琉球における和文の流通や漢文訓読を通した漢文訓読的表現の定着が底流にあったと思われる。そして伊波普猷が証言するように、これはのちに日本語を学ぶ大きな足がかりとなった。

言語史からみた琉球の言語変化

ではこれらの研究成果を踏まえ、琉球の言語変化について考えたい。1501年から1900年代初頭の琉球の言語の変化は、比較的緩やかであったと考えられる。この時期は異なる言語を話す人々との接触が相対的に少なく、言語接触も特定の知識層に限定されており、そのため言語変化が口蓋化をはじめとする言語体系内部の状況を主な要因としてに引き起こされていたと考えられる。しかし、それ以降、特に20世紀半ば生まれの現世世代では、それ以前の500年以上の緩やかな変化とは比べものにならないほどの言語的変遷を遂げた。つまり、現在の沖縄本島の言語状況は、漸進的な変化ではなく、急激な変化を被った結果であったということが文献で裏付けられる。これは、言語は世代が変われば急激に変化しうるという一般論へ敷衍される事例であり、世界で消滅しつつある言語を考える際の重要な参照例となろう。

アグノエル語彙の話者とほぼ同時代生まれの人物に仲宗根政善氏の母・カナ氏がいる。政善氏は今帰仁の母について、以下のように語っている。

「名護の町を一度見たいというのが夢であったが、終生ついにかなえられなかった。」[2]

カナ氏の世代は、居住地以外の言語に接する機会が殆どなく、またその必要もなかった。そして現代のように共通語や外国語を学ぶことが進学や就職に全く関係がない状況だったと推測される。アグノエル語彙の話者が生まれてから100年以上が経過したが、この間に沖縄社会はどのように変化したのだろうか。まず交通や通信環境の変化で居住地域外の言葉に接する機会が爆発的に増加し、社会生活を営む上で地域言語以外の言語を使う必要が生まれたことが挙げられる。近世や近代における漢文訓読の訓練は、本土の語彙や語法を習得することに大きな影響を与えたものと思われるが、それは一部の社会階層にとどまっていたと思われる。その後、初中等教育が義務化し、標準語による高等教育が立身出世を促したことにより、標準語習得への意欲が高まったことも指摘できよう。そして学校教育のなかで標準語使用が励行されることで、言語間の「序列」(標準語 / 方言)が発見された。その後、琉球の人々は標準語か方言かの二者択一ではなく、標準語を習得しつつ方言も忘れないという言語の使い分けを志向した。

沖縄の言語変化についての言説は、方言札などの政策面に光が当てられることが多く、その影で仲宗根政善氏の母親のような状況がかつては広く存在したことについては殆ど触れない。方言札が言語変化に及ぼした影響は、言語そのものを変えたというより、言語の「序列」意識を人々の間に植え付けたことがより大きかったものと思われる。

琉球語の変化については、議会での演説、テレビやラジオのニュース番組、新聞や文学作品、つまり公の言語として標準語が使われる環境も作られ、大衆化していったことも大きな影響を与えたと思われる。芸能面では、組踊や沖縄芝居など、琉球の芸能ではその善悪の役柄に関係なく専ら琉球の言語が使われていたが、近年の沖縄を舞台にしたテレビドラマ、例えば「琉神マブヤー」ではヒーローは標準語、敵役はウチナーグチを話すスタイルが定着している[3]。

中国の歴史に目を向ければ、清朝の支配民族の言語である満州語が公用語的な扱いを受けていたにもかかわらず、清代を通じて徐々に話者を減らした。この背後には行政用語だけでなく社会や文化の事象を十全に表現できる漢語の存在があった。満州語の例は、言語の盛衰が支配と被支配の関係のみで決まるほど簡単な話ではないことを物語る。少数話者の言語が消滅の危機に瀕する状況は世界的に発生しており、方言札が存在しなかった地域にも普遍的に起こっている。方言札がことさら強調されることで、言語使用をめぐる社会全体の大きな変化への考察がなおざりになっているように思えてならない。

20世紀における言語変化は、方言と標準語の二重言語使用が世代を追うごとに変質しながら進んだことが大きな要因としてあげられる。19世紀後半の話者を第1世代、20世紀前半を第2世代、20世紀後半を第3世代、そして若年層と今後生まれる世代を第4世代とすると概ね以下のように推移したものと思われる。

	第1世代	第2世代	第3世代	第4世代
第一言語	方言	方言	標準語風方言	標準語
第二言語		方言風標準語	標準語	標準語風方言

この点は今後、若年層を対象とした調査による実証的研究が待たれる。

最後に展望と課題を述べたい。著者はかねてから、琉球王国時代は口頭コミュニケーションにどのような言語を用いていたのか、という疑問を抱いていた。口語レベルでは現在でも大きな差異が存在するが、それは100年前の状況でも同じか、それ以上であったと推察する。かつては標準語が普及していなかったために、現在以上に口頭コミュニケーションは困難だったと思われる。ではそういう時代の共通の言語的基盤は何だったのか、それはどんな姿だったのか知りたいと思っている。

著者の現段階での予想では、漢文の素読や候文の書写訓練によって文章語を習得した者が、文章語を媒介とした口語、つまりできる限り文章語に近づけた言葉を話すことで、方言差を超えて意思疎通をはかっていたとみている。琉球では沖縄本島のみならず、離島地域の初等教育でも漢文訓読や和文 (候文) 作文の訓練が行われていた。琉球で書かれた文書が離島地域で書かれたものも含め比較的均質性が高く、地域の特徴がさほど認められないといった状況はこの訓練の成果である。そして、こうした均質性の高い文章語の知識を利用して口頭で意思疎通をはかっていたとみている。

実はこうした状況はさほど奇異ではない。むしろ欧州や中国でも言語差の大きい地域の者で、かつ文章語を身につけた者たちの間でみられる現象である。中国では文言文とよばれる極めて均質性の高い文章語が時代や地域を超えて使われていた。これは科挙の準備のための経書の書写訓練を経て実現されたもので、これが writing elite を育成したとされる[4]。この文語の知識が口語 (官話) に転用されたことは、明末に中国に訪れたスペイン人宣教師フランシスコ・バロ (Francisco Varo) が証言している。彼は官話にある 3 種のスタイルを指摘し、高雅なスタイルとして文章語の言い回しによる話し言葉の存在を挙げる[5]。つまり、文章語の書写訓練は、それが意図されたものだったかは別にして、書き言葉の語彙やイディオムを使った口頭コミュニケーションの実現に寄与した。

琉球の資料においては、本書で示したように李鼎元の『琉球訳』(1800) に多くの漢文訓読調の語彙が収録され、発音は首里の方言が記録されている。一方、高橋俊三 (2011) が指摘したように、八重山の初等教育で使用された漢文テキストには漢文の素読に使われた言語として漢文訓読調の言い回しのほかに首里方言が反映している。また、こうした離島地域で使われた初等教科書には書き間違いが散見されるが、こうした「誤記」から、母方言の干渉を受けながらも何とか文章語に近づけようと努める姿が垣間見える。こうしたテキストもさらに精査することで、上述の疑問を解く手がかりとしたい。

1　名護市 (2006)「屋取の方言」参照。
2　仲程昌徳 (1982)「仲宗根政善先生略年譜」参照。
3　石崎博志 (2012) 参照。芸能における役による言語の使い分けと、その変遷に関しては、今後の実証的研究がまたれる。また、現代における琉球語の担い手として期待されるのはいわゆるヤンキーである。ヤンキーは縄張り意識もあり土着的で、琉球語を使用する頻度が高い。このことはもっと注目されてよい。
4　エルマン (2000) 参照。
5　コブリン (2000)、古屋昭弘 (1996)、同 (1998) 参照。官話における３つのスタイルとは、知識人のみが話す文語的で高雅なスタイル、中間的スタイル、婦人や農民に説教するための粗野なスタイルであり、特に中間的スタイルを明晰で教義が理解されやすく，絶対に習得が必要なスタイルとする。また『金瓶梅』の会話を分析した山崎直樹 (1989) にも同様の指摘がある。

底本

申叔舟『海東諸国紀』「語音翻訳」：内閣文庫本。(東条操 (1930)『南島方言資料』(刀江書院) 所収影印本。

「日本館訳語」：ロンドン大学本。大友信一・木村晟共編 (1968)『日本館訳語・本文と索引』(京都 : 洛文社．) 所収影印本。

陳侃、高澄編『使琉球録』：嘉靖 14 年刊本 (善本叢書本)。京都大学文学部国語国文学研究室編 (1968)『纂輯日本訳語』(京都 : 京都大学国文学会 p.181-185．) 所収影印本。

「琉球館訳語」：ロンドン本。京都大学文学部国語国文学研究室編 (1968)『纂輯日本訳語』(京都 : 京都大学国文学会 p.169-178．) 所収影印本。

『おもろさうし』:外間守善・波照間永吉(2002)『定本 おもろさうし』(東京:角川書店) の翻刻。

『混効験集』：池宮正治 (1995)『琉球古語辞典 混効験集の研究』(東京 : 第一書房) の翻刻。

徐葆光編『中山伝信録』：康熙 60 年 (1721) 長洲徐氏二友齋刊本『中山傳信録』黄潤華・薛英編 (2000)『國家圖書館藏琉球資料匯編』(中 :1-588. 北京 : 北京圖書館出版社) 所収影印本。

潘相編『琉球入学見聞録』:乾隆 29 年 (1764) 序汲古閣本『琉球入学見聞録』「土音」(黄潤華・薛英編 (2000)『國家圖書館藏琉球資料匯編』下 :263-756. 北京 : 北京圖書館出版社) 所収影印本。

李鼎元編『使琉球記』：嘉慶 7 年序師竹斎刊本 (殷夢霞・賈貴榮・王冠編 (2002)『国家図書館蔵琉球資料続編 上冊』. 北京 : 北京図書館出版社) 所収影印本。

李鼎元編『琉球訳』：台湾・中央研究院溥斯年図書館所蔵朱絲欄鈔本 (台湾本) および黄潤華・薛英編 (2000)『國家圖書館藏琉球資料匯編』

下 :1021-1162. 所収北京図書館所蔵翁樹崑鈔本 (北京本)。

『漂海始末』：大韓民国全羅南道新安群都草面牛耳島里 文彩玉氏所蔵本。多和田真一郎 (1994)『「琉球・呂宋漂海録」の研究 - 二百年前の琉球・ 呂宋の民俗・言語 -』(東京：武蔵野書院) 所収影印本。

クリフォード語彙：亀井孝 (1979)『クリフォード琉球語彙』(勉誠社文庫 71) 所収影印本。

ベッテルハイム語彙：ロンドン本 *English-Loochooan Dictionary* (『英琉辞書』自筆稿本、大英図書館蔵 Or.40) を底本とした伊波和正 (1996a)「クリフォードとベッテルハイム：琉球語比較」『沖縄国際大学文学部紀要 (英文学科篇)』15(1):175-278 の翻刻 .

チェンバレン語彙：*Essay in Aid of a Grammar and Dictionary of the Luchuan Language* 京都大学所蔵本 (新村出博士旧蔵本)(世界言語学名著選集第 2 期東アジア言語編第 1 巻 ,1999 年 , 東京 : ゆまに書房) 所収影印本 .

アグノエル語彙：Beillevaire(2010)：*Okinawa1930. Notes ethnographiques de Charles Haguenauer.*(Collège de France Institut des Hautes Études Japonaises. Paris : Diffusion De Boccard) 所収影印および翻刻。その他の地域はコレージュ・ド・フランス (Collège de France) 所蔵のノート。

『琉球語大辞典 (草稿)』：伊波普猷 (1976)『伊波普猷全集 第 11 巻』東京 : 平凡社) 所収の翻刻。

参照文献

池原弘 (2004)『私の金武方言メモ』私家版 .
池宮正治 (1995)『琉球古語辞典 混効験集の研究』東京 : 第一書房 .
イエズス会 (1603)『日葡辞書』"*Vocabulario da Lingoa de Iapam com Adeclaração em Portugues*".
石崎博志 (2001a)「漢語資料による琉球語研究と琉球資料による官話研究について」『日本東洋文化論集』7:55-98.
石崎博志 (2001b)「『琉球譯』の基礎音系」『沖縄文化』92:1-24.
石崎博志 (2010a)「徐葆光『中山傳信録』の寄語と琉球語について」『日本東洋文化論集』16:39-66.
石崎博志 (2010b)「琉球の文体の変遷からみた『琉球訳』の言語」『近代東アジアにおける文体の変遷 - 形式と内実の相克を超えて』白帝社 .
石崎博志 (2010c)「書評 多和田眞一郎『沖縄語音韻の歴史的研究』」琉球大学国際沖縄研究所『国際沖縄研究』2:133-139.
石崎博志 (2011a)「琉球語におけるナ行エ段音の変遷」『日本東洋文化論集』17: 27-59.
石崎博志 (2011b)「『琉球入學見聞録』のハ行音とカ行音」『日本語の研究』7(4):15-28.
石崎博志 (2012)「ヒーローにもっと方言を」琉球新報社『琉球新報』朝刊「南風」2012 年 2 月 8 日 .
石崎博志 (2013a)「アグノエル語彙研究序説　附アグノエル論著目録」琉球大学法文学部『日本東洋文化論集』19:81-139.
石崎博志 (2013b)「アグノエルの記した久高方言」(ウェイン・ローレンス氏との共著) 法政大学沖縄文化研究所『琉球の方言』37:143-161.
石崎博志 (2014)「正音資料の特質」『日本東洋文化論集』20: 1-30.

出雲朝子 (1963)「室町時代における寮の字音について」『国語学』54:20-29.

出雲朝子 (1983)「玉塵抄叡山文庫本におけるオ段長音の開合の混乱について」『青山學院女史短期大學紀要』37:1-42.

糸満町人 (1915)「糸満概況」大日本水産會『水産界』66-71.

伊波和正 (1990)「『クリフォード琉球語彙』雑感：正字法と発音」『沖縄国際大学文学部紀要 (英文学科篇)』12(1):115-132.

伊波和正 (1996a)「クリフォードとベッテルハイム：琉球語比較」『沖縄国際大学文学部紀要 (英文学科篇)』15(1):175-278.

伊波和正 (1996b)「『沖縄対話』単語編 : 比較研究」『琉球の方言』21: 85-121. 法政大学沖縄文化研究所 .

伊波和正 (1998)「ベッテルハイム『英琉辞書』: NI,NYI」*Journal of foreign languages, Okinawa International University* 3(1): 307-328. 沖縄国際大学外国語学会

伊波普猷 (1975a)「沖縄県下のヤドリ」『伊波普猷全集第 7 巻』.

伊波普猷 (1975b)『伊波普猷全集第八巻』東京 : 平凡社 .

伊波普猷 (1975)『伊波普猷全集第八巻』東京 : 平凡社

伊波普猷 (1976a)『伊波普猷全集第十巻』東京 : 平凡社

伊波普猷 (1976b)『伊波普猷全集第十一巻』東京 : 平凡社

岩井茂樹 (1999)「徐葆光『中山伝信録』解題」夫馬進『増訂使琉球録解題及び研究』榕樹書林 91-105.

内間直仁・野原三義 (2006)『沖縄語辞典 那覇方言を中心に』東京 : 研究社 .

上野善道 (1992)「喜界島方言の体言のアクセント資料」『アジア・アフリカ 文法研究』21(41-160).

榎一雄 (1973)「三人の日本学者の逝去：エリセーエフ・ムッチョーリ・アグノーエル」『東洋学報』59(3・4): 370-384.

Hérail(1977)：Francine Hérail “Charles Haguenauer” *Journal Asiatique.* Tome 265(CCLXV).3/4.pp.213-219. 1977 年 .

エルマン (2000) Benjamin Elman, *A cultural History of Civil Examinations in*

Late Imperial China. California:University of California Press.
遠藤光暁 (1990)『《翻訳老乞大・朴通事》漢字注音索引』(中国語学研究『開篇』単刊 No.3) 東京 : 好文出版 .
太田斎 (1987)「[資料] 丙種本西番館訳語校本 (稿)」『神戸市外国語大学外国語学研究』17:157-215.
大友信一・木村晟 (1968)『日本館訳語・本文と索引』京都 : 洛文社.
大友信一・木村晟 (1979)『琉球館訳語・本文と索引』神戸 : 古典刊行会.
岡村トヨ (1994)『金武くとぅば』(私家版).
沖縄県教育庁文化課 (1981)『八重山諸島を中心とした古文書調査報告書』 沖縄県教育委員会 .
長田夏樹 (1953)「北京文語音の起源に就いて」『中国語学研究会会報』11;『長田夏樹先生追悼集』東京 : 好文出版 2011 年 .
落合守和 (1989)「翻字翻刻《兼満漢語満州套話清文啓蒙》(乾隆 26 年、東洋文庫所蔵)」『言語文化接触に関する研究』1:67-103.
加治工真市 (2009)「『久高島方言辞典』福治友邦・加治工真市共著」出版のために―基礎語彙第 13 分野 行動・感情、第 14 分野 時間・空間、第 15 分野 職業」『琉球の方言』34:31-84.
亀井孝 (1979)「解説」『クリフォード琉球語彙』勉誠社文庫 71.
木津祐子 (2002)「ベッテルハイムと中国語 : 琉球における官話使用の一端を探る」同志社女子大学『総合文化研究所紀要』19:23-32.
木津祐子 (2012)「「官話」の現地化 : 長崎通事書の二重他動詞「把」と琉球通事書の処置文」『京都大學文學部研究紀要』51:129-147.
京都大学文学部国語国文学研究室編 (1968)『纂輯日本訳語』京都 : 京都大学国文学会.
喜名朝昭・伊波和正・森庸夫・高橋俊三訳 (1984)「ベッテルハイム著『琉球語と日本語の文法の要綱』」『南島文化』198:2-6.
菊千代・高橋俊三 (2005)『与論方言辞典』東京 : 武蔵野書院 .
H.J. クリフォード『クリフォード琉球語彙』勉誠社文庫 (71)
慶谷壽信等編『「朴通事諺解」索引』采華書林　1976 年 .
河野六郎 (1979)「朝鮮語ノ羅馬字轉寫案」平凡社『河野六郎著作集』1

:96-7.
古賀十二郎 (2000)『古賀十二郎外来語集覧』、長崎外来語集覧刊行期成会 .
コブリン (2000) South Coblin and Joseph Levi, *Francisco Varo's Grammar of the Mandarin Language(1703),* Amsterdam/Philadelphia:John Benjamins Publishing Company.
コブリン (2006) South Coblin, *Francisco Varo's Glossary of the Mandarin Language*, Volume 1 and 2 , Monumenta Serica Institute.
佐藤武義編 (2000)『琉球館訳語 ; 琉球訳』近世方言辞書第 6 輯 . 鎌倉 : 港の人 .
塩屋誌 (2003) :『塩屋誌』塩屋誌編集委員会編集　大宜味村 : 塩屋区公民館 .
高田時雄 (2001)「トマス・ウェイドと北京語の勝利」『西洋近代文明と中華世界』京都 : 京都大学学術出版会 127-142.
高津孝・榮野川敦 (2005)「増補琉球関係漢籍目録」『近世琉球における漢籍 の収集・流通・出版についての総合的研究』.
高津孝 (1994)「石垣市立八重山博物館所蔵の漢籍について」鹿児島大学文理学部教養史学科『鹿大史学』41:1-15.
竹越孝 (2012)『兼満漢語満州套話清文啓蒙—翻字・翻訳・索引—』神戸市 : 神戸市外国語大学外国学研究所 .
高橋俊三 (1982)「『おもろさうし』における口蓋化」『琉球の言語と文化 仲宗根政善先生古稀記念』論集刊行委員会 ,219-241.
高橋俊三 (1991)『おもろさうしの国語学的研究』東京：武蔵野書院 .
高橋俊三 (2008)「ベッテルハイムの『英琉辞書』とモリソンの『華英字典』との比較」『南島文化』30: 67-85.
高橋俊三 (2011a)「琉球言語史構想 (その 1)」『沖縄国際大学日本語日本文学研究』16(1):1-36.
高橋俊三 (2011b)『琉球王国時代の初等教育 : 八重山における漢籍の琉球語資料』宜野湾 : 榕樹書林 .
高良倉吉 (1987)『琉球王国の構造』東京：吉川弘文館 .

多和田真一郎 (1994)『「琉球・呂宋漂海録」の研究—二百年前の琉球・呂宋の民俗・言語—』東京：武蔵野書院 .
多和田眞一郎 (2010)『沖縄語音韻の歴史的研究』東京：溪水社 .
チェンバレン (1895)：*Essay in Aid of a Grammar and Dictionary of the Luchuan Language*(Kelly & . Walsh,Yokohama); 世界言語学名著選集 , 第 2 期東アジア言語編 第 1 巻 ゆまに書房 1999.3.
趙志剛 (2003)「『琉球譯』の連母音について」『地域文化論叢』5:1-23.
趙志剛 (2005)「『琉球訳』エ段音の漢字表記について」広島大学国語国文学会『国文学攷』187:1-13.
丁鋒 (1997)「『琉球譯』における琉球地名の対音解読」法政大学沖縄文化研究所『琉球の方言』21:56-84.
丁鋒 (2008)『日漢琉漢對音與明清官話音研究』中華書局 .
藤堂明保 (1960)『中国語学』94：1-3,12；(1969)「ki- と tsi- の混同は 18 世紀に始まる」『中国語学論集』東京：汲古書院 .
東條操編『南東方言資料』東京：刀江書院 .
胤森弘 (1993)「『琉球館訳語』の成立時期について」『国文学攷』140:1-17.
胤森弘 (1998)『「琉球館訳語」手冊』私家版 512 頁.
仲宗根政善 (1983)『沖縄今帰仁方言辞典：今帰仁方言の研究・語彙篇』東京 : 角川書店 .
仲宗根政善 (1968)「沖縄久高方言の閉鎖音について」『都立大学方言学会会報』25.
仲程昌徳 (1982)「仲宗根政善先生略年譜」『琉球の言語と文化 仲宗根政善先生古稀記念』論集刊行委員会 .619-625.
中本正智 (1971)「琉球方言母音体系の生成過程 −3 母音化を中心に −」『国語学』85; 中本正智『琉球方言音韻の研究』(1976) 所収 .
中本正智 (1976)『琉球方言音韻の研究』東京：法政大学出版局 .
中村雅之 (2007)「尖音・団音の満洲文字表記」『KOTONOHA』55.
中村雅之 (2011)「北京語文語音の起源」『KOTONOHA』98.
名護市 (2006)：名護市史編さん委員会・名護市史『言語』編専門部会編

『言語－やんばるの方言－』名護市史本編 10.

ネフスキー (1998) ニコライ・A・ネフスキー著、リヂア・グロムコフスカヤ 編、狩俣繁久ほか共訳『宮古のフォークロア』砂子屋書房 .

福治・加治工 (2012) 福治友邦 , 加治工真市共著『久高島方言基礎語彙辞典』東京 : 法政大学沖縄文化研究所 .

服部四郎 (1979)「日本祖語について 12」『言語』1979(3): 107-116.

原田禹雄 (1999)『徐葆光　中山伝信録　新訳注版』冊封琉球使録集成 7 宜野湾 : 榕樹書林 .

比嘉春潮 (1971a)『比嘉春潮全集第三巻 文化・民俗』沖縄 : 沖縄タイムス社 .

比嘉春潮 (1971b)『比嘉春潮全集第四巻 評伝・自伝』沖縄 : 沖縄タイムス社 .

東恩納千鶴子 (1973)『琉球における仮名文字の研究』那覇 : 球陽堂書房 .

平山輝男 (1967) 平山輝男、大島一郎、中本正智共著『琉球方言の総合的研究』東京 : 明治書院 .

福島邦道 (1993)『日本館訳語攷』東京 : 笠間書房.

Poullon(2008)：François Pouillon (dir.), *Dictionnaire des orientalistes de langue française*, Karthala, Paris, pp. 476-477. 2008 年 .

Frank(1977)：Bernard Frank “Mort de Charles Haguenauer (le maître des études japonaises et coréennes en France)” LE MONDE, 1 月 4 日版 .

古屋昭弘 (1996)「17 世紀ドミニコ會士ヴァロと『官話文典』」早稲田大学『中国文学研究』24:118-129.

古屋昭弘 (1998)「明代知識人の言語生活 - 万暦年間を中心に -」神奈川大学中国語学科編『現代中国語学への視座』145-165. 東京 : 東方出版 .

Beillevaire(2010)：*Okinawa1930. Notes ethnographiques de Charles Haguenauer*.Collège de France Institut des Hautes Études Japonaises. Paris : Diffusion De Boccard.

方言研 (1980)「久高方言の音韻と語彙」琉大琉球方言研究クラブ『琉球方言』15.

外間守善 (1970) 編著『混効験集　校本と研究』東京：角川書店 .
外間守善 (1971)『沖縄の言語史』東京：法政大学出版局 .
間宮厚司 (2001)「『おもろさうし』における自立語の口蓋化と非口蓋化の両様表記」『日本文学誌要』64:13-21.
宮良當壯 (1930)『八重山語彙 : 附八重山語總説』東京 : 東洋文庫 ,1930. 11;(1966)『八重山語彙』東京 : 東洋文庫 ;(1980)『八重山語彙』甲篇 ; 乙篇 (宮良當壯全集 ; 8) 東京 : 第一書房 .
村尾進 (1998)「『球雅』の行方 - 李鼎元の『琉球訳』と清朝考證學」京都大学文学部東洋史研究室『東洋史研究』59(1): 172-177.
森田孟進 (2000)「シャルル・アグノエルの沖縄調査ノート」『フランスにおける琉球関係資料の発掘とその基礎的研究』pp.169-192. 平成 9 年度 ～平成 11 年度科学研究費補助金基盤研究 (A)2 研究成果報告書 (研究代表者：赤嶺政信).
柳田征司 (1989)「日本語音韻史から見た沖縄方言の三母音化傾向と P 音」『愛媛大学教育学部紀要』第 II 部人文・社会科学 21:41-98.
山崎直樹 (1989)「『紅楼夢』の言語 - 社会言語学的考察」『早稲田大学大学院 文学研究科文学研究科紀要』別冊第 16 集文学・芸術学編：69-80.
山崎雅人 (1990)「『［満文］大清太祖武皇帝実録』の借用語表記から見た漢語の牙音・喉音の舌面音化について」『言語研究』98:66-85.
李荣主编≪厦门方言词典≫江苏教育出版社 现代汉语大辞典 · 分卷 1998 年 12 月
李荣主编≪福州方言词典≫江苏教育出版社 现代汉语大辞典 · 分卷 1998 年 12 月
李基文 (1975)『韓国語の歴史』東京：大修館書店 .
北京大学中国语言文学系 · 语言学教研室编 (1989)『汉语方音字汇』第二版 文字改革出版社 1989 年
和田久徳 (1987)「『中山伝信録』の清刊本と和刻本」『放送大学研究年報』5:1-14.
渡辺実 (1997)『日本語史要説』東京：岩波書店 .

あとがき

本書は、これまで発表してきた論考を大幅に修正・加筆し、関西大学に提出した博士論文に修正を加えて一書にしたものである。本書のもとになった論文は、15年にわたり著者が手がけたものである。だが学術は日進月歩であり、かつての論考は今日の観点では内容が色褪せる。そのため、本書では内容を更新し、これまでの知見を総合して結論を示し、平成26年度「琉球大学研究成果公開(学術図書等刊行)促進経費」を得てようやく上梓の運びとなった。

学術書とはいえ、専門用語や外来語を極力用いない方針をとり、専門外の方も理解を深められるよう務めたが、読者にご理解いただけるか自信はない。とりわけ国際音声字母(IPA)に馴染みのない方は難儀なさったのではないかと懸念する。だが数学や物理学で数式を使い、化学や薬学で元素記号を用いることが避けられぬように、音声を扱う本書でIPAを使わないわけにはいかなかった。また琉球語を示すための音訳漢字は、発音だけが重要である。そこに漢字の意味を読み取ってしまうと、かえって混乱してしまう。これは万葉仮名と同じである。中国語の中古音の音節を示す代表字も同様で、それらは発音のみが意味をもつ。この点も戸惑う方もいらしたかも知れない。だが原文を提示することは最低限必要なので、見かけ上はやや難解に見えたかも知れない。こうした点はご海容願いたい。

最後に、これまでご指導くださった慶谷壽信先生、佐藤進先生、中村雅之先生、そして博士論文の審査を快諾して下さった内田慶市先生に心からのお礼を申し上げたい。そして本書の刊行を手がけて下さった好文出版の尾方敏裕社長に深い謝意を表したい。紙幅の都合上お名前は挙げられないが、励ましてくれた研究仲間や同僚、友人に心より感謝申し上げる。

本書がこれまでの学恩に報いるものになったかは自信がない。怖ず怖ずと差し出す次第である。

2014年6月4日
石崎博志

本書を105歳になる父方の祖母きよ
104歳になる母方の祖母さとに捧げる

人名索引

【な行】

【は行】

【ま行】

【や行】

【ら行】

【わ行】

事項索引

【さ行】

【た行】

【な行】

【は行】

【ま行】

【や行】

【ら行】

【著者略歴】

石崎博志 Hiroshi ISHIZAKI

石川県金沢市生まれ。東京都立大学人文科学研究科博士課程中退。復旦大学(中国)国費留学、国立高等研究院(École Pratique des Hautes Études, フランス)客員研究員。博士(文化交渉学 関西大学)。1997年より沖縄在住。琉球大学法文学部准教授。専門は中国語史、琉球語史。2012年第16回窪徳忠琉中関係奨励賞、2013年第35回沖縄文化協会賞(金城朝永賞)受賞。

琉球語史研究

2015年3月15日　発行

著　者　石崎博志

発行者　尾方敏裕

発行所　株式会社　好文出版
〒162-0041　東京都新宿区早稲田鶴巻町540　林ビル3F
電話 03-5273-2739　FAX 03-5273-2740

題　字　高江洲南秀

　ISBN978-4-87220-180-2